JOSEF KRAUS

Im Rausch der Dekadenz

»nicht ratsam ist's, verfall / verfall zu nennen /
vor der katastrophe«

Reiner Kunze (*1933) im Gedicht »Teurer Rat« (2006)

»Civilizations die from suicide, not by murder« –
»Zivilisationen/Kulturen werden nicht ermordet,
sie begehen Selbstmord.«

Arnold J. Toynbee (1889–1975)

»Hey, hey, ho, ho, western culture has to go.«

Kampfparole der linksextremen Bewegung
in den US-Universitäten in den 1990er-Jahren

»Der Mangel an Selbstachtung ist der Beginn dessen, was wir Dekadenz genannt haben.«

Karl Heinz Bohrer (2007)

»… denn alles, was entsteht, ist wert, dass es zugrunde geht.«

Mephisto in Fausts Studierzimmer

JOSEF KRAUS

Im Rausch der Dekadenz

Der Westen am Scheideweg

LMV

Meiner Familie

MIX
Papier | Fördert gute Waldnutzung
FSC® C014889

3. Auflage 2025

Thomas-Wimmer-Ring 11, 80539 München
info@langenmueller.de

Umschlaggestaltung: Sabine Schröder
Umschlagmotive: © Shutterstock.com: Andy Vinnikov, AVA Bitter, donatas1205
Satz: Satzwerk Huber, Germering
Druck und Binden: Friedrich Pustet GmbH & Co.KG, Regensburg
Printed in Germany
ISBN: 978-3-7844-3724-8
www.langenmueller.de

Inhalt

Vorwort: Denken Sie selbst!

Ist ein Buch über Dekadenz nicht selbst ein Dekadenzsymptom? Manchen gilt ja allein schon die Verwendung des Begriffs »Dekadenz« als ewiggestrig und dekadent. Der Globus drehe sich schließlich weiter. Ja, er dreht sich weiter. Aber es fragt sich, welche Rolle dann der Westen, Europa und Deutschland noch spielen werden und wohin die Reise geht, wenn Errungenes und Bewährtes verfällt – lateinisch: »decadit«. Um dies zu erkennen, muss man auch als kleiner, schier ephemerer Zeitgenosse verinnerlicht haben, was das Errungene, das Bewährte ist. So wie es Bernhard von Chartres um das Jahr 1120 schrieb: Aus der Perspektive der Ewigkeit betrachtet, sei der Mensch ein Zwerg, aber auf den Schultern von Riesen könne er weit sehen.

Wohin aber steuern der Westen, Europa, Deutschland? Spielt es eine Rolle, ob die Fahrt auf einem Narrenschiff oder auf der Titanic erfolgt? »Titanic« ist klar: Der Riesendampfer galt als Wunderwerk des Westens, und er galt als unsinkbar. Der Kapitän aber hatte Warnungen vor Eisbergen in den Wind geschlagen. Bis in der Nacht vom 14./15. April 1912 ein riesiger Eisberg dazwischenkam. Die Bordkapelle spielte derweil kräftig weiter und die noblen Passagiere amüsierten sich köstlich. Zwei Stunden und 40 Minuten später gingen die Lichter aus, die »Titanic« versank in den Fluten des Atlantiks und riss 1500 Menschen in den Tod.

Oder segeln der Westen, Europa und Deutschland auf einem Narrenschiff dahin? Wohin auch immer? Sebastian Brandt hat 1494 ein solches Narrenschiff anhand von 112 Narreteien beschrieben. In Kapitel 34 heißt es dort: »Denn eines plagt den Narren sehr: Was neu ist, das ist sein Begehr'; doch ist die Lust dran bald verloren und etwas andres wird erkoren.« Ähnlichkeiten mit der Transformitis einer real existierenden Politik, die keinen Stein mehr auf dem anderen lässt und das für Konstruktivismus hält, sind wohl rein zufällig.

Damit die Reise keine Reise ins Nichts wird, muss sie durchdacht geplant sein, und es muss nachgedacht werden, was man als Navigationshilfe mitnimmt. Vor allem an kultureller, mentaler, intellektueller Ausstattung. Kurz: an Tradition. Ja, das ist konservativ gedacht. Aber es ist nun einmal die Stärke des Konservatismus, dass Traditionen und Werte Orientierung geben. Es sind schließlich Traditionen und Werte, die Freiheiten sowie Bürger- und Menschenrechte geschaffen und in großen Teilen der Welt ein menschenwürdiges Leben ermöglicht haben.

Um im Bild des Schiffes zu bleiben: Wenn der Westen aber seine in Freiheit, Aufklärung und Vernunft begründeten Werte über Bord wirft, sie gar »de(kon)struiert«, wenn Anstrengungen nachlassen und ein saturierter Schlendrian um sich greift, dann obsiegen das Chaos und das Recht des Stärkeren.

Fragen über Fragen, Sorgen über Sorgen

Sind die Tage des Westens gezählt? Ist er ermüdet? Werden antiwestliche Gegenkulturen zur Hauptkultur? Wird es einsam um den Westen? Jedenfalls schwankt der Westen. Nach Jahrhunderten der Europäisierung und Verwestlichung der Welt sehen sich Europa und der Westen massiven Bedrohungen von außen ausgesetzt: wirtschaftlich, demografisch, kulturell, religionspolitisch, militärisch. Siehe die Bedrohungen durch den Islamismus, siehe Chinas expansiven Darwinismus und siehe Russlands Nationalismus.

Die wohl größte Bedrohung des Westens kommt aber von innen: Geburtenschwund, Wohlstandsverwahrlosung, Übersättigung, Nachlassen der Verteidigungsbereitschaft, Selbstzweifel bis hin zu Schuldneurosen, Deindustrialisierung, nihilistische »Moral«, Toleranzdelirium, moralisierende Totalitarismen, suizidale Sehnsucht nach dem Verschwinden aus der Geschichte. Es ist ein totalitär-wokes Gebräu aus Ideologien und Ersatzreligionen, das in schier rauschhafte Dekadenzphasen führt.

Gewiss hat Dekadenz real oder fiktiv mit Niedergang zu tun. Ich bin deswegen kein defätistischer, pessimistischer, nihilistischer Mensch geworden. Aber die Selbstvergessenheit, ja der Selbsthass des Westens sowie die wiederkehrenden, emsig gepflegten Prognosen von Klima-, Pandemie- sowie von sozialen und kosmischen Apokalypsen nerven mich, sie sind selbst ein Dekadenzphänomen.

Gerade Deutschland inszeniert gerne seine eigene Tribunalisierung, das heißt, es zerrt sich vor das Weltgericht, denn wir Deutsche sind ja mit Lust die Ungerechtesten auf der Welt. Diese Selbstverleugnung lässt Deutschland zu einem Land ohne Grenzen werden, das offenbar der ganzen Welt gehören soll. Lässt uns ein weltweit renommiertes Diplom wegwerfen und unsere Sprache denglifizieren. Die Beispiele sind Legion. Jeder persönliche oder kulturelle Abstieg beginnt indes mit Selbstverleugnung und Überangepasstheit. Oder noch härter: Der Verlust der Selbstachtung ist der Beginn des Verfalls. Das gilt für jeden Einzelnen, jede Gruppe, jede Nation, jede Kultur.

Der Westen berauscht sich am Niedergang, statt der Kreativität der Menschen und der Evolution zu vertrauen. Apokalypsen vermiesen das Leben, auch wenn man vor dem Verfall noch schnell die Segnungen der Errungenschaften verkonsumieren will. Apokalypsen verleihen falschen Propheten Macht, deshalb werden sie von ihnen gezielt inszeniert. Apokalypsen fördern einen totalitären Staatsapparat, der vorgibt, alle Gefahren im Ansatz zu ersticken – mittels gesetzlicher Korsette und mittels Bespitzelung, als Erziehungs-, Klima- und Ökodiktatur.

Es ist absurd, dass gerade der Westen solchen Apokalypsen frönt, sie mental befördert, sich ihnen unterwirft. Glaubt er nicht mehr an seine eigene Vitalität? Verteidigt er nicht mehr seine großen Errungenschaften: die Bürger- und Menschenrechte, die Prinzipien Freiheit und Subsidiarität, die Wissenschaftlichkeit des Denkens, die weltanschauliche Neutralität des Staates?

Oder ist er dabei, diese Errungenschaften zu pervertieren oder zumindest zu relativieren: als »weiße« Erbsünde? Ist der Westen – masochistisch besessen von Schuldkomplexen – berauscht von seinem Niedergang, befördert er ihn willentlich oder unwillkürlich? Wird auf diesen Rausch eine Ernüchterung folgen? Kann eine Krise, wenn man sie denn erkennt, auch reinigen?

Warum »Rausch«?

Ein Rausch verläuft – sehr individuell – in drei Phasen, wenn man denn die vierte, komatöse Phase weglässt: Erst ist man in der exzitativen/euphorischen, sich selbst überschätzenden Phase. Daraus wird oft eine aggressive Phase – als Aggression nach außen. Schließlich kann eine depressive Phase folgen: Weltschmerz ist angesagt, Depression als Aggression nach innen. Es können je nach Persönlichkeit und Rauscherfahrung bestimmte Phasen endlos verlängert oder auch übersprungen werden. Ob eine Ernüchterung folgt, hängt vom Phasenverlauf und vom Typ der Abhängigkeit ab. Beispiel Alkoholiker: Es gibt die Problemtrinker, die Gelegenheitstrinker, die Suchttrinker, die Spiegeltrinker und die Quartalstrinker. Sie sind unterschiedlich therapiefähig und therapiewillig.

Ob westliche Gesellschaften sich aus ihrem Rausch der Dekadenz befreien wollen und können, ob sie an einen Scheideweg kommen, diesen erkennen und dort den richtigen Weg einschlagen, hängt von einem Leidensdruck und von der Einsicht ab, dass etwas geschehen muss. Wie der Süchtige kann der Westen nur dann sich wieder selbst gewinnen, wenn er unbefangen über sich reflektiert. Selbsterkenntnis ist auch für ihn der Weg nach vorne. Dann kann er verhindern, zu einem abgeschlossenen Kapitel der Geschichte zu werden.

Meinen Beitrag sehe ich darin, Patrioten deutscher, europäischer, westlicher Prägung zu sensibilisieren für, ja zu konfrontieren mit Verirrungen, die eingeschlagen wurden. Auf dass eine

Einsicht und ein Leidensdruck entstehen. Noch mehr rauschhaft-politisch-ideologische Verirrung darf es nicht geben. Oder aber ist all dies nur mit der Legalisierung von Cannabis erträglich? Nein, wir sind es unseren Kindern, Enkeln und Urenkeln schuldig aufzuwachen, damit unsere Nachkommen wie wir Älteren ein Deutschland, ein Europa, einen Westen erleben können, der uns Wohlstand, Sicherheit und Freiheiten beschert hat.

An die Leser

Dieses Buch ist keine Fortsetzung meines Buches »Der deutsche Untertan«[1]. Es ist über drei Jahre des Lesens, Recherchierens, Beobachtens, Sammelns entstanden. Es hätte zwei- oder dreimal so voluminös werden können, weil das Thema »Dekadenz« ein unerschöpflich variantenreiches Thema ist. 800 oder 1000 Seiten waren den Lesern und dem Verlag nicht zumutbar. Dennoch habe ich versucht, sehr viel hineinzupacken. Ein Lehrbuch sollte daraus nicht werden, auch wenn es meine Absicht war, Leser nicht nur zum Nachdenken, sondern auch zum eigenen Recherchieren und Vertiefen anzuregen. Deshalb die über 300 Querverweise und Literaturempfehlungen, die ich in Endnoten eingefügt habe, um den Lesefluss nicht zu bremsen. Man kann das Buch auch lesen, ohne dort ständig nachzuschlagen. Und man muss es nicht Kapitel für Kapitel lesen, sondern kann dieses oder jenes punktuell einzeln herausgreifen.

Vor allem möchte ich dafür sensibilisieren, was jeden Tag im Westen der Welt, im Besonderen in Deutschland, geschieht. Möchte auch dazu motivieren, ein politisches Tagebuch zu führen, das Freunden oder politischen Gegnern als aktualisierte Auflage die Lektüre dystopischer Romane wie »Brave New World« oder »1984« ersetzt.

Es geht um den Westen der Welt. Nicht alle Länder und Gesellschaften, die man zum Westen rechnet, können in diesem Buch berücksichtigt werden. Der Schwerpunkt liegt auf Deutschland, als maßgebliche Vertreter des Westens werden die USA einbezogen, teilweise Großbritannien und Frankreich. Im Angelsächsischen wird ebenfalls über Dekadenz, über »doom« (= Untergang, Verderben) debattiert. Und in Frankreich, das von allen westlichen Ländern immerhin die am meisten kritischen, mittlerweile nicht-linken Intellektuellen hat, ebenfalls.

Den deutschen Lesern möchte ich zurufen: Lassen Sie nicht andere für sich denken, denken Sie selbst, ehe es der Staat, irgendwelche NGOs, Medien, »Intellektuelle«, »Wissenschaftler« für Sie tun.

Die Geschichte jedenfalls belegt: Jeder Abstieg beginnt mit Selbstverleugnung und Überangepasstheit. Noch einmal: Der Verlust der Selbstachtung ist der Beginn der Dekadenz. Geschichtsblinde wollen das nicht sehen. Wer aber die Vergangenheit ignoriert, der muss damit rechnen, sie zu wiederholen – mitsamt ihren Fehlern und Verirrungen, womöglich bis zu einem langsamen und langen Dahinsiechen.

In diesem Sinn meine Erinnerung an die Leser: Nur tote Fische schwimmen mit dem Strom. Aber auch: Nur wer gegen den Strom schwimmt, kommt zu den Quellen, hier zu den ideellen Quellen, die den Westen stark gemacht haben.

Und mein Appell: Leben wir nicht mit der Lüge!

Teil I: Historische Verortungen

Sorgen um Verfall sind nicht neu, sie begleiten die Menschheit, seit sie besteht und über ihre Existenz nachdenkt. Wer heute über Verfall nachdenkt, tut also gut daran, an diesem Nachdenken von zig Vorgängergenerationen anzuknüpfen. Es wird Aha-Effekte geben, aber auch amüsiertes Kopfschütteln. Dieses Nachdenken soll zu Beginn des Buches in seinem ersten Teil mit drei Kapiteln beginnen.

1. 2500 Jahre Dekadenz-Diagnostik

Dekadenz und Verfall gab es in der Geschichte zuhauf. Viele Bücher sind darüber geschrieben worden. Holger Sonnabend[2] beschreibt 50 Reiche, Dynastien, Machtblöcke, die verschwanden. Es waren Staaten und Staatenbündnisse von einer Lebensdauer zwischen einem Tag (Ruthenien in den Karpaten) bis zu Hunderten, gar Tausenden von Jahren: das Römische Reich, das mehr als ein halbes Jahrtausend in Blüte stand, und das Ägypten der Pharaonenzeit mit seiner Geschichte von fast vier Jahrtausenden. Dazwischen eine Sowjetunion (SU), die es auf knapp 70 Jahre brachte.

Es sind Reiche, die zusammengehalten wurden durch Waffengewalt oder Diplomatie oder Heiratspolitik oder Geld. Namentlich nennt Sonnabend etwa: das jüdische Königreich, das Reich der Perser, den Staat der Spartaner, das Reich der Athener, das Reich Alexanders, China unter den Qin und Han, das Reich der Westgoten, das Reich der Vandalen, das Hunnenreich, Byzanz, das Reich Karls des Großen, die Republik Venedig, das Reich der Osmanen, die Maya, Azteken und Inka, das Reich der Habsburger, die Herrschaft Napoleons, das Zarenreich, das britische Weltreich, Preußen.

Norman Davies[3] holt nicht ganz so weit aus, er fragt, welche Reiche Europas verschwunden sind. 15 Beispiele beschreibt er, teilweise in Übereinstimmung mit Sonnabend, darunter Burgund (411–1795), Byzanz (330–1453), Preußen (1230–1945), Litauen (1253–1795) und die UdSSR (1922–1991). Der deutsche Doyen der Historiker, Alexander Demandt[4] samt Mitautoren, analysiert das Ende folgender Weltreiche: Perserreich, Römisches Reich, fränkisches Großreich, Byzanz, das spanische Kolonialreich, die Donaumonarchie, das Osmanische Reich, das japanische Imperium, das British Empire, die UdSSR.

Die Geschichte keines dieser niedergegangen Reiche ist gleich. Weder hinsichtlich des Zustandekommens noch hinsichtlich des Verfalls. Mal waren es Feinde von außen, mal Völkerwanderungen, mal innere Auseinandersetzungen, mal war es der Tod eines Führers. Oft waren es »innere Krankheiten«, die zur Zerrüttung eines Gemeinwesens führten, so bereits Thomas Hobbes im »Leviathan« (1651). Davies nennt an Beispielen fünf Faktoren, die einen Verfall ausmachen: Implosion (UdSSR 1991, Jugoslawien ab 1991, Doppelmonarchie), Eroberung (Byzantinisches Reich, polnisch-litauisches Großfürstentum, Preußen, Estland, Lettland, Litauen 1940), Zusammenschlüsse, Verschmelzungen, »samtene« Scheidungen, etwa von Tschechien und Slowakei 1993. Mal war es eine »friedliche« Revolution, die einem Staat ein Ende bereitete: DDR.

Manchmal waren es Torheiten der Regierenden, wie Barbara Tuchman[5] am Beispiel Trojas und der Renaissancepäpste darlegt. Wenn nämlich Regierende den Untergang ins eigene Haus holten (Troja) oder durch das Schisma die Christenheit halbierten (Päpste mit dem Abfall des Protestantismus 1470–1530). Hunderte an Gründen gab es. Demandt zählt allein für den Fall des Römischen Reiches 227 Gründe, die in Geschichtsschreibung und Literatur als mitverantwortlich für den Verfall eines politischen Gebildes geltend gemacht wurden. Insofern gilt die Sentenz: Geschichte wiederholt sich nicht. Aber es gibt Parallelen und einige Muster beim Systemversagen. Auch heute: in »Failed States«, also funktionsunfähigen Staaten wie Somalia, Tschad, Libyen.

Die Zahl der Dekadenz-Diagnostiker ist unüberschaubar, wiewohl man den Begriff »Dekadenz« in den Geschichtswissenschaften hat fallenlassen. Warum? Man darf spekulieren und kann sich an Reiner Kunzes Gedichtzeile vom Beginn des Buches erinnern: »nicht ratsam ist's, verfall / verfall zu nennen / vor der katastrophe.«

Die Beschreibung von Dekadenzen und Untergängen gab es jedenfalls schon immer. Homer (falls er eine einzelne Person war, ca. 8./7. Jahrhundert v. Chr.) vergleicht den Gang der Geschichte mit Blättern von Bäumen, die fallen, wenn die Zeit gekommen ist. Andere antike Geister nutzen die Metapher der Jahreszeiten. Pythagoras (ca. 570–510 v. Chr.) reklamiert eine Abfolge von Überfluss zu Überdruss zu Übermut zum Untergang. Sallust (34 v. Chr.) geht als einer der Ersten den Ursachen des Verfalls nach: Im Luxus erlahme die Leistungsbereitschaft. Wenig anders Augustinus in »De Civitas Dei«: Einfaches Leben sporne zu Anstrengung an, Siege brächten Macht, Macht bringe Reichtum, Reichtum bringe Luxus, und dieser untergrabe die Moral.

Klassisches Beispiel Rom

Das Römische Reich wird gerne als Musterbeispiel für Dekadenz gebraucht. Oder missbraucht? Römische Dekadenz: Ja, aber es wird dabei übersehen, dass Rom erst einmal lange überlebt hat. Doch es gab früh Zeichen von Dekadenz. Bereits Sallust (34 v. Chr.) hatte gemeint: Im Luxus erlahme die Leistungsbereitschaft. Petronius (66 n. Chr.) hat in seinem »Satyricon« in der Mitte des 1. Jahrhunderts n. Chr. vor allem die Dekadenz der römischen Oberschicht beschrieben.

Von Edward Gibbon (1737–1794) in: »Verfall und Untergang des römischen Imperiums« und von nachfolgenden Dekadenzforschern werden weitere Gründe für das Verschwinden Roms als großes Reich genannt: ein »imperial overstretch«, also eine Überdehnung des Reiches; ein Ersterben der republikanischen, dann der ökonomischen, schließlich der geistig-religiösen Freiheit; immer mehr Staatsfunktionäre; eine Geldentwertung; obrigkeitliche Zünfte; Verstaatlichungen; Erstarken der Peripherie.

Maßgebliche Faktoren kamen von außen, vor allem die unkontrollierte Masseneinwanderung. 376 n. Chr. gab es einen gewaltigen Flüchtlingsstrom an den Grenzen des »Imperiums«, hier der Donau. Es kamen 200 000 Goten, darunter 20 000 Soldaten. 410 eroberten die Goten Rom. Am 28. August 476 n. Chr. verkündet der germanische Feldherr Odovacar in Ravenna, dass der letzte weströmische Kaiser, Romulus Augustulus, abgesetzt wurde.

Ein besonderes Problem war ab dem Ende des 2. Jahrhunderts v. Chr. die Armut an Kindern. Augustus ließ deswegen Gesetze beschließen, die Junggesellen, ehelose Paare und Witwen steuerlich schlechter stellten und ihre Erbfähigkeit zurücksetzten. Demgegenüber wurden Familienväter bevorzugt, der Kaiser schuf Ehrenzeichen für Mütter und Prämien für arme Ehepaare, die zahlreichen Nachwuchs hatten. Mitgewirkt am Untergangs Roms hat wohl auch die Ausbreitung des Christentums mit seiner Feindesliebe und dem Ideal der Jungfräulichkeit. So wurden aus vormals zwei Millionen Römern im 7. Jahrhundert nur noch 70 000. Aus der Sicht Max Webers schwand damit »die dünn gewordene Hülle der antiken Kultur, und das Geistesleben der okzidentalen Menschheit sank in eine lange Nacht«.

Die Gründe für den Verfall des Römischen Reiches sind also vielfältig. Für Demandt am folgenschwersten war die Schwächung des militärischen Bereichs. Rom sei – wie Karthago – untergegangen, weil deren Bürger nicht mehr zur Selbstverteidigung bereit waren. Außerdem ist für Demandt »Dekadenz die Verbindung verfeinerten Lebensstils mit sinkender Lebenskraft«.

Niedergang und Religion

Während das Judentum eher keinen Weltuntergang kennt, sondern geprägt ist vom Warten auf den Messias, hat die Bibel im Alten und im Neuen Testament eine apokalyptisch-eschatologische Tradition. Es ist diejenige Religion, die sich am ausführlichsten mit einem Jüngsten Gericht befasst und Erdbeben, große

Fluten, das Herabfallen des Himmels, Feuersbrünste, vollkommene Finsternis und kosmische Katastrophe prognostiziert.

Am anschaulichsten wird es in der »Offenbarung« des Johannes: »Da entstand ein großes Erdbeben, und die Sonne wurde schwarz wie ein härenes Trauergewand, und der ganze Mond wurde wie Blut, und die Sterne des Himmels fielen auf die Erde …« Das Christentum scheint geradezu und stets reuig verliebt in die Eschatologie (griechisch: τὰ ἔσχατα), also in die Lehre von den letzten Dingen, fasziniert vom Verfall der »Hure Babylon« sowie der Städte Sodom und Gomorrha, von Apokalypsen (griechisch ἀποκάλυψις), von Gottes Jüngstem Gericht, von der Angst vor dem strafenden Gott, von den »dies irae« (Tagen des Zorns), von Weltuntergängen. Der Theologieprofessor Klaus Berger (1940–2020) erklärt das wie eine gerissene Taktik: »Wer den Horror nicht darstellen kann, wird auch kaum Sehnsucht nach Seligkeit wecken können.«

Weitere Untergangsvisionäre kamen hinzu: Mystiker, Pietisten, Zeugen Jehova. Nicht ganz so anschaulich geht es im Islam zu. In den frühesten Suren ist von einem Endgericht für die Seelen die Rede. Im Buddhismus von einem »finsteren Zeitalter« als vierte Epoche nach Buddhas Geburt.

Auch Dichter und bildende Künstler sind seit jeher von Untergängen fasziniert. Siehe das Sonett »Es ist alles eitel« des Barock-Dichters Andreas Gryphius 1637, inmitten des Dreißigjährigen Krieges:

Du sihst/ wohin du sihst nur Eitelkeit auff Erden.
Was dieser heute baut/ reist jener morgen ein:
Wo itzund Städte stehn/ wird eine Wiesen seyn/
Auff der ein Schäfers-Kind wird spielen mit den Herden.

Was itzund prächtig blüht/ sol bald zutretten werden.
Was itzt so pocht vnd trotzt ist morgen Asch vnd Bein/ …«

John Milton schrieb das Epos »Paradise Lost« (1667). Es ging um den Höllensturz der Engel, den Sündenfall und die Vertreibung aus dem Paradies. Auch die bildende Kunst mischte mit: Der US-Amerikaner Thomas Cole schuf 1836 den fünfteiligen Gemäldezyklus »The Course of Empire« (Der Weg des Reiches) mit folgenden Stationen: The Savage State – The Arcadian or Pastoral State – The Consummation of Empire Destruction – Desolution. Auch Arthur Schopenhauer (1788–1860) gehörte zu denen, die meinten, dass sich die Welt ständig zum Schlechteren hin entwickle. Er hat daraus eine Philosophie des Pessimismus entwickelt, die Welt als Jammertal betrachtet und jeden Optimismus als kindisch, ja närrisch gebrandmarkt.

Von Nietzsche zu Spengler

Ein großer Diagnostiker der Dekadenz (er schreibt »décadence«) ist Friedrich Nietzsche (1844–1900). Er setzt Vitalismus gegen Dekadenz und gegen Hegels Idealismus, und er geht zugleich, wie bei Ebbe und Flut, von der ewigen Wiederkunft des Gleichen aus. Das heißt: Geschichte wiederholt sich ständig. Es gibt weder Fortschritt noch Rückschritt.

Der in Röcken bei Leipzig geborene Sohn eines früh verstorbenen Pfarrers hält dabei stets fest, dass das Christentum für Dekadenz verantwortlich sei: Als Religion der Schlechtweggekommenen, geprägt vom Erbsündeproblem und einem ewig schlechten Gewissen, sei das Christentum auch schuld am Untergang Roms gewesen. Die christliche »Sklavenmoral« habe Stolz und Selbstbewusstsein korrumpiert und an deren Stelle eine Moral der Demut, Nerven- und Willensschwäche, Reizbarkeit, Sentimentalität, des Pessimismus, der Selbstverachtung, Zerknirschung und des Mitleidens gesetzt.[6] Denn: Das Christentum habe radikal mit der »Verfälschung natürlicher Werte« und mit der »Ablehnung nationaler Gemeinschaften« begonnen.

Zwar schreibt es Nietzsche nicht explizit so, aber viele verstehen darin die Prognose: Europa wird an der Mitleidsmoral des Christentums zugrunde gehen. Ähnlich schon Immanuel Kant: Auch er hatte jede Mitleidsmoral mit Entschiedenheit abgelehnt. Sie stehe im Widerspruch zum kategorischen Imperativ, der den Sinn des Lebens in der Tat, nicht im Nachgeben gegenüber weichen Stimmungen sieht. Nietzsche schließlich setzt auf eine »Wiederherstellung des Menschheits-Egoismus« und ein Nein zu allem, was schwach ist.[7] Hier könne nur der »Übermensch« helfen.[8] Dass Nietzsche Dekadenz als Folge des Sieges christlicher Werte betrachtet, sieht der von ihm sehr geschätzte Dostojewskij übrigens völlig anders. Für letzteren ist Dekadenz Folge moralischer Fäulnis und Preisgabe der christlichen Werte.

Ähnlich pessimistisch wie Nietzsche denkt Sigmund Freud (1856–1939): Er begründet seinen Pessimismus in seinen kulturtheoretischen Schriften: »Jenseits des Lustprinzips« (1920), »Massenpsychologie und Ich-Analyse« (1921), »Die Zukunft einer Illusion« (1927), »Das Unbehagen in der Kultur« (1930). Unter dem Eindruck des Ersten Weltkrieges formulierte Freud seine Dialektik von Destrudo versus Libido, Thanatos versus Eros, Todestrieb versus Lebenswillen. Max Horkheimer (1895–1973) und Theodor W. Adorno (1903–1969) deuten die Geschichte des Okzidents im Sinne von Destrudo schließlich als eine fortschreitende Unterdrückung der äußeren und der inneren Natur. Adorno wörtlich: »Keine Universalgeschichte führt vom Wilden zur Humanität, sehr wohl eine von der Steinschleuder zur Megabombe.«

Zentral in der Dekadenz-Debatte ist nach wie vor Oswald Spengler (1880–1936) mit seinem Werk, dessen Titel vollständig lautet: »Der Untergang des Abendlandes. Umrisse einer Morphologie der Weltgeschichte«.[9] Es ist 1918 in einem ersten Band mit dem Untertitel »Gestalt und Wirklichkeit« und 1922 in einem zweiten Band mit dem Untertitel »Welthistorische Perspektiven« erschienen. Es ist ein Werk mit 1200 Seiten – zuzüglich

50 Seiten Register. Das Buch hatte binnen 20 Jahren nach Erscheinen 75 Auflagen mit über 200 000 Exemplaren erfahren. Zum Zeitpunkt der Genese des »Untergangs« war Spengler Mitte dreißig. Da er bereits mit 56 Jahren starb, darf man annehmen, dass er sein Hauptwerk später überarbeiten wollte.

Vermutlich wurde Spengler angeregt durch die Zweite Marokko-Krise 1911 (Panthersprung nach Agadir) und den erzwungenen Verzicht des Deutschen Reiches auf eine Kolonie Marokko. In der Endphase der Fertigstellung des Werkes dürfte auch die Katastrophe des ersten großen Krieges von 1914 bis 1918 eine Rolle gespielt haben. Da der Titel wohl schon 1912 feststand, könnte Spengler zudem vom Untergang der Titanic am 14./15. April 1912 inspiriert worden sein.

Ideell beeinflusst wurde Spengler von Größen der deutschen Geistesgeschichte. So schreibt er: »Zum Schlusse drängt es mich, noch einmal die Namen zu nennen, denen ich so gut wie alles verdanke: Goethe und Nietzsche. Von Goethe habe ich die Methode, von Nietzsche die Fragestellungen …« Der »Untergang« ist ein Werk, mit dem der Autor Jahrtausende Kulturgeschichte erklären und kommende Entwicklungen voraussagen will. Spengler ist der Überzeugung, dass sich Westeuropa mit einer untergeordneten Rolle begnügen müsse. »Der Untergang« ist gleichwohl kein durchaus pessimistisches: »Sagt man statt Untergang Vollendung, … so ist die pessimistische Seite einstweilen ausgeschaltet, ohne dass der eigentliche Sinn des Begriffs verändert worden wäre.«

Die Grundannahme von Spenglers Werk lautet: Die Weltgeschichte verläuft in einem Zyklus von Aufstieg und Niedergang. Dabei ist Spengler sehr beeinflusst von Goethes biologisch-morphologischer Metaphorik (siehe Spenglers Untertitel: »Umrisse einer Morphologie der Weltgeschichte« und Goethes 1790 erschienene Schrift »Versuch, die Metamorphose der Pflanzen zu erklären«). Für beide gibt es in allem Leben Phasen der Jugend, der Reifung, des Alterns und des Absterbens. Solche Zyklen nimmt

Spengler auch für Kunst, Gesellschaft, Politik und Staat an. Die Dauer einer jeden Hochkultur umfasse in etwa ein Jahrtausend. Bezogen auf das »Abendland« als eine von acht von ihm beschriebenen Hochkulturen setzt Spengler die Phasen wie folgt an: Frühling 500 bis 900 n. Chr.; Sommer und Hochblüte 900 bis Ende 18. Jahrhundert; Herbst und Verfall ab 1800; Winter und Sterben nach 2000.

Aus allen Kulturen werden laut Spengler in der Verfallsphase Zivilisationen. Kultur versus Zivilisation: Das ist für Spengler die große Antinomie – als Gegensatz Heimat gegen Kosmopolitismus, Religion versus Wissenschaft, Klugheit versus Intelligenz. Der späte Zustand einer jeden Zivilisation ist nach Spengler gekennzeichnet von folgenden Merkmalen: einem greisenhaften Ruhebedürfnis; Postheroismus und Geschichtslosigkeit; Künstlichkeit und Erstarrung aller Lebensbereiche; Herrschaft der anorganischen Weltstadt anstelle des lebensvollen bäuerlich geprägten Landes; kühler Tatsachensinn anstelle der vormaligen Ehrfurcht vor dem Überlieferten; Materialismus und Irreligiosität; anarchische Sinnlichkeit; Motto »panem et circenses« (Brot und Spiele); Unterhaltungsindustrien; Zusammenbruch der Moral und Tod der Kunst; Zivilisationskriege und Vernichtungskämpfe; Demokratie, Imperialismus und die Heraufkunft formloser Gewalten«; Geburtenrückgang; fehlender »Wille zur Dauer«, zum Beispiel auch in der Ehe.

Dazu kämen die Kommerzialisierung der Kunst, die Manipulierbarkeit der öffentlichen Meinung, eine Konsumhaltung und die Allgewalt der Finanzen (»Milliardärssozialismus«, siehe das eigene Kapitel dazu). Ein jedes ehemaliges Kulturgebiet, so Spengler, bewohnen am Ende primitive Volksmassen, die Fellachen (ägyptische Pflugbauern). Mit dem damit einhergehenden Niedergang der Freiheitsidee werde auch der Rationalismus diskreditiert und der Hunger nach Metaphysik melde sich wieder. Am Ende bleibe stets derjenige Sieger, der es verstanden habe, die anarchischen Tendenzen während der Zeit des Kulturzerfalls am besten zu beherrschen.

Ein Wesensmerkmal des Abendlandes ist für Spengler das Faustische – ganz im Sinne von Goethes »Dr. Faustus«: das Rast- und Ruhelose, das Expansive, das stets nach dem Höchsten und Tiefsten Suchende. Dazu schreibt Spengler: »Die faustische Kultur war im stärksten Maße auf Ausdehnung gerichtet, sei sie politischer, wirtschaftlicher oder geistiger Natur; sie überwand alle geografisch-stofflichen Schranken; sie suchte ohne jeden praktischen Zweck, nur um des Symbols willen, Nord- und Südpol zu erreichen; sie hat zuletzt die Erdoberfläche in ein einziges Kolonialgebiet und Wirtschaftssystem verwandelt.«

Gelegentlich wurde angesichts solcher Passagen unterstellt, Spengler sei ein Ideengeber des Nationalsozialismus gewesen. Nun, ein glühender Verfechter der Weimarer Republik war er nicht, aber die Nazis mochten Spengler nicht, und Spengler mochte die Nazis nicht. Ein Gespräch Spenglers mit Hitler am 25. Juli 1933 in Bayreuth bestätigte die gegenseitige Abneigung. Das erste Kabinett Hitler 1933 bezeichnete er als »Faschingsministerium«. Über das neben Hitlers »Mein Kampf« wohl wichtigste Buch der NS-Bewegung, das Buch des NS-Chefideologen Alfred Rosenberg »Mythus des XX. Jahrhunderts«, schrieb Spengler: Das ist ein »Buch, an dem nichts stimmt außer den Seitenzahlen«.

An anderer Stelle schreibt Spengler: »Der Nationalsozialismus war zum guten Teil ein Einbruch tatarischen Wollens in das Grenzgebiet des Abendlandes, so undeutsch, ungermanisch, unfaustisch, wie nur möglich platt wie die großen asiatischen Ebenen!« Die NSDAP nannte Spengler 1933 eine »Organisation der Arbeitslosen durch die Arbeitsscheuen«. An den NS-Reichsleiter Hans Frank schrieb er 1936 hellsichtig in einem Brief: »… da ja wohl in zehn Jahren ein Deutsches Reich nicht mehr existieren wird!« Den Deutschen hatte Spengler 1914 einen »seelenlosen« Amerikanismus prophezeit: materialistisch, militaristisch und animalisch geprägt. Zudem ist das deutsche Volk für Spengler eine »politisch unerzogene Masse«, geprägt von politischen »Narren, Feiglingen, Verbrechern«. In den Parteien sah er »Erwerbsgesellschaften mit einem bezahlten Beamtenapparat«. Dieser »Sumpf« habe sich den Staat »zur Beute« gemacht.

Es bleibt die Frage: Ist Spenglers »Untergang des Abendlandes« heute noch diskussionswürdig? Kein Geringerer als Theodor Adorno meinte 1949: Der Gang der Weltgeschichte gebe Spengler in einem Maße recht, das erstaunen müsse. »Der vergessene Spengler rächt sich, indem er droht, recht zu behalten.«[10] Ob diese Perspektive 75 Jahre nach Adornos Bewertung noch zutrifft? Adorno sorgt sich jedenfalls auch um den »Verfall von Bildung, Sitten, des Individuums, der Familie, der Philosophie«, vor allem den Verfall der Kultur zur Kulturindustrie und zur »kalkulierten Idiotie«.[11]

Weitere Diagnostiker

H. G. Wells beschreibt in »Die Zeitmaschine und Von kommenden Tagen« (1894) den Verfall der menschlichen Vitalität infolge der Tendenz zu immer mehr Wohlleben und Bequemlichkeit. Es geht in diesem Roman um eine Reise in die Vergangenheit und in die Zukunft bis ins Jahr 802701. Ähnlich Marcel Proust: Auf 3000 Seiten breitet er eine Chronik einer untergehenden Gesellschaft aus. Das voluminöse Werk trägt den Titel: »Auf der Suche nach der verlorenen Zeit« (erschienen zwischen 1913 und posthum bis 1927).

Thomas Mann, der sich selbst als »Verfallspsychologen« sieht und Nietzsche als »größten und erfahrensten Psychologen der Dekadenz« sein Vorbild nennt, beschreibt in »Buddenbrooks. Verfall einer Familie« von 1901 den Verfall der Lübecker Kaufmannsfamilie über vier Generationen hinweg. 1929 bekam er dafür den Literaturnobelpreis. Das Dekadenzmotiv kommt auch in seiner Novelle »Der Tod in Venedig« von 1912 zum Tragen. Der Philosoph Günter Rohrmoser sieht die Dekadenz des Bürgertums zudem in Manns »Zauberberg« und »Dr. Faustus« zutreffend dargestellt.[12]

Karl Kraus (1874–1936) skizziert »Die letzten Tage der Menschheit« (entstanden zwischen 1915 und 1922) als Reflex auf den Ersten Weltkrieg. Es wurde daraus eine apokalyptische »Tragödie in 5 Akten mit Vorspiel und Epilog« mit 220 Szenen und 500 Figuren. Durchsetzt mit Glossen, Essays, Aphorismen, Gedichten von Kraus aus der »Fackel«. In Vollaufführung wären zehn Abende nötig. Die Hauptfiguren sind die »Erdenbewohner« als »elektrisch beleuchtete Barbaren«, die »das Bild der Schöpfung geschändet haben, die Tiere gequält und die Menschen versklavt« haben. Einen gescheiterten Gott lässt Kraus am Ende sagen: »Ich habe es nicht gewollt.« Es ist dies eine Anspielung auf ein gleichlautendes Zitat von Kaiser Wilhelm II. bei seinem letzten Besuch Anfang 1915 an den Gräbern gefallener deutscher Soldaten.

Stefan Zweig schreibt: »Todgeweiht schien mir Europa durch seinen eigenen Wahn, Europa, unsere heilige Heimat, die Wiege und das Parthenon unserer abendländischen Zivilisation … Das neunzehnte Jahrhundert war in seinem liberalistischen Idealismus ehrlich überzeugt, auf dem geraden und unfehlbaren Weg zur ›besten aller Welten‹ zu sein … Man glaubte an diesen ›Fortschritt‹ schon mehr als an die Bibel …« Vollbracht von der Wissenschaft, dem »Erzengel des Fortschritts«. Es sei aber eine Täuschung zu glauben, dieser Fortschritt »müsse unbedingterweise einen gleich rapiden moralischen Aufstieg zur Folge haben«.[13] Das erinnert an Sigmund Freud, der in unserer Kultur, in unserer Zivilisation nur eine dünne Schicht sah, die jeden Augenblick von den destruktiven Kräften durchstoßen werden könne.

Zwischen all den Diagnostikern wurde Dekadenz im »Fin de siècle« zelebriert. Es war ein Schwanken zwischen Morbidität und Vitalismus, zwischen Verfall und Aufbruch. Diese Zeit um 1900 ging einher mit einer Auseinandersetzung mit dem anstehenden 20. Jahrhundert, mit seinen Fortschrittsverheißungen und Untergangsfantasien. Teilweise war es eine Lust am Untergang.[14]

Jahrzehnte später kamen »moderne«, säkulare Apokalypsen hinzu. Die Angst vor Computerherrschaft, Nanorobotern, Bioterrorismus, Virenterrorismus, Cyberkriegen, Atomtod durch Kernkraftwerke oder Atombomben, Killer-Asteroiden, kosmischen Katastrophen. Literatur und Hollywood ergötz(t)en sich darin. Urmutter moderner Apokalypsen ist die Schrift »Grenzen des Wachstums« des Club of Rome von 1972. Es ging um zu Ende gehende Ressourcen, um Waldsterben, damals schon ums Klima, ja um untergehende Städte: Der Kölner Dom steht 1986 laut *Spiegel*-Titelbild wegen Schmelzung der Polkappen in der Nordsee.[15]

Aktuelle Dekadenzdiagnostiker

Samuel Phillips Huntington (1927–2008), US-Politikwissenschaftler in Harvard, rüttelte den Westen mit seinem 1993 erschienenen Aufsatz und seinem 1996 veröffentlichten Buch »The clash of civilizations« (»Der Kampf der Kulturen«) auf.[16] Huntington meint mit »civilizations« tatsächlich »Kulturen«, indem er wie 1784 bereits Kant Kultur als Summe innerer Güter und Zivilisation als Summe äußerer Güter unterscheidet. Huntingtons Grundthese ist: Die Konfliktlinien verlaufen seit 1989 nicht mehr entlang ideologischer, sondern kultureller Grenzen. Dabei ist die Religion der wahrscheinlich tiefgreifendste Unterschied. Der mit Abstand aggressivste Kulturkreis sei der islamische, weil er auf Eroberung ausgerichtet sei. Dem Westen stehe ein Niedergang bevor, weil die Kraft seiner Kultur verblasse.

Die Anzeichen der »inneren Fäulnis« des Westens sind für Huntington unübersehbar: Geburtenrückgang (der Demografieforscher Herwig Birg nennt es einen »Ethnosuizid«), Überalterung, Zunahme der Asozialität, Auflösung der Familienbande,

Zunahme egomanischer Attitüden, Schwinden der Autorität von Institutionen, Hedonismus, Rückgang des Sozialkapitals, d. h. der Mitgliedschaft in Vereinen, das Schwinden des zwischenmenschlichen Vertrauens, ein Nachlassen des Arbeitsethos, ein zunehmender Egoismus, abnehmendes Interesse an Bildung. Unterschieden werden bei Huntington acht, bisweilen neun »Zivilisationen«: Sinisch; Japanisch; Hinduistisch; Islamisch; Orthodox; Westlich; Lateinamerikanisch; Afrikanisch; dazu Buddhistisch.

Der vormalige Kardinal Ratzinger und spätere Papst Benedikt XVI. sagte 2000: »Europa scheint in der Stunde seines äußersten Erfolgs von innen her leer geworden … Es gibt eine seltsame Unlust an der Zukunft … Kinder, die Zukunft sind, werden als Bedrohung der Gegenwart gesehen … Sie werden als Grenze der Gegenwart gesehen.« Noch deutlicher wurde er in seiner Rede zur Eröffnung des Konklaves vom 18. April 2005, bei dem er zum Papst gewählt wurde. Er sprach von einer »Diktatur des Relativismus«. Wörtlich: »Es entsteht eine Diktatur des Relativismus, die nichts als endgültig anerkennt und als letztes Maß nur das eigene Ich und seine Gelüste gelten lässt.«

An anderer Stelle hatte Ratzinger geschrieben: »Hier gibt es einen merkwürdigen und nur als pathologisch zu bezeichnenden Selbsthass des Abendlandes, das sich zwar lobenswerterweise fremden Werten verstehend zu öffnen versucht, aber sich selbst nicht mehr mag, von seiner eigenen Geschichte nur noch das Grausame und Zerstörerische sieht, das Große und Reine aber nicht mehr wahrzunehmen vermag.«[17]

Der Publizist Karl Heinz Bohrer wird 2007 noch deutlicher. Er schreibt: Kollektive Selbsterniedrigung, Selbstgeißelung und ein »Mangel an Selbstachtung ist der Beginn dessen, was wir Dekadenz genannt haben«. Und weiter: »Es gibt keine private Miserabilität, keine private Obszönität, keine private Hässlichkeit, die qua Massenmedien nicht zum Stand des öffentlichen Bewusstseins gemacht würde und dort inzwischen einschlägige normative Wirkung hat.«[18]

Sterbeglöckchen für den Westen?

Es sind keine larmoyanten Defätisten, die sich aktuell Sorgen um den Fortbestand des Westens machen. Man kann über sie nicht hinweggehen. Schon 1977 betrachtete der Franzose Raymond Aron[19] (1977) als Ursache der Dekadenz einen um sich greifenden »Komfortismus« ohne Zukunftsperspektiver. Er schrieb: »Zwei Gespenster gehen um in Europa: die Freiheit und die Rote Armee.«[20] Nun, die Rote Armee ist Vergangenheit, zumindest heißt sie nicht mehr so, aber sie erlebt unter Putin eine Wiedergeburt. Und was meint Aron mit »Freiheit« als Gefahr? Aron meint damit eine Wohlstandsgesellschaft, die sich die »Freiheit« nimmt, das Interesse an der Zukunft zu verlieren. Aron wörtlich: »Dann spricht sie sich damit selbst ihr Todesurteil.«[21]

Der Grieche Panajotis Kondylis lehnt sich 1991 an Nietzsche an: Die Verlagerung vom Apollinischen (Rationalen) zum Dionysischen (Rauschhaften) ist für ihn Ursache der Dekadenz.[22] Für Kondylis ist der ökonomische Erfolg Ursache für einen Niedergang, ferner ein apolitischer Hedonismus bis zur resignierten Gleichgültigkeit. Vor allem das »juste-milieu« sei voller Halbheit, Heuchelei, Mittelmäßigkeit und Opportunismus. Eine (Selbst-)Verzwergung schütze aber nicht vor den Folgen der Weltpolitik.

Für Alexander Demandt[23] ist westliche »Dekadenz die Verbindung verfeinerten Lebensstils mit sinkender Lebenskraft, eines Zuviel an Subtilität mit einem Zuwenig an Vitalität«. In seinem Buch »Endzeit?« hatte er 1993 geschrieben: »Das Schöne wurde verdrängt einerseits durch das Gefällige, andererseits durch das Abartige, Hässliche, Bizarre … Ein Papierkorb in einem Raum der Documenta IX wurde durch eine Katalognummer zum

Kunstwerk … Es gibt kein Geräusch, das dem Auditorium der Philharmonie nicht als ›Musik‹ gilt, sofern es im Programm als solche angekündigt ist.«

Mit anderen Worten: Es greift eine »Ästhetisierung« des Seichten und Vulgären um sich – Hauptsache, es gibt sich provokant, progressiv, eventmäßig, aktionskünstlerisch. Unsere Anfügung: Bücher mögen noch so ordinär sein, sie bekommen 2022 den mit 24 000 Euro dotierten Deutschen und/oder Schweizer Buchpreis und werden von *Zeit*, *Spiegel* und Co. hochgejubelt. Zitate aus solchen »Produkten« erspare ich meinen Lesern.

Der britisch-US-amerikanische Historiker Niall Ferguson schreibt 2012: »Der Westen stagniert.«[24] Ferguson sieht den Niedergang vor allem im Verfall der vier Säulen, die den Westen trugen: der repräsentativen Demokratie, der freien Marktwirtschaft, des Rechtsstaates und der Zivilgesellschaft. Bürgerliche Freiheiten seien durch Sicherheitsdenken und eine Manie an Regelungen bedroht. Zudem gefährde die Überschuldung die Partnerschaft der Generationen.

Imre Kertész, Holocaust-Überlebender und 2002 Literatur-Nobelpreisträger, sieht die frühere europäische Vitalität von Dekadenz angefressen und die europäischen »Intellektuellen« wie die »klassischen gockelhaften Syphilitiker des 19. Jahrhunderts durch die Welt torkeln«. Er spricht von einem »selbstmörderischen« Liberalismus, der am Ende seinen eigenen Feind anbete. Das hat der Autor vor dem großen Zustrom an Flüchtlingen von 2015 geschrieben.[25] Nach Kertész werde Europa »bald wegen seines bisherigen Liberalismus untergehen, der sich als kindlich und selbstmörderisch erwiesen hat« – die Türen weit offen für den Islam. Man wage es nicht länger, über Rasse und Religion zu reden, »während der Islam gleichzeitig einzig die Sprache des Hasses gegen alle ausländischen Rassen und Religionen kennt.«

Der französische Philosoph Michael Onfray[26], bekennender Atheist übrigens, sieht 2017 als Grund für den Niedergang die

»ermattete« jüdisch-christliche Kultur sowie den Verlust des Respekts für das menschliche Individuum, dessen Achtung die große Leistung der jüdisch-christlichen Kultur ist. Im Zuge dieser Missachtung des menschlichen Individuums, so Onfray, kann und konnte sich der Islam in Europa ausbreiten, weil die »leere« westliche Welt ihm mit ihrer Metaphysik des Konsumismus wenig entgegenzusetzen hat. Wörtlich: »Eine Kultur schöpft ihre Kraft stets aus der Religion, von der sie legitimiert wird. Ist die Religion im Aufstieg begriffen, erblüht auch die Kultur. Ist sie im Niedergang, verfällt auch die Kultur und geht am Ende sogar unter.« Ursächlich ist für Onfray auch »die Entkoppelung von Sexualität und Fortpflanzung«.

Rolf Peter Sieferle kritisiert in seinem 2017 posthum erschienenen Band »Das Migrationsproblem« die Vision einer Welt von *no borders, no nations*, die zugleich eine Welt von *no welfare,* also ohne Sozialstaat wäre.[27] Es ist dies das »Testament« des 2016 freiwillig aus dem Leben geschiedenen Historikers, der in seinem Abschiedsbrief mit Blick auf Europa und Deutschland von einem »gesinnungsethischen Rausch in den Untergang« schreibt.

Der Brite Douglas Murray[28] beschäftigt sich 2018 ausführlich mit Feminismus, Rassismus, Trans-Problematik und Homosexualität. Dazu sollte man wissen, dass sich Murray selbst offen zu seiner Homosexualität bekennt. Murray seziert den modernen europäischen Schuldwahn. Und er fordert von den Europäern: »Genug mit der Unterwürfigkeit, die ihnen das Schuldbewusstsein aufzwingt … Wir sind die einzige Kultur auf der Erde, die so offen für Selbstkritik und für das Zugeben unserer Ungerechtigkeiten ist, dass wir imstande sind, unsere größten Gegner reich zu machen.« Murray betrachtet Diversität als höchste Stufe von Selbstverleugnung. Er schreibt: »Die größte Ironie der endlosen Freudenfeste über die Diversität ist, dass das Einzige, was nicht gefeiert wird, genau die Kultur ist, die diese Diversität in erster Linie ermöglicht hat.«

Zu den Dekadenz-Diagnostikern gehört Thilo Sarrazin, auch wenn er »Dekadenz« weder in seinen Buchtiteln noch in Kapitelüberschriften verwendet. Ein Auflagenrenner ist 2010 sein Buch »Deutschland schafft sich ab«[29] geworden – mit 1,5 Millionen gekauften Exemplaren. Gerade weil es vom politischen und medialen Mainstream verteufelt wurde und deshalb Neugier weckte. Verteufelt, weil es präzise belegt, wie Deutschland im freien Fall ist. Eine Neuauflage eineinhalb Jahrzehnte später müsste noch ehrlicher ausfallen. Sarrazins SPD entblödete sich gar, ihm wegen dieses Buches die Parteimitgliedschaft zu entziehen.

Die Ethnologin Susanne Schröter belegt umfassend, wie sich der Westen selbst abschafft: durch ungesteuerte Zuwanderung, Parallelgesellschaften inkl. Scharia-Paralleljustiz, Duldung weitreichender Islamisierung, Cancel Culture, Selbsthass kombiniert mit Hypermoral, naives Appeasement, Doppelmoral, geschichtsklitternden »postkolonialen« Exorzismus, einen Rassismus gegen das Weißsein, die Ideologie der Intersektionalität sowie »Gender«. Wörtlich schreibt sie: »Verantwortlich ist eine krude Mischung aus Hybris und Selbsthass.« Um anzufügen: »Wer das Heil in einer Nachahmung indigener Bräuche und Strukturen sucht, sollte konsequenterweise nicht gleichzeitig die Annehmlichkeiten der Zivilisation in Anspruch nehmen.«[30]

Und dann?

Der »westliche« Mensch will im ewigen »hic et nunc« (hier und jetzt) leben. Möglichst ohne Geschichte. Er will, dass alles »post« ist: Postdemokratie, Postmoderne, Postkolonialismus … Aber was kommt hinter »post«? Das Nichts? Banalität und Vulgarisierung total? Die »Tyrannei des Intimen« und des Privaten (Richard Sennett)? Die Versklavung durch den Wohlstand? Die »Not der Notlosigkeit« (Heidegger). Womöglich geht es dem Westen noch zu gut. Wie lange noch? Dem Versuch, Auswege bzw. die richtige Abzweigung am Scheideweg zu finden, wird das Abschlusskapitel dieses Buches gelten.

2. Wie »geht« Geschichte?

Seit es den »homo sapiens sapiens« gibt, denkt er über Geschichte nach. Er will Gesetzmäßigkeiten von Geschichte erkennen. Die Sorge um Verfall und Niedergang schwingt dabei oft mit. Der Mensch will seine Erkenntnisse, Vermutungen, Prognosen, so er zur »herrschenden« oder »kulturellen Elite« gehört, für sich nutzen und andere im Denken anleiten. Geschichtspolitik heißt das, praktiziert als Instrumentalisierung von realer oder erfundener Geschichte: zur eigenen Erhöhung als »historischer« Gestalter, als Teil einer »Vorsehung«, als parteiische Interpretation von Geschichte, als einseitige Akzentuierung von Geschichte oder als deren Tabuisierung – voller Sprachregelungen und Umbenennungen, im Geschichtsunterricht, in der Gedenktage- und Museumspolitik. Die Praxis totalitär oder autoritär geführter Gebilde ist voll davon.

Der Mensch erzählt von Vorfahren, erfindet Mythen, denkt sich Zukunft als Wiederholung der Vergangenheit und leitet daraus Perspektiven für die Zukunft ab. Gab es ein Goldenes Zeitalter, das mit einem Sündenfall endete? Gib es eine göttliche, »unsichtbare« Hand? Quer durch die Weltreligionen, Sekten, Mythologien und säkulare Denkgebäude ziehen sich Visionen von zukünftigen Paradiesen.[31] Sie drücken sich aus in Mythen, Metaphern, Bildern bzw. Paradigmen wie: (siebter) Himmel, messianische Zeit, Rückkehr ins Goldene Zeitalter vor dem Sündenfall, Neues Jerusalem, Ewigkeit, Auserwähltsein, Reich der Wahrheit und des Friedens, Wiedergeburt, Reinkarnation, Unsterblichkeit der Seele, Auferstehung der Toten, Tod des Todes, Nirvana als Befreiung von allen Leiden, Erleuchtung, Ewiger Tag ohne Nacht usw. Je nach Religion werden die Vorstellungen ausgeschmückt. Es gibt dann weder Tod noch Krankheit noch Mühe. Die Menschen werden schließlich alle gleich, »gottähnlich« sein, womöglich geschlechtslos. Außer im Islam: Dort gibt es Paradiesjungfrauen (Huri) und alle weltlichen Freuden.

Für Rousseau ist der Mensch im Paradies der unschuldige, unverbildete »Edle Wilde«, dessen Verirrungen erst mit seiner Vertreibung aus dem Paradies durch die Zivilisation begannen. Manche dieser Paradiese werden sogar verortet: Der Garten Eden soll fiktiv zwischen den vier Hauptflüssen Pischon, Gihon, Hiddekel (Tigris) und Euphrat liegen. Popularisiert wurden Paradiese ab der Antike als Idee von einem »Schlaraffenland«, wie es im deutschsprachigen Raum ab dem mittelhochdeutschen Wort »schluraffe« (= Faulenzer) heißt. Aufgegriffen haben dieses Bild Hans Sachs (1494–1576) und die Brüder Grimm (1819). Esoteriker sehen in einer Verquickung von Astronomie und Astrologie ab 2160, oder erst ab 2440, für 2000 Jahre das Zeitalter des Wassermanns kommen: voller ganzheitlicher Spiritualität und Empathie. Dieses Zeitalter werde nach zweittausend Jahren das Zeitalter des Fisches (Fisch als Symbol des Christentums) überwinden.

Aber mit welchen Kontingenzen (Unberechenbarkeiten) ist zu rechnen? Verläuft Geschichte kontinuierlich oder diskontinuierlich? Gibt es Epochenbrüche, »Zeitenwenden« – wie etwa 1789, 1917, 1939/45 oder 1989/90? Der Mensch möchte es anschaulich, auch religiös aufgeladen haben. Er liebt Bilder, Metaphern, Allegorien, Analogien – als Geschichte wie eine Spirale, wie Lebensphasen, Jahreszeiten oder als Blühen/Vergehen von Pflanzen. Oder er gibt sich der Magie hin wie Dr. Faust: »Drum hab' ich mich der Magie ergeben / Dass ich erkenne, was die Welt / Im Innersten zusammenhält …« Der Mensch braucht magische Utopien, weil er es nicht akzeptieren will, wenn er keine Wahl hat.

Schließlich will der Mensch wissen, ob eine in die Zukunft fortgeschriebene Geschichte Freiräume oder Grenzen mit sich bringt oder ob er sich fatalistisch dem Schicksal ergeben muss, weil alles determiniert, also schicksalhaft vorwegbestimmt und damit nicht beeinflussbar ist. Gibt es die »eine« zusammenhängende Weltgeschichte, wie es der Singular »die Geschichte« suggeriert? Oder gibt es je nach Kulturkreis im Plural sehr unterschiedliche »Geschichten«? Gibt es einen freien Willen, kann der Mensch Gestalter sein? Gibt es die großen Persönlichkeiten, die Geschichte gestalten, oder sind auch diese nur Vollzugsorgane? Klar, dass hier Erzählungen ihre Funktion haben, heute heißen sie Narrative. Als sinnstiftende Erzählungen sind sie aus einem kollektiven Gedächtnis oder aus (vermeintlich) sinnstiftenden Gedankenkonstruktionen (Ideologien) hergeleitet.

Reflektieren über »Geschichte«

Das heute inflationär verwendete Wort »historisch« kommt vom altgriechischen Wort »histor« (ἵστωρ), was »der Wissende« bedeutet. Mit Herodots »Historien« endete als wissende Erinnerung die Vorherrschaft der Mythen. Die Perserkriege gaben ihm den Impuls dazu. Thukydides, der Historiker des Peloponnesischen Krieges, hat diese Linie weiterverfolgt. Seit Herodot (ca. 490/480–430/420 v. Chr.) und Thukydides (454–ca. 399 v. Chr.) gilt die Annahme, dass die Strukturen der Vergangenheit früher oder später in Gegenwart und Zukunft wiederkehren, der Mythos wird also bedeutungslos. Unabhängig davon herrschte in weiten Kreisen dennoch der Glaube vor, dass bestimmte Menschen (Auguren, Kassandra, Pythia) die Zukunft vorhersehen könnten.

Im Lateinischen schließlich meint »historia« das Geschehene (res gestae) und die Darstellung des Geschehenen in der Historiografie. Althochdeutsch haben wir das Wort »giskiht« (um 1000), mittelhochdeutsch als »geschiht« = Geschehen, auch als (göttliche) Schickung. Semantisch ist »Geschichte« das »Geschehene«, nicht das Geschichtete, wie es das phonetisch verwandte »schichten« vermuten lässt.

Im europäischen Kulturraum begann das systematische Nachdenken über Geschichte in der Folge von Herodot und Thukydides mit Aristoteles (384–322 v. Chr.). Für ihn war Geschichte ein dialektischer Prozess aus Handeln versus Leiden, »praxis« versus »pathos«. Das Ergebnis war für ihn ein Fortschritt in Analogie zur Biologie: vom Samen zur Vollendung. Systematischer ging Polybios (ca. 200–120 v. Chr.) zu Werke, er ist Vater des zyklischen Geschichtsverständnisses.

Es folgten die biblisch-christlichen Bilder von Geschichte. Das Buch Daniel lehrte die Vorstellung von der Existenz von vier Weltreichen. Der Kirchenvater Hieronymus interpretierte daraus, dass mit diesen Weltreichen Babylon, Persien, Griechenland und Rom gemeint seien. Anfang der Geschichte ist damit die Schöpfung der Welt, das Ende die Apokalypse, das Armageddon, das »Jüngste Gericht«, die Wiederkunft des Messias (Parusie), die Vollendung als »Sacrum Imperium« (heiliges Reich). Letztere Vorstellung betont Augustinus (354–430) als »civitas dei« (Gottesstaat). Die Geschichte wird als Vorsehung und Heilsgeschichte gesehen, bestimmt von einem allmächtigen Gott. Der Mensch braucht sich um die Geschichte nicht zu sorgen, weil diese dem unerforschlichen Ratschluss Gottes unterliegt. Auch Dantes »Göttliche Komödie« (zwischen 1307 und Dantes Tod 1321 entstanden) mit ihren drei Jenseitsreichen der Hölle (Inferno), des Fegefeuers (Purgatorio) und des Paradieses (Paradiso) mündet ein in eine Heilsgeschichte.

Noch Giambattista Vico (1668–1744) sieht Geschichte als Beweis der »ewigen Güte Gottes«, auch als Abfolge von Epochen des Wachstums und des Verfalls, die sich auf je höherer Ebene wiederholen, siehe seine »Scienza Nuova«. Vico sah 1725 einen Gleichgang der Völkerschicksale – anfangs roh, dann streng, anschließend milde, danach verzärtelt und zuletzt halt- und sittenlos: »La natura de' popoli prima è cruda, dipoi severa, quindi benigna, appresso delicata, finalmente dissoluta.« Etwas später glaubt Johann Gottlieb Fichte (1762–1814) an eine »Führung des Menschengeschlechts durch die göttliche Kraft« und einen zukünftigen Zusammenschluss der Völker zu einem »christlichen Staat«. Ähnlich Johann Joseph Görres (1776–1848): Welt-Geschichte sei die »Offenbarung eines göttlichen Planes«.

Optimistisches Geschichtsdenken

Systematischer wurde das Reflektieren über Geschichte mit Voltaire (1694–1778). Er war es wohl, der den Begriff »Geschichtsphilosophie« als erster nutzte, und zwar mit seinen Schriften »La philosophie de l'histoire« (1765) und »Essai sur l'histoire universelle« (1754–1758). Voltaire sah Geschichte geprägt von natürlichen Ursachen (Klima usw.) sowie von Regierungen, Religionen. Insgesamt erwartete Voltaire Geschichte als linearen Fortschritt von der Barbarei zu Moral und Vernunft.

Die kulturoptimistischen Vorstellungen, dass sich die Welt stets zum Besseren wende, teilten dann Immanuel Kant, Friedrich Schiller, Johann Gottfried Herder, Georg Wilhelm Friedrich Hegel und Karl Marx. Es wurden daraus säkularisierte Heilsgeschichten und teleologische (griechisch telos = Ziel) Geschichtsbilder, nach denen Mensch und Natur gemäß einem innewohnenden Formprinzip zum Zweck der Selbstentwicklung auf einen bestimmten Endzweck (Entelechie) zustreben.

Für Kant (1724–1804) ist Geschichte ein Fortschritt hin zu einer weltbürgerlichen Gesellschaft in Form eines die (National-) Staatlichkeit übergreifenden »Völkerbundes«. Siehe seine Schrift »Zum ewigen Frieden« (1795). Schiller (1759–1805) war selbst Historiker (siehe seine »Geschichte des Abfalls der vereinigten Niederlande von der spanischen Regierung« und die »Geschichte des Dreißigjährigen Krieges«) und Schöpfer historischer Dramen (Don Karlos, Wallenstein-Trilogie, Maria Stuart, Wilhelm Tell). Er sieht das Weltgeschehen als fortfließenden Strom und als Band, welches die verschiedenen Staatengeschichten durch ein teleologisches Prinzip »zu einem vernunftmäßig zusammenhängenden Ganzen« und zu einem Weltgeist aneinanderfesselt. So Schiller in seiner Antrittsvorlesung in Jena am 26. Mai 1789 mit dem Titel: »Was heißt und zu welchem Ende studiert man Universalgeschichte?«

Herder (1744–1803) sieht Geschichte als einen »Kampfplatz sinnloser Leidenschaften, wilder Kräfte, zerstörender Künste«, endend in den »Zweck des Menschengeschlechts«, nämlich Humanität und Glückseligkeit. Siehe seine vierteilige Schrift »Ideen zur Philosophie der Geschichte der Menschheit«.

Hegel (1770–1831) schließlich betrachtet Geschichte in seiner »Phänomenologie des Geistes« (1807) idealistisch als Fortschritt – gelenkt durch einen absoluten, göttlichen Geist. Dieser Fortschritt schraube sich dialektisch zu einer jeweils höheren Stufe von Liberalität, Rationalität, Freiheit und Gleichheit hinauf. Für Hegel ist der eigentliche Ort von Geschichte der Staat, dessen geistige Basis wiederum jeweils in der Religion liegt: »Die Religion ist der Ort, wo ein Volk sich die Definition dessen gibt, was es für das Wahre hält.« Hegels Prognose ist eine Art »chiliastische« Erwartung eines tausendjährigen Reiches des Friedens und der Vernunft (griechisch chilias = tausend). In Napoleon meinte Hegel die Weltseele zu erkennen. Beim Anblick Napoleons soll er ausgerufen haben: »Der Weltgeist zu Pferde«.

Marx (1818-1883) bricht mit der idealistischen Geschichtsphilosophie. In Anknüpfung an Hegels dialektischer Methode sieht aber auch er Geschichte als Fortschritt, nämlich eines Tages nach Ende der Klassenkämpfe in einer klassenlosen kommunistischen Gesellschaft. Für Jacob Burckhardt (1818-1897) sind Hegels und Marx' Vorstellungen indes »der lächerlichste Dünkel, als ginge es einer Vollendung des Geistes oder gar der Sittlichkeit entgegen«. Siehe seine »Weltgeschichtlichen Betrachtungen« (postum 1905 als Sammlung von Studien der Jahre 1851 bis 1854).

Der Universalhistoriker Arnold J. Toynbee (1889-1975) geht von einer zyklischen Konzeption und einem zusammenhängenden Verlauf der Geschichte aus. Auch er vertritt einen christlich geprägten Optimismus, er propagiert eine evolutionäre und prinzipiell ergebnisoffene Sichtweise. Für Toynbee können sich Kulturen dank der ewigen Religionen periodisch erneuern. Siehe sein Werk »Der Gang der Weltgeschichte«, 12 Bde., 1934-1954 entstanden, mit dem er 21 eigenständige, gleichwertige Kulturen vergleicht.

Den vorläufigen Höhepunkt optimistischen Geschichtsdenkens bot dann Francis Fukuyama (*1952), und zwar mit einem Aufsatz vom Sommer 1989 und nachfolgend mit seinem Buch »The End of History and the Last Man« (1992). Seine Kernaussage: Kommunismus und Faschismus seien an ihr Ende gekommen. Jetzt sei im Sinne von Hegels Idealismus weltweit der liberale Staat mit Grundrechten, Rechtsstaatlichkeit und Marktwirtschaft in Sicht. Fukuyama hat damit eine Posthistorie mitbegründet. Man begann, von einer »Zärtlichkeit der Völker« zu schwärmen. Die Politik Westeuropas machte begeistert mit, »Friedensdividende« war angesagt. Man sah sich nur von Freunden umgeben.

Später räumte Fukuyama ein, dass in islamisch geprägten Ländern eine andere Entwicklung vorherrsche. 2018 schrieb er in der »Washington Post«: »Der einzige wirkliche Konkurrent der Demokratie in der Welt der Ideen ist heute der radikale Islamismus.« Bereits 2016 hatte Fukuyama in einem *Zeit*-Interview eingeräumt, dass insbesondere China für seine These eine Herausforderung darstelle. Damit lehnte er sich an seinen früheren Lehrer Samuel Huntington an, der 1996 in seinem Bestseller vom Kampf der Kulturen gegen Fukuyamas Ende der Geschichte angetreten war.

Werden Dystopien »westliche« Realitäten?

Eine Dystopie (von altgriechisch »δυς- dys-«, deutsch: »miss-, un-, übel-« und von griechisch »τόπος«, »topos«: »Ort, Gegend«) ist eine ängstigende Vision von der Zukunft, eine Anti-Utopie und damit Gegenbild zu einer »Eutopie« (griechisch εὖ = gut), zum Beispiel zur »Utopia« (1516) eines Thomas Morus (1478–1535). Der wegen »Hochverrats« auf Anordnung Heinrichs VIII. hingerichtete vormalige Lordkanzler gilt als Begründer des utopischen Genres. Mit seinem Roman »Utopia« (»U-Topia« = eine Insel im Nirgendwo) konzipiert er ein Goldenes Zeitalter ohne Privateigentum. Das ist das – wenn auch frühsozialistisch konzipierte – positive Gegenstück zu Dystopien, von denen es in der Weltliteratur viele gibt: seichte, spannende, hochintellektuelle. Zu den letzteren gehören die folgenden sechs.

Aldous Huxley schrieb 1932 die »Schöne neue Welt«. Es geht hier um die vollständige Konditionierung/Programmierung des Menschen und seine Einteilung in fünf Menschenklassen: Alphas, Betas, Gammas, Deltas und Epsilons. Alle werden glücklich »gemacht« mit dem Wundermittel Soma.

1945 folgte George Orwells »Farm der Tiere«. Hier erheben sich Schweine gegen ihren Farmer. Schließlich übernehmen die Schweine die Führung; sie errichten eine Gewaltherrschaft, die schlimmer ist als diejenige, die sie selbst hatten ertragen müssen. Unter den Schweinen sind zwar alle gleich, aber einige sind gleicher.

Der »Klassiker« kam 1948 mit Orwells »1984«. Es herrscht – unter Anspielung auf Stalin – ein »Großer Bruder«. Die Staatsreligion ist der »Engsoz« (Englischer Sozialismus). Geschichte wird von einem Ministerium für Wahrheit (»MiniWahr«) ständig »passend« gemacht, Wörter werden vernichtet oder neue erfunden. Die Menschen werden rund um die Uhr überwacht und regelmäßig zu Hasswochen gegen Feinde verdonnert. In der DDR durften beide Orwell-Bücher nicht erscheinen, deren Besitz konnte strafrechtlich verfolgt werden.

1953 schrieb Ray Bradbury »Fahrenheit 451«. Das Buch wird zum Feind erklärt, weil es zu selbstständigem Denken anhält,

Bücher werden verbrannt (Papier entzündet sich angeblich bei 451 Grad Fahrenheit), deren Besitzer vernichtet.

2013 folgte Dave Eggers »Der Circle«. Es geht um ein Unternehmen, das die Welt besser machen will. Mit einem »Unified Operating System« (Anspielung auf Google) lassen sich alle Aktivitäten im Internet von einem Account aus durchführen. Die anfallenden Daten werden zentral gespeichert. Die Menschen unterliegen komplett den autokratischen Strukturen und Großkonzernen.

Topaktuelle Anspielungen finden sich im 2021 erschienenen Roman »Hinter der Zukunft« von Thomas Eisinger. Es geht um Deutschland, das sich wegen seines Kampfes gegen den Klimawandel und gegen Pandemien radikal umgestellt hat. Jeder Bürger erhält ein CO_2-Lebensbudget in Form von CO_2-Points (»Coints«). Dieses Budget reicht für maximal 65 Lebensjahre. Es kann durch »CO_2«-Sünden (zu warme Wohnung, mehr als 25 m^2 Wohnung, Fleisch essen, reisen) aufgebraucht sein. Dann landet man in einem Lager, »Sünder« und »Leugner« werden vom »Amt für Schuld und Scham« zum klimaneutralen »Großen Geschenk« gezwungen, zum Suizid. Das Land ist deindustrialisiert, die zehn Millionen Arbeitslosen werden zu gemeinnützigen Tätigkeiten verdonnert, etwa zum »Stromradeln«.

Am Handgelenk jedes Bürgers ist ein unlösbarer »Guter Helfer« befestigt, der jede Bewegung, jede Emotion, jedes Wort (etwa »dunkle Wörter« wie »Freiheit«) meldet und gegebenenfalls E-Schocks verpasst. Das Sagen hat die Jugend. Vereint ist sie in der JfZ-Partei (»Jugend für Zukunft«). Die JfZ kämpft gegen die »ZuVis« (Zukunftsvernichter), wozu alle über 45 Jahren gehören. Zwölfjährige dürfen wählen, ihre Stimmen sind gegenüber den 60-Jährigen (sofern es diese noch gibt) vierfach gewichtet. Täglich versammelt sich das ganze Land vor den Bildschirmen, um das »Pray-for-the-Planet« zu hören, das von der »Klimakanzlerin« verkündet wird.

Bei einer ersten Lektüre solcher Romandystopien neigt der Leser dazu, das Geschilderte für völlig unwirklich zu halten. Bei näherem Hinsehen und beim Vergleichen mit Diktaturen der Vergangenheit und der Gegenwart, auch bei Vergleichen mit bedenklichen Vorgängen in sogenannten Demokratien, wird der Leser aber doch sensibilisiert für das, was schon in Gang gekommen ist: Repression, Kollektivierung, Konformismus, Entindividualisierung; eine »wissende« Oberschicht; eine gesellschaftliche Zersplitterung nach Art eines Kastenwesens; einhämmernde Propaganda in Medien und im Bildungssystem; Vergötzung des Staates; Regieren mit Verdummung und Angstmachen, Totalüberwachung, Sprachregelungen.

Weiter mit Popper!

Mit einem Verweilen in euphorisch-optimistischen oder radikal pessimistischen Vorstellungen wird der Mensch neue Herausforderungen nicht schultern. Mit einem Glauben, dass Dekadenz unaufhaltsam sei, auch nicht. Man halte sich hier an Karl Popper (1902–1994). Er hatte einen ausufernden Optimismus gedämpft: »Von allen politischen Ideen ist der Wunsch, die Menschen vollkommen und glücklich zu machen, vielleicht am gefährlichsten. Der Versuch, den Himmel auf Erden zu verwirklichen, produzierte stets die Hölle.« Das sagte Popper 1971 in einem ARD-Streitgespräch mit Herbert Marcuse.

In seinem großen Werk »Die offene Gesellschaft und ihre Feinde« (erstmals 1945) beklagt Popper einen »moralischen Futurismus«, einen »orakelnden Irrationalismus«, mit dem Leidenschaften über Denken und Erfahrung dominierten. Den Beschluss, dieses Buch zu schreiben, hatte er am Tag des Einmarsches Hitlers nach Österreich, am 13. März 1938, im neuseeländischen Exil gefasst. Popper widerspricht der Vorstellung, dass sich die Geschichte nach universellen Gesetzen entfalte. Er meint damit alle Formen von Utopismus, Kollektivismus und Totalitarismus, also Kommunismus, Sozialismus, Nationalsozialismus. Popper wollte vor allem auf die Gefahren von Totalitarismen hinweisen. Von der realen islamischen Expansion konnte er noch nichts wissen, als er sein monumentales Werk schrieb. Gleichwohl ist eine Kernaussage des Buches aktueller denn je, nämlich, dass uneingeschränkte Toleranz zum Verschwinden der Toleranz führe.

Was bleibt, was kommt? Wird es einen »Transhumanismus« geben, einen Ersatz des Menschen durch Technik, etwa KI? Wird der Mensch – wie es Günther Anders 1980 sah – wegen seiner »Antiquiertheit« hinter die Technik zurückfallen? Schafft sich der Mensch neu? Wie Prometheus, der als Demiurg und Feuerbringer aus Ton und Wasser den Menschen schuf?

3. Der Westen zwischen Expansion und Schrumpfung

Europa ist kein geografischer Begriff mehr, wie er dies mit der erstmaligen Verwendung dieses Namens durch Herodot (484–424 v. Chr.) war – damals als Bezeichnung für die Länder um das Mittelmeer, also zwischen dem heutigen Europa, Asien und Afrika. Europa ist auch kein Kontinent, sondern Subkontinent Eurasiens. Rein geografisch umfasst Europa einen großen Teil Russlands (23 Prozent von 17 Mio. km^2, 85 Prozent der 144 Mio. Einwohner), Teile Kasachstans (5 Prozent der 2,7 Mio. km^2) und der Türkei (3 Prozent der 783.560 km^2).

Auch die innereuropäischen Entfernungen sind kein Kriterium: Marseille etwa ist Tunis (1200 km) näher als Helsinki (2300 km): geografisch ohnehin, mental womöglich bald auch? Mit der Geografie kommt man bei der Definition von »Europa« nicht weiter. Ansonsten ist Europa geografisch auch nicht identisch mit dem »Abendland«, denn das erste christliche Land war Armenien. Nachvollziehbar ist in einer ersten Annäherung Samuel Huntingtons Definition von Europa: »Wo hört Europa auf? Es hört dort auf, wo das westliche Christentum aufhört und Orthodoxie und Islam beginnen.«[32]

Vorgeschichte

Europas kulturelle Basis war im 6./5. Jahrhundert v. Chr. die Kultur des Alten Orients (Sumer und Iran) und der dort entstandenen Religionen mit Naturmächten als ersten Gottheiten und mit Erlösungsfantasien. Es folgten der judäische Monotheismus im »Heiligen Land«, dann der Mythos Griechenland mit der Polis, mit dem Götter-Olymp und ersten Wissenschaften nach heutigem Verständnis: etwa die Astronomie in Alexandrien. Es kamen die ersten großen Philosophen (Thales, Anaximenes, Anaximandros), der Weg zur Demokratie wurde eingeschlagen, Alexander der Große gründete ein »Weltreich«, es gab die erste »Globalisierung« in Form einer Ausdehnung der hellenistischen Welt.

Dann kam die lange Zeit des Römischen Weltreiches. Kaiser Konstantin machte sich 324 n. Chr. aus dem Staub und baute in Byzanz/Konstantinopel ein neues Rom auf. Diesem Schisma war 313 die Konstantinische Wende als entscheidende historische Weichenstellung vorausgegangen. Die Franken traten zum römischen Christentum über, Chlodwig I. ließ sich 498 taufen.

Alsbald musste sich »Europa«, das Abendland, über Jahrhunderte hinweg gegen die Expansion des Islam erwehren: Der Islam war 711 in Gibraltar angekommen, stieß 732 ins Frankenreich vor und wurde von Karl Martell bei Poitiers gestoppt. Erst im 12./13. Jahrhundert gelang in Spanien die Reconquista (Rückeroberung). Konstantinopel hatte sich 674 und 717 verteidigen müssen, 1453 wurde es von den Osmanen erobert. 1529 und 1683 konnte sich Wien der Eroberung durch die Türken erwehren.[33] Entscheidend für das moderne Europa mit seiner kulturellen und politischen Ausdehnung waren dann außer der Verteidigung gegen den Islam die Epoche der Aufklärung und das Zerbrechen der Allianz Kirche/Staat. Am ausgeprägtesten geschah dies ab 1789 in Frankreich (Stichwort: »laicité«). Gleichwohl waren nach Einschätzung des Historikers Heinz Schilling »Konfessionen nicht Hemmschuh, sondern Motor des gesamtgesellschaftlichen Wandels …, der schließlich die Moderne hervorbrachte«.[34]

Europas Expansion

Wie konnte Europa für mehrere Jahrhunderte die Welt erobern?[35] Es hatte – trotz all seiner Zersplitterung – bis 1914 insgesamt 84 Prozent der Welt unter seine Kontrolle gebracht. 84 Prozent der Landmasse, der Seemasse ohnehin. 1800 waren es 35 Prozent gewesen. Vor allem im 19. Jahrhundert expandierte Europa – auch, weil es in diesem Jahrhundert bis 1870 kaum größere innereuropäische Konflikte gab und weil die USA, Australien und Neuseeland europäische Klone wurden. Und – weniger sanft – weil die Europäer die Produktion von viel Schießpulver beherrschten (selbst wenn es in China bereits im 10. Jahrhundert erfunden worden war). Das machte Siege in Kriegen möglich, selbst wenn die Gegner die 20-fache »Mann«-Stärke hatten. Eine große Rolle spielte auch die Revolution des Schiffbaus (dampfgetriebene Kriegsschiffe) inkl. Navigationstechnik. Es war also die bessere Technologie, die sich im innereuropäischen Wettbewerb entwickelt hatte.

Europas Aufstieg hatte insgesamt damit zu tun, dass hier der Geburtsort der modernen Wissenschaft war.[36] Das hatte schon Max Weber festgehalten. Er hatte gesagt – durchaus in Anerkennung des in Indien, China, Babylon, Ägypten entstandenen Wissens: »Nur im Okzident gibt es ›Wissenschaft‹ in dem Entwicklungsstadium, welche wir heute als ›gültig‹ anerkennen.« Weber meint vor allem die »mathematische Fundierung« und die Rationalität.[37]

Mit dieser Expansion ging Europas »zivilisatorische Mission«, konkret der Universalismus der Menschenrechte, einher. Die Welt wäre nicht das, was sie ist, ohne europäisches Denken und Erfinden. Auch nicht ohne den »agonalen Charakter« europäischer Menschen, den »faustischen« Menschen, den Erfinder, den »homo faber«, wie ihn Jacob Burckhardt (1818–1897) mit seinem »agonalen Prinzip«[38] (Agon = Wettstreit) und Hannah Arendt (1906–1975) als Folge einer ureigenen »vita activa«[39] charakterisieren. USA, Australien, Neuseeland, Israel später (teilweise Japan nach 1945) sind in dieser Hinsicht europäisch. Man muss das nicht als »Unterwerfung« darstellen wie Wolfgang Reinhard 2020 mit seinem 1648-Seiten-Werk.[40]

Die innereuropäische Ostgrenze allerdings hat mit dem »Großen Schisma« von 1054 zu tun. Zum lateinischen Europa gehören, außer den west- und mitteleuropäischen sowie den skandinavischen Staaten inkl. Finnland, das Baltikum, Polen, Ungarn, Slowenien und Kroatien. Auf der anderen Seite Russland, Weißrussland, Serbien. Dazwischen Griechenland. Wohin die Ukraine gehört? Zum größeren, westlichen Teil kulturell, sprachlich und religiös zum »römischen« Europa, zum kleineren, östlichen Teil eher zum östlichen Europa.

Das schrumpfende Europa

Und heute? Europa ist heute nicht mehr bedroht durch einen Sowjetkommunismus, der allerdings in Putins postsowjetischer Ideologie der »russischen Erde« fortlebt. Europa ist vielmehr bedroht von innen: vom Nachlassen seiner biologischen Vitalität, von seinen Selbstzweifeln, ja seinem Selbsthass und vom Irrglauben, ein EU-Bürokratiemonster könnte Identität vermitteln, zuletzt auch von einer aggressiven Expansionspolitik Putins, der die »russische Erde« wiederherstellen will.

Zentrifugale Tendenzen kommen hinzu: Siehe den Brexit (Volksabstimmung am 23. Juni 2016 – Vollzug am 31. Januar 2020). Hier spielte Merkels eigenmächtige Grenzöffnung vom Spätsommer 2015 eine Rolle – ebenso ihre Sturheit bei den nachfolgenden EU-GB-Verhandlungen. Aber da war das »Kind« bereits in den Brunnen gefallen. Am Ende entschieden knapp zwei Prozent der Wähler bei einer Wahlbeteiligung von 72,2 Prozent: 51,89 Prozent pro Brexit und 48,11 Prozent contra Brexit. Zentrifugale Tendenzen gibt es allerdings vor allem in Ungarn; binnennational in Belgien, Großbritannien/Schottland, im Baskenland, in Katalonien, in Südtirol, Norditalien und Süditalien. Das ist das Gegenteil dessen, was die EU anstrebte, nämlich ein Ende der »Kleinstaaterei«. 1900 gab es in Europa 22, heute sind es 50 Staaten. So gesehen bleibt Europa ein »verspäteter Kontinent«.[41]

Nach Jahrhunderten der ideellen (nicht kolonialen) Europäisierung der Erde befinden wir uns inmitten einer Ent-Europäisierung Europas. Vergessen wir dabei: Ohne den europäischen Wertekosmos und seine Leitkultur gäbe es keine universellen Bürger- und Menschenrechte. Aber die Zeiten, in denen der Westen/Europa die Welt dominierten, sind vorbei. Europa ist erschlafft. Womöglich trotz aller EU-»Künste« ist es vor allem eins: Zaungast. »Europa wird die Geschichte nur noch peripher bestimmen.«[42] Alle Anstrengungen einer wertebasierten oder gar einer deutsch-feministischen Außenpolitik seien nichts anderes als eine »postkoloniale Variante der Bevormundung«. Die Welt werde sich weiterdrehen, auch wenn sich Europa und der Westen abgeschafft haben.[43] So jeweils der Publizist und intime Russlandkenner Thomas Fasbender.

Nach der Europäisierung der Welt nun die Ent-Europäisierung der Welt und – siehe Migration – von innen heraus auch die Ent-Europäisierung Europas! Sie hat allein schon demografische Gründe: Um 1900 war rund ein Drittel der Weltbevölkerung europäisch bzw. europäisch-stämmig (rund 550 Millionen von 1,6 Milliarden). Heute beträgt der Anteil der europäisch-stämmigen Menschen an der Weltbevölkerung noch 12 Prozent, 2050 wird er bei nur noch 6 Prozent und am Ende des Jahrhunderts bei 4 Prozent liegen.

Europa schrumpft: Zudem steckt Europa inmitten einer Überalterung. Heute schon gibt es hier mehr Menschen über 60 als unter 20 – bei einer, wenn es keine großen Kriege und Seuchen gibt, Lebenserwartung von bald über 90 Jahren. Andere Kulturkreise sind vitaler und »generativer«. Die Fertilitätsrate in Europa liegt derzeit bei 1,37 Kinder je Frau, für den Erhalt eines ausgewogenen Bevölkerungsbestandes wäre eine Reproduktionsrate 2,2 notwendig. Aber die »Pille«, die Karrierewünsche von Frauen, der im Vergleich mit den USA, Australien, Neuseeland, Kanada und Japan überbordende Wohlfahrtsstaat mit seiner Fürsorge für alle, auch für kinderlose Alte, und vor allem der Verlust der Wertschätzung der Familie haben das offenbar unumkehrbar gemacht.

Der Westen – Was ist das?

Der »Westen« – ein europäisches »Produkt«? Der Historiker Heinrich August Winkler ist der führende Historiker, der sich eingehend mit der Geschichte des Westens befasst hat. Er definiert den Westen weniger geografisch, denn zum Westen gehören neben den westlich-europäischen Staaten sowie USA und Kanada auch Australien, Neuseeland, Israel, trotz zum Teil heftiger zurückliegender Verwerfungen südamerikanische Länder wie Argentinien, Brasilien, Chile, Uruguay, und in gewisser Weise auch Japan.

Winkler definiert den Westen von den historischen und politischen Wurzeln her. Er nennt folgende Faktoren und Ereignisse, die den Westen im Positiven wie im Negativen prägten: frühes Christentum, Kreuzzüge, das Schisma West-/Ostkirche, Gewaltenteilung erstmals 1215 in der englischen Magna Carta, Renaissance, Humanismus, Judenverfolgung, 30-jähriger Krieg, Säkularisierung, Dualismus als Zwei-Reiche-Lehre schon bei Paulus, Märzrevolution, Industrielle Revolution, die beiden atlantischen Revolutionen 1776 und 1789, Expansion und Kolonialismus, Hegung und Enthegung des Krieges, Zivilisationsbrüche.

Deutschland als Wanderer zwischen Ost und West bekannte sich als (spätere) Bundesrepublik erst ab 1945/1949 vorbehaltlos zum Westen – mit mehr als 40 Jahren Verzögerung auch als wiedervereinigtes Deutschland.[44] Für Max Weber ist die rationale okzidentale Kultur singulär. Für ihn hängt die westliche Kultur (Rationalisierung, Intellektualisierung, Entzauberung) allerdings an einem dünnen Faden. Er befürchtet schon vor mehr als 100 Jahren eine »lange Nacht« und ein Ende des kapitalistischen Okzidents aufgrund seiner »parasitären Bürokratie«.[45]

Niall Ferguson sieht für den Westen aktuell »die Schlussphase des 500-jährigen Aufstiegs des Abendlandes« kommen. Und damit das Ende der sechs Merkmale, die den Westen ausmachten, aber der übrigen Welt fehlten: Wettbewerb und Dezentralisierung, Wissenschaft und Militärtechnik, Eigentumsrechte und friedliche Lösung von Streitereien, Medizin und Volksgesundheit, Konsumgesellschaft, Arbeitsethik und Zusammenhalt.[46]

Philippe Nemo definiert den Westen so: Rechtsstaatlichkeit, Demokratie, Freiheit des Geistes, kritische Rationalität, Wissenschaft und eine freiheitliche Wirtschaft als Grundlage des Privateigentums. Basis ist für Nemo der Polis-Gedanke der Griechen, das römische bürgerliche Recht, die Bibel, die päpstliche Revolution des 11./13. Jahrhunderts als Synthese von Athen/Rom/Jerusalem, die großen Revolutionen (Niederlande, Großbritannien, USA, Frankreich). Als Erfolgsbasis des Westens nennt er: Laizität, repräsentative Demokratie, Menschenrechte, Wahlrecht, Gewaltenteilung, unabhängige Justiz, neutrale Verwaltung, religiöse Toleranz, Freiheit pluraler Wissenschaft mit der Entkoppelung von Wahrheit und Gewissheit, Pressefreiheit, unternehmerische Freiheit, Berufsfreiheit, Privateigentum, Vertragstreue.

All dies hat nach Nemo nur im Abendland gedeihen können. Allerdings sorgt sich Nemo um eine »Resakralisierung des Staates«, die – angefangen von Machiavelli, Rousseau, Hegel, Marx, Lenin und den Nazis – jetzt wieder um sich greife.[47]

Für Tom Holland besteht die Eigenart des Westens trotz leerer Kirchen im Christentum als dem »vielleicht nachhaltigsten und einflussreichsten Vermächtnis der antiken Welt«. Das gelte auch für Atheisten und etwa den Humanistischen Weltkongress. Beide hielten/halten »nach wie vor andächtig an Tabus und Moralvorstellungen fest, die aus dem Christentum abgeleitet sind«. In diesem Zusammenhang erinnert Holland daran, dass »katholisch« wörtlich allumfassend/universell bedeutet.[48]

Aber all dies ist Geschichte. Wenn auch von einer Nachhaltigkeit, die bröckelt. Deshalb fragte Heinrich August Winkler zu Recht: »Zerbricht der Westen?«[49] Wörtlich schreibt er: »Die Krise der westlichen Demokratie hat auch damit zu tun, dass viele ihrer Repräsentanten … nicht in der Lage sind, die Errungenschaften des Westens wirksam nach innen und außen zu verteidigen.«[50]

Abgrenzungen des Westens

Völker, Gesellschaften, auch Individuen definieren sich unter anderem durch Abgrenzung von Feinden, Konkurrenten. Lange Jahre war das Gegenbild zum Westen der kommunistisch regierte Block mit der Sowjetunion und China an der Spitze. Dieses Gegenbild verblasste nach 1990, zumal mehr als zehn ehemals kommunistisch regierte Staaten heute zur EU und/oder zur Nato gehören. Spätestens mit Beginn der wirtschaftlichen Expansion Chinas und der russischen Expansionsgelüste ab 2014 änderte sich dies. China und Russland gelang es 2009, die BRIC-Staaten als Gegenbild zum Westen zu gründen. BRIC, das sind die Länder Brasilien, Russland, Indien, China. Der BRIC-Zusammenschluss wurde 2010 um Südafrika zu BRICS erweitert und Anfang 2024 noch um die Staaten Iran, Ägypten, Äthiopien und die Vereinigten Arabischen Emirate (VAE).

Hierher dann die grundsätzliche Frage: Gehört Russland kulturell, ideell zu Europa, zum Westen? Bereits Oswald Spengler zweifelte im »Untergang des Abendlandes« daran. Zwar meinte er, der russischen Kultur gehöre die Zukunft des dritten Jahrtausends. Anzeichen hierfür sah Spengler in der russischen Religiosität und Dichtung (vor allem bei Dostojewski). In seinem Vortrag vom 14. Februar 1922 auf der Rheinisch-westfälischen Wirtschaftstagung in Essen sprach Spengler aber auch über »Das Doppelantlitz Russlands«. Er sagte: Mütterchen Russland und das Vaterland westlicher Völker seien zwei Welten, die einander sehr fernstehen. Und: »Wir lassen uns durch den geographischen Begriff ›Europa‹ verführen, der erst aus dem gedruckten Kartenbild seit 1500 entstanden ist, aber das wirkliche Europa hört an der Weichsel auf … Die russische Geschichte von 900 bis 1900 entspricht nicht der abendländischen in diesen Jahrhunderten.«

Auch für Samuel Huntington gehört Russland nicht zu Europa. 1996 schrieb er: »Sieben von acht typischen Wesensmerkmalen der westlichen Zivilisation waren der russischen Erfahrung fast völlig fremd: Religion, Sprachen, Trennung von Kirche und Staat, Rechtsstaatlichkeit, sozialer Pluralismus, Repräsentationskörperschaften, Individualismus.« Das klassische Erbe, so Huntington, habe Russland zwar auch, verändert aber durch den Weg über Byzanz.[51] Vor allem gab und gibt es keine Trennung von Kirche und Staat. Russlands Orthodoxie war immer von Machthabern instrumentalisiert worden – und hat mitgespielt: bei christlichen Zaren und atheistischen Sowjetherrschern. Der aktuelle russisch-orthodoxe Patriarch Kyrill I. (Patriarch seit 2009) war KGB-Agent, tätig vermutlich in den 1970ern in Genf. Er ist Multimilliardär und Putin ergeben. Mit pseudo-historischen Rechtfertigungen erklärt er Russlands Krieg gegen die Ukraine zum Heiligen Krieg. Der Westen ist für Kyrill der Antichrist und der Satan.

Russland ist heute denn auch nichts anderes als ein postsowjetisches Land. Glasnost und Perestroika waren Episoden.[52] Die Zäsur von 1989/90 war in Russland kein Kontinuitätsbruch, schreibt Heinrich August Winkler 2016. Michail Gorbatschow hatte zwar den Nachfolger der Sowjetunion, die Gemeinschaft Unabhängiger Staaten GUS, dem Westen annähern wollen, er sprach in einer Prager Rede am 10. April 1987 von Europa als »gemeinsamem Haus«. Und am 25. September 2001 hatte Wladimir Putin im Bundestag erklärt, Russland wolle sich Europa annähern. Seine Rede beendete er in deutscher Sprache mit dem Satz: »Russland ist ein freundliches europäisches Land.«

Es kam anders. Vom Zerbrechen der Sowjetunion traumatisiert, kratzte der Beitritt von Mitgliedsstaaten des früheren Warschauer Pakts (Polen, Tschechien, Slowakei, Ungarn, Rumänien, Bulgarien) und gar von vormaligen Sowjetrepubliken (Estland, Lettland, Litauen) zur Nato und/oder zur EU am russischen Stolz. Man spricht von einem russischen »Phantomschmerz«. In der Folge will Putin seither Russlands unmittelbare Nachbarn ängstigen. Anfangs beließ er es bei Militärmanövern und mit der Simulation etwa eines Nuklearangriffs auf Warschau. 2008 gab es den Kaukasuskrieg, 2014 annektierte Russland die Krim. Dann folgte am 24. Februar 2022 der völkerrechtswidrige Überfall auf die Ukraine, der Anfang 2024 ins dritte, für beide Seiten äußerst verlustreiche Kriegsjahr ging.

Putin hält den Westen für dekadent. Das verfängt bei großen Teilen des russischen Volkes, es verfängt aber auch bei westlichen »Putin-Verstehern«. Putins einflussreicher »philosophischer« Einflüsterer ist hier neben dem Patriarchen Kyrill Alexander Dugin. Mit seinem Buch »Das große Erwachen gegen den Great Reset« (2021) polemisiert er gegen Liberalismus, Gender, Feminismus, Atheismus. Russisches Ziel, so Dugin, müsse ein eurasisches Reich von Wladiwostok bis Dublin mit Russland als Hegemon sein.

Im Übrigen hat die russische Aversion gegen den Westen Tradition. Die größten russischen Dichter waren dem Westen, Europa und Deutschland nicht gewogen. Leo Tolstoi (1828–1910) macht in seinem Roman »Krieg und Frieden« (1869) den vorübergehend in russischen Diensten tätigen deutschen General Ernst von Pfuel (1779–1866) stellvertretend für alle Deutschen lächerlich: »Der Deutsche besitzt ein stärkeres und widerlicheres Selbstvertrauen als alle anderen, weil er sich einbildet, er wisse die Wahrheit, die Wissenschaft, die er sich selbst erdacht hat, aber für absolute Wahrheit hält.«

Ähnlich Fjodor Michajlowitsch Dostojewskij (1821–1881): Für ihn war das russische Volk das einzige gottesfürchtige Volk, das in der Lage war, die Welt zu retten. Das Abendland hielt er für materialistisch und seelenlos. Dostojewskij betrachtet die römische Kirche und das Papsttum als die größte destruktive Kraft des Westens. Aus Dresden schrieb er am 30. Dezember 1870 an seinen russischen Dichterkollegen Maikow: »Wenn Sie wüssten, welch tiefgehende, an Hass grenzende Abneigung gegenüber Europa ich in den 4 Jahren gefasst habe!«

Dostojewskijs Lebensführung war allerdings alles andere als anti-westlich. Zahlreiche Europareisen hatte er gemacht: 1862 nach Paris, London, Genf, Florenz; 1863 nach Wiesbaden, Paris, Baden-Baden; Italien; 1865 nach Wiesbaden und Kopenhagen; 1867/68 nach Dresden, Bad Homburg, Baden-Baden, Basel, Genf, Mailand, Florenz; 1869 nach Venedig, Triest, Prag, Dresden; 1871 nach Wiesbaden; 1874/75 nach Bad Ems; 1879 nach Paris und Bad Ems. Er frönte vor allem in deutschen Casinos seiner Spielsucht, war auch zu Kuren dort.[53]

Russland- und Putin-Versteher

Noch Ende 2019 – fünf Jahre nach der Annexion der Krim – hatte eine Umfrage des PEW Research Center (Sitz in Washington) ergeben: 66 Prozent der Deutschen wünschen sich bessere Beziehungen zu Russland als zu den USA. Jacques Schuster (*Welt*) schrieb dazu: Bei Russland setze der Verstand vieler Deutscher aus.[54] Clemens Wergin (ebenfalls *Welt*) macht sich Gedanken über den »seltsamen Russland-Tick der Deutschen« und deren »sicherheitspolitischen Analphabetismus«.[55] Der ehemalige tschechische Außenminister Karel Schwarzenberg (2007 bis 2013) hat die Äquidistanz der Deutschen zu Russland und den USA wie folgt auf den Punkt gebracht: »Russland kann besetzen oder erobern, wen oder was es will, in Deutschland wird es immer Leute finden, die dafür Verständnis haben.«

Für Ex-Kanzler Gerhard Schröder war/ist (?) Putin ein »lupenreiner Demokrat«. Er betet Putins Definition von Russland als

»gelenkter Demokratie« nach. Bereits drei Wochen nach seinem Ausscheiden als Kanzler im Herbst 2005 wurde er Lobbyist für Putins Öl- und Gasgeschäfte. Während seiner Kanzlerschaft 1998 bis 2005 gab es mehr als vierzig, oft auch sehr private Treffen mit Putin. Aber Schröder war hier nicht Solist. Sehr wohl als dessen Alphatier schuf er ein männerbündisches Netzwerk: eine Moskau-Connection. Die Namen dieses Netzwerkes lesen sich wie ein »Who ist Who« der SPD, vor allem der Niedersachsen-SPD als »Erzdiözese« der SPD und deren Vorfeldorganisationen. »Frogs« heißen sie: »Friends of Gerhard Schröder«.[56]

Man hätte Putin besser kennen können. Etwa seine St.-Petersburger Doktorarbeit von 1997, sie mag ein Plagiat gewesen sein, aber der Titel ist bezeichnend: »Strategische Planung bei der Nutzung der Rohstoffbasis einer Region in Zeiten der Entstehung von Marktmechanismen«. Was 1999 im 2. Tschetschenien-Krieg und 2008 in Georgien geschah, hat man verdrängt. Nicht ernstgenommen hat man Putins Aussage von 2005, dass der Zusammenbruch der Sowjetunion »die größte geopolitische Katastrophe des 20. Jahrhunderts« sei, dass Putin weiter von einer »Russischen Welt« und »Russischer Erde« träumte und dass er diesen Traum mit der Annexion der Krim und von Teilen der Ostukraine 2014 umzusetzen begann.

Man wollte nicht wissen, dass die Spuren des Abschusses der MH-17-Boeing über der Ostukraine am 17. Juli 2014 mit 298 Opfern nach Moskau zeigten. Man wollte die Hochrüstung Russlands, auch die Schaffung einer Cyber-Armee in fünfstelliger Personalstärke nicht wahrhaben. Unbeachtet blieb in weiten Kreisen der Politik, der Öffentlichkeit und der Medien, dass Russland seit 2004 die Verteidigungsausgaben massiv erhöht hatte. Ein Zweimal-Außenminister Steinmeier (2005–2009, 2013–2017; SPD) sprach im Zusammenhang mit Russlands Krieg in Georgien von »westlicher Scharfmacherei« gegen Russland, in Bezug auf ein Nato-Manöver im Juni 2016, also nach Russlands Krim-Annexion, vom »Säbelrasseln« und vom »Kriegsgeheul« des Westens. Sigmar Gabriel (SPD), in Merkels Kabinetten Außen- und Wirtschaftsminister, war es, der nach Russlands Annexion der Krim 2014 noch den Verkauf der deutschen Gasspeicher an Gazprom ermöglichte. Ein damaliger CDU-Vize Armin Laschet warnte inmitten der Krim-Annexion im März 2014 vor einem »marktgängigen Anti-Putin-Populismus«.[57]

Die zunehmende Indoktrination der russischen Bevölkerung, die Ausschaltung von Opposition und freier Presse wollte man nicht wahrhaben. Ebenso wenig den Propaganda-Krieg über »Russia Today« (RT). Und auch, dass die Spuren bei Morden bzw. Mordanschlägen nach Moskau führten, wurde verdrängt: 2006 der Giftanschlag in London auf Sergei Skripol, im August 2019 der Mord an Selimchan Changoschwill in Berlin (»Tiergartenmord«) oder der Giftanschlag auf Alexei Nawalny im August 2020. Nawalny war es auch, der Schröder als Putins »Laufburschen« bezeichnet hatte. Am 16. Februar 2024 ist Nawalny unter nie aufzuklärenden Umständen in einem Straflager mit 47 Jahren gestorben. Dennoch blitzt immer wieder das Narrativ durch: Russland habe die Ukraine überfallen, weil es sich durch die Nato eingekreist gesehen habe. Wie wenn es kein Selbstbestimmungsrecht der Völker gäbe!

Teil II: Struktureller und institutioneller Verfall

Nachfolgend geht es um den Verfall von gesellschaftlichen Strukturen und staatlichen sowie nicht-staatlichen Institutionen. Es sind dies Ergebnisse eines Verfalls, der schönfärberisch oft als Transformation, Umbau, gar als Modernisierung und Fortschritt, zumindest als zwangläufige, nicht aufhaltbare Entwicklung angesehen wird.

Wenn man diese Entwicklungen indes an den ideologischen Impulsen misst, mit denen sie erklärt oder gar begründet werden, drängt sich die Vermutung auf, dass diese Entwicklungen gewollt sind oder gar gezielt inszeniert wurden. Es geht primär um Entwicklungen in Deutschland. Verschiedentlich werden hier aber schon Beispiele anderer westlicher Länder einbezogen, die dann in einem Kapitel am Ende dieses Buches um zahlreiche weitere Beobachtungen ergänzt werden.

4. Demokratie als Demokratur

Winston Churchill sagte am 11. November 1947 vor dem House of Commons (Unterhaus), »that democracy is the worst form of Government except all those other forms that have been tried from time to time.« Demokratie sollte also bis auf Weiteres alternativlos sein. Demokratien sind indes zerbrechlich, sie können sterben. Der »demos« – das Volk, das Staatsvolk – stirbt damit nicht mit.

Apropos »Volk«: Das Wort als Begriff und als Tatbestand ist in Verruf geraten, es soll offenbar enthomogenisiert werden und den Kriterien »Diversität/Vielfalt/Multikulti« weichen. Das ist allerdings gegen das Grundgesetz, denn »Volk« kommt dort 12-mal und als Kompositum 32-mal vor. Das »deutsche Volk« 7-mal. Laut den Artikeln 56 bzw. 64 leisten Bundespräsident, Bundeskanzler und Bundesminister beim Amtsantritt den Eid: »Ich schwöre, dass ich meine Kraft dem Wohle des deutschen Volkes widmen, seinen Nutzen mehren, Schaden von ihm wenden, das Grundgesetz und die Gesetze des Bundes wahren und verteidigen, meine Pflichten gewissenhaft erfüllen und Gerechtigkeit gegen jedermann üben werde. (So wahr mir Gott helfe.)«

In Artikel 20 Absatz 2 Satz 1 des Grundgesetzes steht vor allem: »Alle Staatsgewalt geht vom Volke aus.« Nicht von den Parteien, nicht von einem Konglomerat namens »Bevölkerung«. Das Volk ist der Souverän, nicht eine »Zivilgesellschaft« als Konvolut aller möglichen NGOs, die vom Staat mäzenatenhaft ausgehalten werden.

Den Reichstag ziert seit 1916 über dem Westportal, aus eingeschmolzenen Kanonen gefertigt, die Widmung: »DEM DEUTSCHEN VOLKE.« Wenn das nicht »völkisch« ist!? »Deutsches Volk«: Dazu gab es 1999 eine Debatte im Bundestag und im Jahr 2000 ein Gegenprojekt: Im Lichthof des Reichstages wurde ein

21 × 7 Meter großer Trog errichtet, in den die Abgeordneten Erde und Pflanzen aus ihrem Herkunftsgebiet einpflanzten. Dieser Garten trägt die Inschrift »Der Bevölkerung«.

Warum? Weil die Reichstagsinschrift »historisch belastet« sei und fast zehn Prozent der Bewohner der Bundesrepublik keine deutschen Staatsbürger seien. Die Wortkombination »deutsches Volk« impliziere eine »mythische, ausgrenzende Stammeseinheit« und sei »mit einem radikal undemokratischen Verständnis der res publica assoziiert«. Dieser »eine Blutsgemeinschaft suggerierende Volksbegriff« stifte immer noch »Unheil«. Darüber kann man eigentlich nur mit Bertolt Brechts Frage – gestellt nach dem 17. Juni 1953 – antworten: »Wäre es da nicht einfacher, die Regierung löste das Volk auf und wählte ein anderes?«

Demokratie ist in vielen Ländern der Welt gefährdet – auch in Deutschland, weniger allerdings durch Reichsbürger oder Höckes als durch Ausschaltung der Gewaltenteilung. Der Politikwissenschaftler Siegfried Franke schrieb 2017: »Ein System ›illiberaler Demokratie', das wesentliche Elemente der Gewaltenteilung ausgeschaltet hat, in dem also ›check and balance‹ keine korrigierende Rolle mehr spielt, läuft Gefahr, die Regeln zugunsten eigener Interessen oder der Interessen mit ihr (informell) verbundener Gruppen zu brechen oder – um den Schein zu wahren – flugs umzustellen.«

Franke nennt als Beispiel die Merkel-Regierung mit ihrer Missachtung des Parlaments.[58] Hier sei zudem daran erinnert, dass zu keiner der Billionen teuren Entscheidungen der Politik (Eurorettung, Masseneinwanderung, Energiewende, Staatsgenderismus usw.) das Volk ausdrücklich nach seiner Zustimmung gefragt wurde. Das heißt, wie es der Autor Friedemann Willemer formuliert: »Das Volk wählt alle vier Jahre eine ihm von den Parteien vorgelegte Liste. Ansonsten hat es sich zu fügen …«[59]

Die US-Politologen Steven Levitsky und Daniel Ziblatt schreiben: Wenn Demokratien zusammenbrechen, dann zu drei Vierteln wegen Staatsstreichen, siehe in der Vergangenheit Argentinien, Brasilien, Chile, Dominikanische Republik, Ghana, Guatemala, Nigeria, Pakistan, Peru, Thailand, Türkei, Venezuela. 1922 scheiterte die italienische Demokratie an Benito Mussolini. 1933 ging die Weimarer Republik zu Ende, weil Hitler durch Wahlen (!) an die Macht gekommen war. Oft aber scheitern Demokratien Schritt für Schritt von innen heraus, etwa wenn dem politischen Gegner die Legitimität abgesprochen, wenn Gewalt toleriert wird, wenn dem politischen Gegner bürgerliche Freiheiten beschnitten werden. Wörtlich: »Ein Politiker, der auch nur eines dieser Kriterien erfüllt, gibt Anlass zur Sorge.«[60]

Eine große Gefahr für die Demokratie ist ablesbar an geringen Wahlbeteiligungen. Dann büßt die Demokratie an Vitalität ein. Der britische Politologe Colin Crouch[61] sieht eine »Postdemokratie« heraufziehen. Postdemokratisch heißt für ihn: Es gebe formell »ein Gemeinwesen, in dem zwar nach wie vor Wahlen abgehalten werden, in dem allerdings professionelle PR-Experten die öffentliche Debatte so stark kontrollieren, dass sie zu einem reinen Spektakel verkommt, bei dem man nur über eine Reihe von Problemen diskutiert, die die Experten zuvor ausgewählt haben. Die Mehrheit der Bürger spielt dabei eine passive, schweigende, ja sogar apathische Rolle.« Eine Tendenz zu Postdemokratie ergibt sich für Crouch auch aus der Bildung internationaler Zusammenschlüsse. Ein Beispiel dafür stellt die EU dar.

Rettung mit »Demokratieförderung«?

Beim Schlagwort »Demokratieförderung« geht es um Futtertröge für überwiegend linke Lobbygruppen, die regierungsamtliche Definitionen von Demokratie verbreiten sollen. Aber es ist auch hier nicht erst die »Ampel«, die all das inszeniert hat. Es begann 2015 mit Merkel und Familien-/Jugendministerin Manuela Schwesig (SPD). Union und SPD hatten im November 2020 einen mit 1,1 Milliarden Euro dotierten »Maßnahmenkatalog des Kabinettsausschusses zur Bekämpfung von Rechtsextremismus und Rassismus« vorgelegt, um – wie es hieß – die »wehrhafte Demokratie« zu verteidigen.

Später wollte/will die »Ampel« ein Demokratiefördergesetz installieren. Es ist dies zwar bislang gescheitert, aber die Maschinerie dazu war angelaufen. Selbstredend waren im »Beteiligungsverfahren« zum geplanten »Demokratiefördergesetz« im Februar 2022 nicht wenige Lobbygruppen geladen: 170 an der Zahl. Von der Amadeu Antonio Stiftung AAS (mit der ehemaligen Stasi-Zuträgerin Anetta Kahane an der Spitze) bis zu diversen Migrantenvereinen, von »Omas gegen Rechts« bis zur »Sozialistischen Jugend Deutschlands – Die Falken« war alles an Bord, was sich dem Kampf gegen rechts, gegen Rassismus, Islamophobie, Homophobie usw. verschworen hat.

Die mit vielen Millionen dotierten »Förderprogramme« laufen dennoch bereits auf Hochtouren. Laut Antwort der Bundesregierung vom 9. April 2024 geht es um 182 Millionen für 700 Projekte – aufgelistet auf 252 Seiten.[62] Dabei fallen als Begünstigte SPD-nahe Organisationen auf. Auf den rund 250 Seiten taucht etwa die AWO als Empfänger 131-mal auf. Insgesamt erhielt die AWO in den zurückliegenden Förderjahren 122 Millionen Euro aus Einzelplänen.

Neben der AWO hebt sich der DGB auf den 250 Seiten hervor. Insgesamt 5,4 Millionen Euro erhält er allein aus dem Programm »Demokratie leben!« 100 Millionen Euro hat die (evangelische) Diakonie in den letzten vier Jahren aus Staatshand erhalten, 11 Millionen davon aus dem Fonds »Demokratie leben!« Wer wundert sich da, dass der Präsident der Diakonie Rüdiger Schuch seinen 627 000 Mitarbeitern den Rauswurf androhte, sollten sie (in geheimer Wahl?) die AfD wählen.

Das »Deutsche Zentrum für Integrations- und Migrationsforschung« (DeZIM) ist gut mit von der Partie. 2020 bis 2024 hat das

DeZIM vom Bund 5,5 Millionen Euro erhalten. DeZIM-Direktor Naika Foroutan tut denn in einem Gastbeitrag im FOCUS vom 4. September 2023 auch kund, was sie vom »demos«, vom Volk hält: »Dieses Land gehört an sich niemandem.«[63] Also allen, der ganzen Welt.

Demokratur

»Demokratur« mag ein Kunstwort, eine Mischung aus »Demokratie« und »Diktatur« sein. Mittlerweile steht das Wort freilich unter Beobachtung des Verfassungsschutzes, weil »Demokratur« angeblich im rechtsextremen Sprachgebrauch auf eine Diskreditierung der Demokratie abziele. Dennoch ist Demokratur Realität – als Tarnung, als »Demokratie«–Deckmantel und als Mischung zweier politischer Systeme, die sich ausschließen. Mischformen kann es nicht geben: nicht als Demokratie »total«[64], Hybriddemokratie, »gelenkte«, »eingebettete« Demokratie[65].

Dass mit dem Etikett »Demokratie« Täuschung betrieben wird, lässt sich ablesen an Konstrukten wie der Deutschen »Demokratischen« Republik (1949–1990), an der »Demokratischen« Volksrepublik Korea (Nordkorea), an »gelenkten Demokratien« in Weißrussland oder Russland. Demokratie und Autokratie scheinen sich also real und verbal nicht auszuschließen, es ist ein Kontinuum zwischen beiden, graduell mehr in die eine oder andere Richtung.

Egal, wie sehr und wie oft das Allerweltswort »Demokratie« inflationär heruntergebetet wird: Der Staat, nicht mehr das Grundgesetz, nicht mehr Recht und Gesetz scheinen zu definieren, was Demokratie ist und was es nicht ist. Der zürnende Staat hat den zürnenden Gott abgelöst, aber damit dem Rechtsstaat das Grab geschaufelt. Denn der zürnende Staat verlangt unter Ausschaltung des Rechtsstaates archaisch nach Menschenopfern, zumindest nach dem mittelalterlichen Pranger, wenn jemand über die Stränge der linken Staatsräson schlägt – sei es, weil er unbotmäßig demonstriert oder besoffen irgendetwas Scheußliches gegrölt hat. Dann hat Deutschland komplett durchzudrehen und etwa im Fall »Potsdam« wie bei früheren Aufmärschen auf die Straße zu gehen. Kein Zürnen aber vernimmt man, wenn tatsächlich ein Elefant im Raum steht: die alltägliche, oft mörderische migrantische Gewalt und die islamistischen Umtriebe.

Das ist Demokratur – eine real existierende Herrschaftsform, in der auf dem Papier Freiheiten, Bürgerrechte, Gewaltenteilung usw. gelten und in der alle vier oder fünf Jahre »demokratische« Wahlen stattfinden. Aber was heißt das schon, man weiß doch: Wenn Wahlen etwas ändern würden, wären sie längst abgeschafft.

Der Parteienforscher Hans Herbert von Arnim hat insofern Recht: »Das Grundübel unserer Demokratie liegt darin, dass sie keine ist.« Walter Ulbricht, KPD-Mann und später führender SED-Bonze, lässt grüßen. Als er sich nach seiner Rückkehr aus Moskau ab 1945 an die Gründung einer DDR machte, sagte er: »Unsere erste Aufgabe wird sein, in allen 20 Berliner Bezirken antifaschistisch-demokratische Bezirksverwaltungen aufzubauen … Es muss demokratisch aussehen, aber wir müssen alles in der Hand haben.« Was Demokratie ist, bestimmen wir! Wir bestimmen auch, welche Partei eine demokratische ist und welche – trotz fehlenden Parteiverbots und trotz millionenfacher Wählerschaft – keine demokratische ist. »*L'État, c'est moi!*« (»Der Staat bin ich.«) – so soll es »Sonnenkönig« Ludwig XIV. 1655 gesagt haben. Heute denken Politikschaffende: »La démocratie, c'est moi.«

Nun schreiben wir nicht mehr das Jahr 1655, die DDR ist offiziell (!) verblichen, das Grundgesetz ist 75 Jahre alt geworden, seit dem 3. Oktober 1990 gilt es auch für das mitteldeutsche »Beitrittsgebiet«. Aber dieses Deutschland befindet sich mitten in einer Transformation der Demokratie in eine Autokratie. Das Staatsvolk registriert es kaum. Es wird volkspädagogisch behandelt mit »systematischer Desensibilisierung«. In Salamischeibchen wird man unempfindlich gemacht gegen Gefahren für die Demokratie und arrangiert sich schließlich damit. Wie der sprichwörtliche »Boiled Frog«, der auch nicht merkt, dass es immer gefährlicher wird und er gegart ist.

Die vormalige DDR-Bürgerrechtlerin Bärbel Bohley (1945–2010) hatte es 1991 prognostiziert: »Die gründliche Erforschung der Stasi-Strukturen, der Methoden, mit denen sie gearbeitet haben und immer noch arbeiten, all das wird in die falschen Hände geraten. Man wird sie ein wenig adaptieren, damit sie zu einer freien westlichen Gesellschaft passen. Man wird Störer auch nicht unbedingt verhaften. Es gibt feinere Möglichkeiten, jemanden unschädlich zu machen. Aber die geheimen Verbote, das Beobachten, der Argwohn, die Angst, das Isolieren und Ausgrenzen, das Brandmarken und Mundtotmachen derer, die sich nicht anpassen – das wird wieder kommen, glaubt mir. Man wird Einrichtungen schaffen, die viel effektiver arbeiten, viel feiner als die Stasi. Auch das ständige Lügen wird wieder kommen, die Desinformation, der Nebel, in dem alles seine Kontur verliert.«[66]

Demokratur: Angefangen hat es in den endlos langen Merkel-Jahren von 2005 bis 2021. Frage: Welche dieser gravierenden Kanzler- bzw. Kabinettsinitiativen wurden vorab im Bundestag, der angeblichen Herzkammer der Demokratie, beraten und beschlossen: das Aussetzen der Wehrpflicht 2011, der Atomausstieg 2011, die Grenzöffnung 2015?[67] Ab Ende 2021 konnte die »Ampel« nahtlos anschließen und ihren Plan umsetzen, den Staat fortschreitend zu transformieren – etwa mit einer Art Nebenexekutive in Form von 42 Bundesbeauftragten, mit der Schaffung von 11 000 neuen Bundesbeamtenstellen, mit endlos vielen Beratergremien, mit einer den Meinungskorridor einengenden Definition von Meinungsfreiheit, mit der regierungsamtlichen Benennung von Demonstrationen als willkommen oder weniger willkommen …

Demonstrationen des Demos für Demokratie?

Längst haben wir in Deutschland Demonstration des »Demos« wie im Big-Brother-System: Dort gibt es von oben angeordnete »Hasswochen«. Gegen Systemfeinde. Vierzig Jahre nach »1984« heißen diese Demos natürlich anders. Plakatiert wird: »Nie wieder ist heute« – »Nazis töten«. Wobei bei letzterem bewusst offenbleiben soll, ob »Nazis« ein Nominativ-Subjekt oder Akkusativ-Objekt ist. Nein, Hasswochen sind das nicht. Man demonstriert ja eigentlich für Demokratie.

Für das Klima darf man auf die Straße gehen und dafür sogar die Schule schwänzen. Für das Klima darf man auch die Demokratie außer Kraft setzen. Die medial hochgejubelte Klimaschützer-Ikone Luisa Neubauer gab ihre Vorstellungen von Klimadiktatur bei ZDF-»Lanz« am 18. Oktober 2022 zum besten: »Die Wahl zwischen Zeit und Demokratie haben wir nicht.« Sie meint: Für das Klima müssten sofort demokratische Spielregeln außer Kraft gesetzt werden.

Gegen Coronamaßnahmen darf man sowieso nicht demonstrieren, denn dahinter steckt »rechte Verschwörungstheorie«. Gegen »Rechts« dagegen muss (!) man demonstrieren, vor allem gegen ein medial-wahnhaft erfundenes »Gemeintreffen« in Potsdam à la Wannsee-Treffen. Für ein Kalifat und für die Scharia darf man demonstrieren, gegen einen Muezzin-Ruf sollte man besser nicht auf die Straße gehen. Für Lebensschutz und gegen Abtreibung sollte man ebenfalls nicht demonstrieren. Beim Christopher Street Day läuft man tunlichst mit – als Politiker einer Art Allparteienkoalition untergehakt möglichst ganz vorne mit dran. Dass es zwei Geschlechter gibt, sagt man besser nicht, sonst kriegt man es mit einer bestimmten Lobby oder gar mit dem »Queer-Beauftragten« der Bundesregierung zu tun. Wer sich nicht an diese ganz, ganz einfachen Regeln hält, wird schnell wie in Stalins Sowjetreich psychiatrisiert – nicht gleich mit Einweisung, aber belegt mit psychiatrischen Diagnosen wie »homophob«, »transphob«,

»islamophob«, »xenophob« usw. Ansonsten: Alles in Ordnung, gehen Sie ruhig weiter, es gibt nichts zu sehen.

Die Politikschaffenden haben schließlich alles im Griff – wegen »Staatswohl« und so. Vor allem haben die Regierenden und ihre Herolde die Freiheiten im Griff: mit einer ausgeklügelten Klima- und Coronapolitik, mit Kontaktverboten, Reiseverboten, mit dem Verfassungsschutz, mit amtlichen und halbamtlichen »Blockwart«-Meldestellen, mit brav-treuen Alt-Medien, mit einem Netzdurchsuchungsgesetz, das Weißrussland zur Ehre gereichen würde. Mit einem »Demokratiefördergesetz« gegen alles, was rechts oder auch nur mittig ist. Die »Gewählten« wissen, wie das Volk (pardon: die Bevölkerung) wohnen, heizen, essen, sich impfen lassen, die Kinder erziehen soll. Nein, nein, eine Gouvernanten-Demokratie ist das nicht, und ein Staatsstreich von oben angeblich auch nicht. Sowas planen nur »Reichsbürger«, die angeblich mit gerade eben 100 Waffen einen Staatsstreich inszenieren wollten – gegen 220 000 Polizisten und 180 000 Soldaten in Deutschland. Operettenland Deutschland!

Und damit das Land nicht demnächst von Reichsbürgern oder irgendeiner Schwefelpartei regiert wird, gehen unsere »Ampel«-Groupies – vor allem die akademisierten und arrivierten – wie Herdentiere auf die Straße, als Untertan-Michels/Michaelas, die für ihren Gratismut vom Bundespräsidenten, vom Kanzler und den Medien gelobt werden. Eine Untersuchung der Universität Konstanz vom 14. März 2024 hat belegt: Die, die Anfang 2024 auf die Straße »für Demokratie« gingen, waren 2021 zu 61 Prozent Wähler der Grünen, zu 18 Prozent Wähler der SPD, zu 8 Prozent Wähler der CDU/CSU und zu 2 Prozent Wähler der FDP.[68]

Regieren mit Phobokratie[69]

Offenbar haben die Regierenden Angst vor dem Volk – diesem Lümmel. Womöglich haben sie auch Angst vor echter Demokratie: Demophobie. Sonst würden sie nicht versuchen, das Volk mittels gut geölter Parteienoligarchie in Schach zu halten. Am leichtesten regiert sich ein Volk eben mittels ideeller Entwurzelung, mit Verdummung und mit Angst. Also mit Phobokratie. Mit Angst vor »Klima«, Pandemien, »Nazis« usw. Selbst ein sonst halbwegs akzeptabler Bundespräsident, Joachim Gauck, ließ sich am 19. Juni 2016 in der »tagesschau« zur Aussage hinreißen: »Die Eliten sind gar nicht das Problem, die Bevölkerungen sind im Moment das Problem.« Nicht die (politischen) Eliten seien das Problem? Doch! Das wusste schon Friedrich Nietzsche: »Staat heißt das kälteste aller kalten Ungeheuer. Kalt lügt es auch; und diese Lüge kriecht aus seinem Munde: ›Ich, der Staat, bin das Volk.‹« Das schreibt Nietzsche 1883 in »Also sprach Zarathustra«, in Zarathustras Rede »Vom neuen Götzen«.

Kenneth Minogue schreibt neueren Datums (2013): »Das Entscheidende aber ist, dass unsere Politiker kein Recht haben, uns zu sagen, wie wir leben sollen … Wir sollten nie daran zweifeln, dass die Verstaatlichung der moralischen Lebensführung der erste Schritt zum Totalitarismus ist … Das offenkundige Problem der Demokratie besteht heute darin, dass der Staat unseren moralischen Urteilen zuvorkommt.«[70]

Regieren mit Denunziation und Bespitzelung

Franz Kafkas beängstigend aktueller, 1915 unvollendet gebliebener Roman »Der Prozess« beginnt mit dem Satz: »Jemand musste Josef K. verleumdet haben, denn ohne dass er etwas Böses getan hätte, wurde er eines Tages verhaftet.« »Jemand musste …« Wer ist dieser »Jemand«? Es kann nur ein Denunziant gewesen sein, über den der Dichter des Deutschlandliedes, Hoffmann von Fallersleben, 1884 im Satireblatt »Der Wahre Jakob« schrieb: »Der größte Lump im ganzen Land, das ist und bleibt der Denunziant … Verpestet ist ein ganzes Land, wo schleicht herum der

Denunziant … Der Menschheit Schandfleck wird genannt der niederträchtige Denunziant.« Noch früher, in Dantes »Inferno«, mussten die Verräter in der Kälte des neunten, des letzten Höllenkreises bibbern.

Die Geschichte der Menschheit ist voller Denunziationen. Man denke an Judas; an die Denunziationen in Zeiten der Inquisition sowie der Hexen- und Ketzerprozesse; an die Denunziationen in Hitler-Deutschland; an die Stalin- und Mao-Zeiten; an die Denunziationen in der DDR mit ihren mehr als 90 000 Stasi-Mitarbeitern und rund 189 000 informellen Mitarbeitern (IM). Zwischen 1933 und 1945 hieß es denunziatorisch: »Franz Meier hat BBC gehört.« 1949 bis 1989 hieß es in der DDR: »Konrad Müller hat Westfernsehen geguckt.« Damals – und womöglich heute wieder? – ebnete das moralinsaure Anprangern von Abweichlern mühelose Karrierewege. Man schaue sich einmal Einträge im Karrierenetzwerk »LinkedIn« an. Oft wird hier nicht dargestellt, was man kann, sondern was man bekenntnishaft gar nicht mag.

Heute sind die Saubermänner jedenfalls wieder unterwegs. Wie Rauchmelder melden sie Fälle von Nazi-, Rassismus-, Sexismus-, Nationalismus-, Klimaleugner- und Homophobie-Verdacht. Fälle aus der Nachbarschaft, Funde in den (a)sozialen Netzwerken usw. Assistiert werden die auf Bundesebene rund 4500 Verfassungsschützer von NGO- und kommunalen »Meldestellen«. Immerhin hat das Bundesamt für Verfassungsschutz im April 2021 als »Sammelbeobachtungsobjekt« den »Phänomenbereich Demokratiefeindliche und/oder sicherheitsgefährdende Delegitimierung des Staates« eingerichtet. Und bereits zuvor ein »Hinweistelefon gegen Extremismus und Terrorismus« eingerichtet.[71] Das war noch zu Merkel-Zeiten. Im Verfassungsschutzbericht für 2021 – veröffentlicht im Jahr 2022 – werden als Beispiele genannt: »Verächtlichmachung des Staates«, Kritik an den Maßnahmen des Staates gegen das Coronavirus und Kritik an den Maßnahmen des Staates zur Bekämpfung des Klimawandels.

Die nachfolgend genannten »Maßnahmen« sind dennoch nicht DDR, sondern Bundesrepublik 2021 ff.: Dass der Staat Banken auffordert, Spenden an »Falsche« zu melden und zu unterbinden. Dass der Staat Ordnungs- und Gewerbeämter einsetzt, um Veranstaltungen derer zu unterbinden, die der »Ampel« unliebsam sind. Dass der Staat Unliebsame aus dem öffentlichen Dienst entfernt und diese dann in Umkehrung der Beweislast vor Gericht beweisen müssen, dass sie nicht »rechtsextrem« sind. Im Interesse des »Staatswohls«? Oder des Regierungswohls?

Wenn Verfassungsschützer mit solchen Argumentationspirouetten selbst zu Verschwörungstheoretikern werden, dann wird es Zeit, über die Rechtsstaatlichkeit des Verfassungsschutzes nachzudenken. Mathias Brodkorb, für die SPD einst Finanz- und Bildungsminister in Mecklenburg-Vorpommern und Vorsitzender der dortigen SPD-Landtagsfraktion, heute Publizist, tat das in einem Buch anhand von sechs Fallstudien.[72] Folgerung von Brodkorb: Der Verfassungsschutz gehört abgeschafft, denn er schwingt sich zu einer Sprach- und Gedankenpolizei auf.

»Wir beobachten Leute, die Grünen-Witze machen ...«

Und jetzt auch das noch: Witze sollte man zum Beispiel über Gouvernanten (m/w/d) auch nicht machen – vor allem nicht über »grüne« Vormünder. Das kann ins Auge gehen und – bis es dann zum Freispruch kam[73] – 6000 Euro Strafe kosten, wie ein Fall im Herbst 2023 in Oberbayern beweist, als ein Unternehmer auf einem Großplakat witzelnd fragte, ob Wirtschaftsminister Habeck überhaupt bis drei zählen könne.[74] Und man behaupte bloß nicht, Baerbock sei die »dümmste Außenministerin der Welt«. Damit handelte sich im Mai 2024 ein Mann aus Oberfranken eine höchstpersönliche Strafanzeige der Ministerin ein.[75]

Im April 2024 verriet anonym ein Insider des Verfassungsschutzes, dass mittlerweile das Witzereißen über die Grünen geheimdienstlich beobachtet wird. Ironisch merkt der Geheimdienstler an: »Wir sollen Leute beobachten, die schlechte Witze über Grünen-Politiker machen. Und für Islamisten fehlen Mitarbeiter und Zeit.«[76]

Wo bleibt die Meinungsfreiheit?

45 Prozent der Deutschen sind mittlerweile überzeugt, dass man bei der Äußerung seiner Meinung vorsichtig sein müsse. So eine Umfrage des Instituts für Demoskopie Allensbach von Ende 2023. Das ist der tiefste Stand seit den 1950er-Jahren. Nur 40 Prozent meinten, man könne seine Meinung frei äußern, 1970 waren dies 83 Prozent, 1990 noch 78 Prozent. Wörtlich heißt es in der Studie: »Seit dem Fall der Mauer … sind die Werte zunächst mit der Regierung Schröder, dann unter Merkel stetig gefallen, um zur Halbzeit der ›Ampel‹ ihren historischen Tiefpunkt zu dokumentieren.« Interessant: Den »Spitzenwert« der mit den Möglichkeiten der freien Meinungsäußerung Zufriedenen stellen mit 75 Prozent die »grünen« Wähler. Entweder – eher unwahrscheinlich – sind diese Leute die Mutigeren, oder sie können ihre Meinung deshalb frei äußern, weil der Mainstream ohnehin »grün« ist.[77]

Am 1. April 2024 druckte die *FAZ* einen Gastbeitrag mit dem Titel »Die Meinungsfreiheit ist kein Freibrief für Verfassungsfeinde« ab. Verfasser war der Präsident des Bundesamtes für Verfassungsschutz (BfV) Thomas Haldenwang (CDU-Mitglied). Er schrieb: »Auch die Meinungsfreiheit hat Grenzen. Die äußersten Grenzen zieht das Strafrecht, etwa in Hinsicht auf strafbare Propagandadelikte oder Volksverhetzung. Jedoch auch unterhalb (sic! – JK) der strafrechtlichen Grenzen und unbeschadet ihrer Legalität können Meinungsäußerungen verfassungsschutzrechtlich von Belang sein.«

Verfassungsschutz also außerhalb des Gesetzes? Am 13. Februar 2024 bei einer Pressekonferenz zusammen mit Bundesinnenministerin Nancy Faeser (SPD) hatte Haldenwang von der notwendigen Beobachtung von »Denk- und Sprachmustern« schwadroniert, die sich in der »Sprache einnisten«. Besonders verräterisch war, was die Bundesinnenministerin sagte: »Deshalb bauen wir im Bundesinnenministerium eine neue Früherkennungseinheit auf. Wir müssen Manipulations- und Einflusskampagnen sehr früh erkennen, um sie dann stoppen zu können.« Deutschlands oberster Verfassungsschutzbeamter toppt: »Wir dürfen nicht den Fehler machen, im Rechtsextremismus nur auf Gewaltbereitschaft zu achten, denn es geht auch um verbale und mentale Grenzverschiebungen.« Das ist eine klare Ankündigung einer Gedanken- und Gesinnungspolizei à la Orwells »1984«.

Der Verfassungsrechtler Volker Boehme-Neßler apostrophierte ein solches Ansinnen als »erschreckend« und »übergriffig«. Herrn Haldenwang attestiert er verbale und mentale Grenzverschiebungen. Zum Beispiel, wenn eine Art Straftatbestand einer angeblichen »Verächtlichmachung des Staates« erfunden werde.[78] Ähnlich kritisch der Augsburger Verfassungsrechtler Josef Franz Lindner: Dieser hält die Faeser- und Haldenwang-Begriffe für »unbestimmt« und »schwammig«. Er sieht die Gefahr, dass zukünftig pointierte Meinungsäußerungen als »Delegitimierung« des Staates gewertet werden könnten. Lindner sagt: Der Staat habe in Fragen der Meinungsfreiheit keine Deutungshoheit.[79]

Noch weiterreichende Kritik übt der Verfassungsrechtler Prof. Dr. Christoph Degenhart am 24. Mai 2024 in einem *FAZ*-Gastbeitrag: Er sieht durch die »Ampel«-Politik die Freiheiten aus Artikel 5 gefährdet. In Thesen zusammengefasst: Der Staat lege mittlerweile bestimmte Meinungskorridore fest. Der Korridor des Sagbaren werde verengt, auch durch Leitmedien wie die Öffentlich-Rechtlichen und staatlich geförderte NGOs.

Einen direkten Angriff auf die Meinungsfreiheit bedeute die vom Verfassungsschutz in Anspruch genommene Befugnis, auch gegen »staatswohlgefährdende« Meinungsäußerungen unterhalb der Strafbarkeitsschwelle, also legale, vom Grundgesetz gedeckte Meinungsäußerungen vorzugehen. Dies stehe in eklatantem Widerspruch zur Rechtsprechung des Verfassungsgerichts, das überspitzt-ironische, satirische, abwertende oder polemische Äußerungen sowie extremistische Äußerungen unter die Freiheit der Meinungsäußerung fasse. Sogar der Spielraum für Satire werde immer enger. Nicht weniger bedenklich seien mediale Aktivitäten staatlicher Stellen und intransparente Formen einer Kooperation von Staat und Medien, wie etwa im Fall des Rechercheportals »Correctiv«. Staatlich alimentierte NGOs seien ein Widerspruch in sich. Deren Finanzierung bedeute Staatsnähe, schaffe Abhängigkeiten und staatliches Einflusspotenzial.

Mit anderen Worten: Was die »Ampel«-Administration betreibt, ist die Delegitimierung des Grundgesetzes Artikel 5, und damit der Meinungsfreiheit. So verkehrt sich der im Jahr 2021 erfundene Begriff der »Delegitimierung des Staates« gegen die Erfinder dieses schwammigen Begriffs. Wann wird das alles zum Verdachts- und Beobachtungsfall des Verfassungsschutzes? Lassen wir auch hier die DDR quasi zu Wort kommen: In der SED-Hymne mit ihren sechs Strophen bzw. im »Lied der Partei« heißt es: »Die Partei hat immer recht.« Womit Partei und Staat in der DDR eins wurden und der Staat zur einzigen Quelle der Wahrheit wurde.

Dazu passt, dass die »Bundesministerin des Innern und für Heimat«, Nancy Faeser, am 5. Juni 2024 das rechte Magazin »Compact« – sehr trickreich, aber fragwürdig – über das Vereinsrecht (sic!) verbot. Das Ganze war begleitet von einer medialen Inszenierung bei der frühmorgendlichen Durchsuchung der Wohn- und Reaktionsräume des »Compact«-Herausgebers. Faesers Verbot hatte aber nicht lange Bestand. Das Bundesverwaltungsgericht hob dieses Verbot am 14. August in einer Eilentscheidung erst einmal für längere Zeit auf. Vor allem monierte das Gericht die mangelnde Verhältnismäßigkeit des Verbots.[80] Mehr quasi-staatliche Propaganda konnte sich dieses Magazin gar nicht wünschen. Zur gleichen Zeit verkündete Faeser übrigens, sie wolle das Bundeskriminalamt (BKA) berechtigen, heimlich Wohnungen zu durchsuchen und Trojaner einzubauen. Grundgesetz Artikel 13 (»Die Wohnung ist unverletzlich.«) scheint für diese Verfassungsministerin nicht relevant. Man kann also getrost sagen: Die »Delegitimierung« des Grundgesetzes hat einen Namen: Bundesinnenministerin Nancy Faeser. Warum sie zumindest bei Abschluss der redaktionellen Arbeiten an diesem Buch immer noch im Amt war, wird wohl das Geheimnis des Regierungschefs Olaf Scholz sein.

All dies geschieht im Einklang mit EU-Kommission und EU-Parlament: Seit Oktober 2023 arbeitet »Brüssel« »verstärkt« an einem »Verhaltenskodex gegen Hasssprache« (»hate speech«). Entwickelt sich die Kommission also zu einem neuen »Wahrheitsministerium«?[81] Angeschoben wird die EU-Kommission hierbei auch vom EU-Parlament. Dieses hat am 18. Januar 2024 eine »Entschließung zur Erweiterung der Liste der EU-Straftatbestände« um »Hetze und Hasskriminalität« als Auftrag an die EU-Kommission verabschiedet.[82] Klar, »Hasssprache« kann ekelhaft, widerlich, zerstörerisch und kriminell sein, aber sie kann in den abgehobenen Brüsseler Etagen auch sehr willkürlich definiert werden.

Drei Erinnerungen

DDR-Stasi-Chef Erich Mielke hatte am 26. Juni 1971 eine 44-seitige »Dienstanweisung 2/71 zur Leitung und Organisierung der politisch-operativen Bekämpfung der staatsfeindlichen Hetze« erlassen. Dort warnte Mielke:

»Besonders die staatsfeindliche Hetze, aber auch andere damit im Zusammenhang stehende Formen, Methoden und Erscheinungen

der Untergrundtätigkeit im Inneren der DDR stellen sowohl eine spezifische Erscheinungsform als auch ein Ergebnis der politisch-ideologischen Diversion des Gegners dar … Die weitere Gestaltung der entwickelten sozialistischen Gesellschaft in der DDR erfordert die planmäßige und vorbeugende Ausschaltung jeglicher störender Einflüsse auf die Bewußtseinsentwicklung der Werktätigen, um ihre in der Verfassung der DDR festgelegte notwendige bewußte und aktive Mitwirkung bei der Vollendung des sozialistischen Aufbaus und ihre politische Standhaftigkeit und Wachsamkeit auch in komplizierten politischen Situationen zu garantieren …« Beobachtet und verfolgt werden sollten: »*Diskriminierung, Verächtlichmachung oder Verleumdung von Repräsentanten oder anderen Bürgern der DDR, der staatlichen Organe, Einrichtungen oder gesellschaftlichen Organisationen oder deren Tätigkeit …«*[83]

Nie wieder ist jetzt! Oder doch nicht? Wie sich doch die Formeln gleichen: Von »agitatorischer Verächtlichmachung des Staates und seiner Repräsentanten« redet eine Innenministerin Faeser. Aber vermutlich weiß weder sie, noch weiß es ihr oberster Verfassungsschützer, auf welch gefährlichen Pfaden sie dahintrampeln. Für sie scheint zu gelten: *L'État, la démocratie, c'est moi*!

Zweite Erinnerung: Im einstimmigen Beschluss des Bundesverfassungsgerichts vom 28. November 2011 steht: »Vom Schutzbereich der Meinungsfreiheit umfasst sind zum einen Meinungen … Sie fallen stets in den Schutzbereich von Art. 5 Abs. 1 Satz 1 GG, ohne dass es dabei darauf ankäme, ob sie sich als wahr oder unwahr erweisen, ob sie begründet oder grundlos, emotional oder rational sind, oder ob sie als wertvoll oder wertlos, gefährlich oder harmlos eingeschätzt werden … Sie verlieren diesen Schutz auch dann nicht, wenn sie scharf und überzogen geäußert werden … Der Meinungsäußernde ist insbesondere auch nicht gehalten, die der Verfassung zugrunde liegenden Wertsetzungen zu teilen, da das Grundgesetz zwar auf die Werteloyalität baut, diese aber nicht erzwingt.«[84]

Schließlich die am weitesten historisch zurückreichende Erinnerung: Wilhelm von Humboldt hat 1851 eine trotz ihres Erscheinungsdatums hochaktuelle Schrift verfasst. Der Titel sagt schon das Wichtigste: »Ideen zu einem Versuch, die Gränzen der Wirksamkeit des Staats zu bestimmen.«

Regieren mit Expertokraten und Räten

Es gibt ein Ideal der Gewaltenteilung. Zu erheblichen Teilen ist dieses Ideal dahin. Die Legislative tut, was die Exekutive erwartet. Die Besetzungen der Judikative werden zumindest in den obersten Etagen parteipolitisch ausgeklüngelt. Die »vierte« Gewalt in Form der Alt-Medien kuschelt mit den Regierenden. Eine »fünfte« Gewalt könnten NGOs sein, wenn sie sich nicht selbst zu semistaatlichen Organisationen entwickelt hätten, in hohe Staatsämter eindringen würden, wenn sie nicht am Tropf der staatlichen Alimentation hingen. Mittlerweile ist es auch so weit, dass NGO nur räuspern müssen, damit Politik- und Medienschaffende strammstehen.

Bleiben wir bei der Legislative und Exekutive. Beide Gewalten sehen sich anscheinend von ihren Aufgaben überfordert, deshalb bauen sie eine Wagenburg an »Beauftragten« und »Räten« um sich auf. Zu den Staatskanzleien und Ministerien, Ober-, Mittel- und Unterbehörden, zu den Parlamenten und ihren Ausschüssen kommen Parallel-Legislativen und Parallel-Exekutiven hinzu. Es gibt immer mehr Ethikräte. Wobei der »Deutsche Ethikrat« mit seinen 26 Mitgliedern zum Aktivistenrat wurde. Am 13. März 2024 stellte er sein 128-Seiten-»Gutachten« bzw. seine Empfehlungen zur »Klimagerechtigkeit« vor; das »wording« ist nahezu identisch mit dem »wording« der Friday-for-Future-Aktivisten.[85]

Und dann erst 45 »Beauftragte« allein der Bundesregierung, zum Beispiel für Migration, Tierschutz, Queer, Antidiskriminierung, Drogen, Datenschutz usw.[86] Ferner 27 Beratungsgremien/Sachverständigenräte, zum Beispiel für Ethik, Bioökonomie, Digitales, Klima, IT, gesamtwirtschaftliche Entwicklung usw.[87] Klar, die Wagenburg muss geschlossen bleiben und Gefolgsleute wollen feudalisiert werden. Der Bundestag hat zuletzt gar einen »Bürgerrat für Ernährung« eingerichtet. Es soll weitere »Räte« dieser Art geben.

Räterepublik wie »anno Tobak«? Demokratie nach den Maßstäben des Grundgesetzes nur noch als verblassende Erinnerung? Vielleicht brauchen wir einen Meta-Verfassungsschutz, der untersucht, inwieweit es nicht »Ampel«-Aktivisten sind, die die Verfassung unterminieren.

5. Der EU- und Weltstaat-Hype

»Europa« steht in keinem guten Ruf, weil die »EU« in keinem guten Ruf steht. Und weil sich die »EU« wie ein souveräner Bundesstaat gibt, aber bestenfalls ein sehr kostspieliger Staatenbund mit riesiger Bürokratie ist. Und weil eine Kommissionspräsidentin Ursula von der Leyen (CDU) dennoch wie die Regierungschefin eines Bundesstaates auftritt. Zum Beispiel trat sie – kaum in diesem Amt bestimmt – 2019 großspurig mit einem »Green-Deal«-Projekt an, das sie mit dem US-Raumfahrtprogramm »Apollo« verglich, das aber bis 2024 nichts gebracht hat. Nur das Investitionsvolumen kann sich sehen lassen: Es sind 1,8 Billionen Euro vorgesehen. 1,8 Billionen ist 1800-mal eine Milliarde oder 1 800 000-mal eine Million.

Dass in der Folge »Europa« in keinem guten Ruf steht, ist allerdings auch ein wenig ungerecht: Denn ein Großteil der Bevölkerung hält »Europa« und »EU« nicht auseinander oder befürchtet gar, dass die EU mit ihrer Büro-»Kratie« Platzhalter für eine globalistische Führung (»Governance«) ist oder gar dem früheren sowjetischen Muster einer »Nomenklatura« folgt.

Es sei dahingestellt, ob die Verwechslung von »Europa« und »EU« aufgrund mangelnder Bildung oder bewusst vernebelnd geschieht: Jedenfalls ist seit 1979 von »Europawahl« und »Europaparlament« die Rede, obwohl es um die Wahl zu einem EU-Parlament geht. Dabei ist dieses Parlament gar nicht die Legislative im klassischen Verständnis. Denn es ist die EU-Kommission, die schier ein Monopol für Gesetzesinitiativen hat. Geschätzt werden über 80 Prozent aller Gesetze nicht mehr von den nationalen Parlamenten, sondern von den Brüsseler Behörden auf den Weg gebracht.

Hans Magnus Enzensberger hat es 2011 zutreffend auf den Punkt gebracht. Er schrieb den Essay »Sanftes Monster Brüssel oder Die Entmündigung Europas«. Unter anderem monierte er, dass diese EU-Beamten in ihrem Sendungsbewusstsein die Staatsraison eines Staates repräsentieren, den es gar nicht gibt, dass Selbstkritik nicht die starke Seite der EU-Wächter ist und dass die EU-Spitzenpositionen oft nicht nach Eignung, sondern nach Proporz-Gesichtspunkten vergeben werden.

Vor allem die fehlende Gewaltenteilung und das Demokratiedefizit fallen auf: Die nationalen Oppositionen sind im Europäischen Rat nicht vertreten, da er ein Rat der 27 Regierungschefs ist. Der damalige Präsident des EU-Parlaments, der Deutsche Martin Schulz (SPD), sagte insofern zutreffend am 1. Juli 2013 im Tagesgespräch »Phoenix vor Ort«: »Wäre die EU ein Staat und würde sie einen Antrag zum Beitritt zur EU stellen, so würde dieser wegen sichtlicher demokratischer Defizite abgelehnt.«

Mit den ständigen Übergriffen reißt die EU aber nicht nur die satzungsmäßige Souveränität ihrer Mitgliedsstaaten schrittweise an sich, entzieht also demokratischen Staaten Souveränitätsrechte, sondern sie schafft eine nicht-demokratische, bürokratische Zentralorganisation, die nach russischem Vorbild von einem ernannten Politbüro, nicht von einer gewählten Regierung gelenkt wird.

Für die EU scheinen die Mitgliedsländer zu Provinzen geworden zu sein. So gesehen ist die folgende Aussage nicht nur ein Kalauer: Das Handeln der EU kommt einem Staatsstreich von oben nahe. Dass die EU immer übergriffiger wird, hat auch damit zu tun, dass die EU von mehr als 1500 mächtigen Lobbyorganisationen und Konzernbüros »beraten« und mitgesteuert wird. Ohne die EU wären diese Lobbyisten arbeitslos.

Wider alle Geografie und Geschichte ist dennoch angesagt: Wer gegen die EU ist, ist ein »Anti-Europäer«. Alle, die das Monster in Brüssel und die seltsamen EU-Personalentscheidungen kritisieren, werden der Europafeindlichkeit geziehen. Für eine vormalige Kanzlerin Merkel »scheitert Europa, wenn der Euro scheitert«. Welch historischer Unsinn! Der Euro taugt nicht als identitätsstiftendes Moment. Zumal 7 der 27 EU-Mitglieder den EURO nicht haben bzw. nicht haben wollen und sich der »Euro-Raum« zu einer Transfer- und Schuldenunion wandelt. Einer Union, in der die vereinbarten Kriterien regelmäßig missachtet werden: zum Beispiel, dass das öffentliche Defizit bei einer Neuverschuldung nicht mehr als 3 Prozent des BIP und der öffentliche Schuldenstand nicht mehr als 60 Prozent des BIP betragen darf (siehe Maastricht-Kriterien!).

Es kommt hinzu: Die EU nimmt rechtswidrig ohne eigenes Einnahmerecht (sie lebt von Beiträgen der Mitgliedsländer) immer mehr Schulden auf, um damit die Pleiteländer Europas vor allem auf Kosten Deutschlands zu finanzieren. Der frühere italienische Ministerpräsident Silvio Berlusconi war da sehr ehrlich: »Europa hat nur den Sinn, dass wir damit an deutsches Geld kommen.« Folge: Die EU-Schulden liegen schon über einer Billion Euro.

Dennoch oder gerade deshalb möchten immer noch mehr Länder Mitglieder der EU werden, wo doch eigentlich gilt: Wenn alle in der EU sind, ist keiner in der EU. Außer den Briten, die gingen raus. Die Ukraine will rein, Georgien auch. Die Türkei schon lange, auch wenn sie kulturell wenig mit der ursprünglichen EU zu tun hat. Der türkische Staatspräsident rollte sich aber schon einmal selbst den Teppich aus: Zur EU-Wahl vom 9. Juni 2024 trat seine Partei »Demokratische Allianz für Vielfalt und Aufbruch« (DAVA) in Deutschland an. Fürs erste mit 0,4 Prozent noch recht erfolglos; 0,6 Prozent hätten es sein müssen, um einen Sitz im EU-Parlament zu erreichen.

Der Unmut der Bevölkerung

Tatsächlich ist der Unmut der Bevölkerung gegen die EU begründet. Eine unsystematische Auswahl an Fakten der EU: Mit einem Jahreshaushalt des Jahres 2024 von 189,4 Milliarden Euro; mit einem 65 Milliarden teuren Klimasozialfonds, einem Corona-Wiederaufbau-Fonds seit 2020 von 3,4 Billionen Euro; mit 24 verschiedenen Amtssprachen; mit Delegationen in mehr als 130 Ländern der Welt; mit geschätzt bis zu 40 000 Brüsseler, Straßburger und Luxemburger Angestellten (niemand weiß es ganz genau); mit einem Bürokratieaufwand, der 8,3 Milliarden Euro verschlingt. Weitere Ärgernisse sind die gestelzten Bussi-Bussi-Gipfeltreffen; eine nie vom Wahlvolk gewählte Kommissionspräsidentin samt 26 weiteren Kommissionsmitgliedern, davon sieben Vizepräsidenten; ein EU-Parlament samt 14 Vizepräsidenten; die Schieflage, dass ein deutsches EU-Parlamentsmitglied 865 Tausend Bürger vertritt, ein Luxemburgisches 102 Tausend, ein Maltesisches 83 Tausend.

Es kommt hinzu, dass der Unmut der Bevölkerung der wuchernden EU-Regelungswut gilt, die in den Alltag der Menschen eingreift: in Sachen Bananengröße, Traktorensitze, Verordnungen für Gurken, Lauch und Porree, Glühlampen, Grenzwerte für Presslufthämmer, Regeln für Zahnersatz, Kloschüsseln, Glühbirnen, Kondome, Fischfangquoten, Reifung von Käse mit oder ohne Salzlake, sukzessive Abschaffung des Bargeldes, Verbrenner-Aus für Neuwagen ab 2035 usw. Ausgedruckt würde das EU-Amtsblatt p. a. eine Tonne wiegen; die fortschreitende Digitalisierung verschleiert das.

So gesehen hatte ein EU-Topinsider, der Portugiese José Manuel Barroso, Präsident der EU-Kommission von 2004 bis 2014, vermutlich unfreiwillig Recht, wenn er sagte, die EU sei »das erste nicht-imperialistische Imperium« der Welt. Apropos EU als »Imperium«: Der Historiker David Engel hat dazu 2013 ein interessantes Buch geschrieben. Titel: »Auf dem Weg ins Imperium. Die Krise der Europäischen Union und der Untergang der römischen Republik. Historische Parallelen.« Engel sieht Analogien zwischen der Lage der EU und dem Untergang des »Imperiums« ab dem autoritären Regime von Augustus (gemeint ist das Römische Reich), insbesondere wegen Staatsverschuldung, Immigrationsproblemen und Verlust an Freiheiten. Ein anderer Topinsider der EU sagte im Zusammenhang mit der Griechenland-Euro-Krise im Jahr 2011: »Wenn es ernst wird, muss man lügen.« Dieser Satz stammt von Jean-Claude Juncker, der 2011 luxemburgischer Staats- und Premierminister und von 2014 bis 2019 Präsident der EU-Kommission war.

Vom »Lügen« ist es nicht weit zum »Katar«-Korruptionsskandal im EU-Parlament: Abgeordnete und Beamte waren von Katar, Marokko und Mauretanien aus in Korruption und Geldwäsche verwickelt. Nicht weit ist es dann auch zu Vertuschungen an der Spitze der EU. Siehe den Impfdosen-Deal von EU-Kommissionspräsidentin Ursula von der Leyen (CDU) mit dem Pharmakonzern Pizer/Biontech im Frühjahr 2021: Sie hatte 1,8 Milliarden Impfdosen für 35 Mrd. Euro bestellt. Hunderte Millionen Impfdosen mussten vernichtet werden, allein in Deutschland 83 Millionen. Von der Leyen verweigerte die Einsichtnahme in die Deal-Kommunikation. Das hinderte die EU-Granden von Schwarz über Rot bis Grün nicht daran, Ursula von der Leyen nach der EU-Wahl vom 9. Juni 2024 am 18. Juli erneut in den Sessel der EU-Kommissionspräsidentin zu hieven. Wiewohl das Gericht der Europäischen Union (EuG) von der Leyens Geheimhaltung am 17. Juli für rechtswidrig erklärt hatte. Und wiewohl von der Leyen bei dieser Wahl vom Wahlvolk weder gewählt noch aktiv nicht gewählt werden konnte. Ihr Name stand auf keinem Stimmzettel.

Die »one-world«-Weltstaat-Vision

Vielen Polit-Akteuren reichen supranationale Allianzen wie die EU bei Weitem nicht. Sie träumen von einem Weltstaat, der alle Übel der Welt beseitigt und der Wohlstand und Glück für alle bringt. Die ideologische, gar ersatzreligiöse Basis ist ein gefälliger Universalismus (siehe auch das Kapitel 19, Humanitarismus und Universalismus). Diese Vision beseelt die »Anywheres«, die Überall-Jetset-One-World-Globalisten, nicht allerdings die heimatverbundenen »Somewheres«.

Die Vorstellung, es gebe nur »eine« Menschheit, und ein Weltstaat ohne Nationalstaaten und ohne Grenzen müsse möglich sein, beschäftigt Globalisten, Kosmopoliten, Universalisten, Romantiker und Träumer immer wieder. Bereits Immanuel Kant hatte 1795 versucht, eine »Weltrepublik« zu entwerfen. In seiner Schrift »Zum ewigen Frieden« dachte er an einen Zusammenschluss freier Staaten zu einer »Republik der Republiken«, also einen föderativen Völkerbund. Für Karl Marx und Friedrich Engels waren das revolutionäre Subjekt die Proletarier: *»Proletarier aller Länder, vereinigt euch!«* Die Arbeiter sollten sich in einer »Internationalen« organisieren, um die Nationalstaaten zu überwinden. Der französisch-russische Hegelianer Alexandre Kojève wünschte sich 1947 einen »homogenen sozialistischen Universalstaat«.

Klar, dass NGOs wie Greenpeace und Amnesty International für sich einen Machtzuwachs erwarten – als Aufpasser bei internationalen Organisationen. Klar auch, dass die politische Linke dem schwärmerischen Globalismus aufsaß und sich schließlich mit dem Neo-Liberalismus verbündete und mit dem »Great Reset« einer »Global Governance« made by »World Economic Forum (WEF)« des Klaus Schwab anfreundete. Zum Beispiel, um den Klimawandel zu bewältigen. Schwab ist ja derjenige, der als WEF-Vorsitzender das »Große Narrativ« propagiert, dass die Gefahr von rechts komme, dass der Volks-Begriff ausgrenze, dass sich die Familie überlebt habe. Dass wir ein »Global Government« bräuchten. Dass Bargeld ein Anachronismus und Migration Bereicherung sei. Dass wir Herdenimmunität durch Impfungen bräuchten. Nun ja, Samuel Huntington sah das nüchterner; er ist ja auch Schöpfer des Ausdrucks »Davos man«, der eine abgehobene internationale Elite ohne jede nationale Loyalität charakterisiert.

Ungewöhnlich allerdings: Ausgerechnet Ernst Jünger schrieb 1960 den Essay »Der Weltstaat. Organismus und Organisation«. Jünger war überzeugt, dass der Weltstaat kommen werde, nicht aus politischer Vernunft oder aus menschlichem Willen, sondern weil die zivilisatorische Entwicklung eine »Erd- und Globalordnung« verlange. Jünger wünschte sich damals ein »Weltreich« mit »Einebnung der Rassen, Stände und Klassen«.[88]

Für Jünger würden damit zwei Träume in Erfüllung gehen: Der des Anarchisten vom Absterben des Staates und der des Humanisten von einem freien und friedlichen Leben auf Erden.[89] Diese Vorstellung ist aus der Biografie Jüngers heraus zu verstehen. Jünger hatte seine Schrift »Der Friede. Ein Wort an die Jugend der Welt« ab 1941 in Paris verfasst, wo Jünger bis 1944 als Reserveoffizier im Hauptquartier des Militärbefehlshabers in Frankreich eingesetzt war. 1946 hat er die Schrift veröffentlicht und seinem am 29. November 1944 bei Carrara gefallenen Sohn Ernst gewidmet.[90]

Indes: Ist eine Weltsaat-Vision realistisch oder zumindest wünschenswert? Ist die Folge nicht, wie sich der Jünger-Biograf Heimo Schwilk fragte, ein nihilistischer »Abräumungs- und Nivellierungsprozess«?[91] Stimmt, denn die UNO etwa schert sich weder um geografische noch um kulturelle Grenzen noch um nationale Souveränitäten. Beispiel: Am 18. Dezember 2018 hatte die UN-Generalversammlung einen »Globalen Pakt für sichere, geordnete und reguläre Migration« (GCM) verabschiedet. Dagegen hatten nur gestimmt: USA, Israel, Ungarn, Polen und die Tschechische Republik. Globalisten lehnen überhaupt demokratische Entscheidungsprozesse ab, sie setzen außer auf die UNO auf technokratische Behörden wie die Welt-Gesundheitsorganisation (WHO), die sich jeder Transparenz und jeder demokratischen Kontrolle entzieht. Siehe ihre Corona-Politik!

Die entscheidende Frage ist: Sind Demokratie und Sozialstaat unabhängig von Nationalstaaten denkbar? Nein, darin sind sich namhafte Historiker, Soziologen und Juristen einig. Rolf Peter

Sieferle schreibt 2017 dazu: Eine Welt-Großinstanz führe nach dem Verlust an Nationalstaaten zur Herrschaft von Clans und Tribalismus. Folgen seien Partikularismus statt Universalismus. Wörtlich: »Der Sozialstaat kann nicht nur eine liebende und nährende Mutter sein, er ist zugleich eine Wölfin, die eifersüchtig darüber wacht, wer an ihr saugen darf und wer nicht.«[92]

Der vormalige Verfassungsrichter Udo di Fabio sieht in der Internationalisierung und De-Nationalisierung eine Gefahr für den Westen. Er stellt 2015 fest: Ohne organisierte Staatlichkeit keine Menschenrechte, kein Frieden, keine Gerechtigkeit, kein Klimaschutz.[93] Ein Jahr später schreibt er: »Die Würde des Menschen ist angeboren vor jeder Staatszugehörigkeit, aber sie wird erst mit der modernen Republik wirksames Recht.« Das heißt: Ohne Nationalstaat gibt es nicht nur keinen Sozialstaat, sondern auch keinen wirksamen Schutz der Menschenwürde.[94]

Wolfgang Streeck, emeritierter Direktor des Max-Planck-Instituts für Gesellschaftsforschung, stellt fest: Demokratie braucht souveräne Staaten und Nationen, ohne Nationalstaat ist sie nicht zu haben.[95] Streeck empfiehlt gar eine zeitgemäß erneuerte europäische Kleinstaaterei, zwischenstaatlich mit horizontaler Kooperation statt mit vertikaler Autorität, konföderal statt imperial geordnet – eine Ordnung, die das ererbte institutionelle Gebäude der europäischen Nationalstaaten nutzt, um die europäischen Gesellschaften gegen globale kapitalistische Märkte zu wappnen.

Kurzes Fazit: Demokratie, Rechts- und Sozialstaat sind ohne Nationalstaaten nicht zu haben.

6. Milliardärssozialisten

»Big Business« und »Öko-/Gender-Sozialismus« kooperieren immer intensiver miteinander. Dahinter stehen Investoren, milliardenschwere sog. Philanthropen wie George Soros, Warren Buffet oder Bill Gates, das Davoser WEF (World Economic Forum) sowie Think Tanks und NGOs; sie verfilzen monetär und personell.

Man denkt unwillkürlich an die »Hufeisen«-Theorie: An deren Enden nähern sich Kapitalismus und Sozialismus an. Sozialisten und Superreiche sind bei der Untergrabung der Nationalstaaten Verbündete und keine Gegner mehr. Es ist eine Art Symbiose von Marx und Kapital, von Kulturmarxismus und IT-Monopolen. Hinter vielen Propaganda- und Erziehungsmaßnahmen stehen Netzwerke wie Google, Wikipedia, Facebook usw., die alle Einträge, die »woken« Kriterien widersprechen, sperren, löschen oder zumindest deren Reichweite einschränken. Ihre eigene Reichweite übertrifft selbst die Reichweite der Regierungen großer Staaten.

Ein solches System erfüllt den Tatbestand des »Milliardärssozialismus«. Oswald Spengler (1880–1936) hatte diesen Begriff geprägt. Er prognostizierte damit das Ende der europäischen Kultur in einer wachsenden Tyrannei technokratisch operierender Regierungen. Spengler schrieb 1933: »Die großen Trusts sind heute schon Privatstaaten, welche ein Protektorat über den offiziellen Staat ausüben.«[96] Spengler konnte von EU, Euro, Dollardominanz usw. noch gar nichts wissen. Aber eines dürfte erkennbar sein: Der »woke« Kapitalismus unterminiert den klassischen Kapitalismus samt Marktwirtschaft sowie die Demokratie. Manche sagen: Hier setzt sich der Kulturmarxismus eines Antonio Gramsci und der Frankfurter Schule durch.

Die gönnerhaften »Philanthropen« gehören dazu, sie bilden seit 2010 mit rund 150 Mitgliedern den Zirkel »The Giving

Pledge« von Bill Gates und Warren Buffett. Man will das Versprechen (»pledge«) einlösen, Gewinne in die Rettung der Welt zu investieren. Allein die Gates-Stiftung verfügt über 70 Milliarden US-Dollar. Davon gingen über 300 Millionen zuletzt an Medienhäuser wie CNN, NBC, The Atlantic, BBC, *Guardian*, die *Financial Times*, *Daily Telegraph*, *Le Monde*, den *Spiegel* (hier 5,4 Millionen Euro), *El País* und Al-Jazeera. Der sog. Comedian von Hirschhausen bekam 2020 für seine Stiftung »Gesunde Erde – Gesunde Menschen« 1 399 984 US-Dollar. Das Robert-Koch-Institut (RKI) bekam 2021 499 981 US-Dollar zugewendet – für »Research and learning opportunities«– für Forschung und Lehre. Alles selbstlos?

Sehr einflussreich sind die großen US-Vermögensverwalter, die in den USA über die Einlagen von 60 Prozent der Altersversorgung verfügen: Blackrock mit 8,6 Billionen US-Dollar Vermögen, Vanguard mit 7,2 Billionen US-Dollar. In Europa investiert man in »Klima«-Planwirtschaft, in China übrigens in Öl. Blackrock ist überhaupt der einflussreichste Investor weltweit, man ist in Deutschland an allen 40 Dax-Konzernen beteiligt und an insgesamt 18 000 Unternehmen weltweit. Der führende Wärmepumpenhersteller Viessmann aus Hessen verkaufte diese Sparte für 12 Milliarden an den US-Konzern Carrier Global. Carrier Global wiederum gehört zu 86 Prozent Blackrock und Vanguard. Apropos 12 Milliarden: Über ein Schlupfloch im Steuersystem muss Viessmann die 12 Milliarden nur mit einem Satz von 1,5 Prozent versteuern. Goldgräberstimmung allenthalben, und der Ausverkauf Deutschlands ist in vollem Gange.

Hochdotierte Manager jonglieren dann in hohen Milliardendimensionen mit den Anleihen kleiner Leute (etwa Rentnern) und Hedgefonds. Im »Top-down«-Verfahren verpassen sie als Schickeria-»Investoren« allen beteiligten Firmen, NGOs, ja Regierungen von oben einen neuen Kulturmarxismus. Und alle machen auf »woke«: In USA-Konzernen gibt es das Prüfsiegel »Corporate Equality Index« (CEI). HRC (Human Right Compaign) als größte LGBTQ+-Lobby wacht darüber, dass Firmen wie Amazon, Google, JPMorgan, Microsoft, Pfizer, UPS, Walt Disney »CEI« beachten. In der Bank of America, bei Google und bei American Express gibt es antirassistische Schulungen. Die US-Technologiebörse Nasdag verlangt Diversity-Quoten bei den von ihr gelisteten Unternehmen, Goldman/Sachs blockiert Börsengänge, wenn ein Unternehmen nur von weißen Männern geführt wird. Andere Vermögensverwalter wie Morgan Stanley, Citibank, Goldman/Sachs spenden gerne an linke Lobbyvereine. Das Handelsblatt vom 6.12.2022 schätzt, dass Unternehmen für sogenannte DIE-Beratung (diversity, inclusion, equity) weltweit etwa 7,5 Milliarden US-Dollar ausgeben.[97]

Geld fließt außerdem aus der »Mercator Stiftung«, die 15,7 Prozent des Vermögens der Metro-Gruppe verwaltet. Diese Stiftung förderte 1992 die Gründung des Potsdamer Instituts für Klimaforschung, sie bringt für 2024 bis 2029 7,5 Millionen Euro in das Projekt »Agora Verkehrswende III« ein. Immerhin ist die »Agora«-Verfilzung in Robert Habecks »grünem« Vettern-Wirtschaftsministerium im Frühjahr 2023 aufgeflogen.[98]

In der »Stiftung Klimaneutralität« sitzt ein Strippenzieher, den die *Zeit* »den mächtigsten Grünen der Welt« nannte: Hal Harvey. Wenn es um Millionen geht, ist dieser milliardenschwere Investor als Präsident der »Climate Imperative Foundation« die Spinne im Netz. Geld hat er, ist seine 2008 gegründete »Clima Works Foundation« doch mit 500 Millionen Dollar der Hewlett-Stiftung ausgestattet. Harvey ist Mit-Initiator mehrerer weiterer NGOs: 2008 neben der »Clima Works Foundation« auch der »European Climate Foundation«, 2012 von »Agora Energiewende«, 2020 der »Stiftung Klimaneutralität«.

Geld kommt außerdem vom britischen Milliardeninvestor Christopher Hohn über die »Children Investment Fund Foundation«. Damit finanziert er auch »Extinction Rebellion«. Seit 2019 gibt es den »Climate Emergency Fund (CEF). Es wird maßgeblich finanziert von der Öl-Erbin Aileen Getty, Enkelin des Öl-Tycoons Paul Getty. 4,5 Millionen Dollar hatte sie bis Ende 2022 in den CEF gesteckt, um 43 Klima-Gruppen zu unterstützen – darunter Extinction Rebellion (XR).

Man kennt sich, man protegiert sich, man will die Welt einer globalistischen »good governance« unterwerfen.

7. Deindustrialisierung: Morgenthau 2.0?

Es steht nicht gut um Deutschlands Wirtschaft. Und damit nicht gut um die Staatsfinanzen, um die Möglichkeiten des Sozialstaates und auch der Infrastruktur. Die Arbeitslosigkeit will auch außerhalb der Wintermonate kaum sinken. Es gibt keine Frühjahrsbelebung mehr und keinen konjunkturellen Rückenwind. Im April 2024 waren 2 750 000 Menschen arbeitslos, entsprechend einer Arbeitslosenquote von 6,0 Prozent. Darüber hinaus waren 3 572 000 Menschen »unterbeschäftigt«.

Deutschland steigt ab. 2023 ist das neunte Rezessionsjahr in 75 Jahren Bundesrepublik. Für 2024 wird ein Wachstum mit einer Null vor dem Komma erwartet. Das Land nimmt nur noch Platz 22 bei der Wettbewerbsfähigkeit ein, Auslandsinvestitionen sind rückläufig seit sechs Jahren.

In Scharen verlassen Firmen, auch Traditionsfirmen, Deutschland – teilweise oder ganz: Miele, Porsche, Kärcher, Stihl, Michelin, Continental, VW, ZF. Auch Dax-Konzerne, die ihre Gewinne damit im Ausland investieren. Das ist verbunden mit massiven Stellenverlusten. Die USA, China, Polen und Tschechien locken. Die Gründe für die Abwanderung sind bekannt: Energiepreise, Klimaschutzauflagen, Löhne, Steuern, stickiges Klima, Bürokratie. Zugleich investieren immer weniger ausländische Firmen in Deutschland – aus den gleichen Gründen, die die Abwandernden nennen.

Im April 2024 verkündet Thyssenkrupp, Sinnbild deutscher Industrie, »tiefgreifende Restrukturierungen«. Im Klartext heißt das: massiver Stellenabbau. Von einem Fünftel der 25 000 Stellen, die wegfallen sollen, ist die Rede. Gründe wie oben: hohe Energiepreise, anhaltende Wachstumsschwäche, Importkonkurrenz durch Länder, die es mit dem Klimaschutz weniger genau nehmen. Es häufen sich Insolvenzen, vor allem im Bauwesen und im Textilbereich. Im Jahr 2020 waren es rund 75 Tausend, 2023 über 110 Tausend.

Im Mai 2024 wurde bekannt, dass der Chemie-Riese BASF angesichts steigender Energiepreise plant, ganze Anlagen an seinem Hauptsitz in Ludwigshafen zu verkaufen. Dies betrifft speziell die Produktion von Ammoniak, Methanol und Melamin. Derzeit investiert das Unternehmen 10 Milliarden Euro im Süden Chinas. Was stattfindet, ist ein Ausverkauf von vergleichsweise umweltverträglicher Produktion, die notwendig wäre, weil Gas- und Energieversorgung nicht mehr sichergestellt ist. In der »grünen« Ideologie heißt so etwas »Degrowth«: Schrumpfen, was das Zeug hält.

Angeschlagen sind außerdem: Alstom, Vodafone, Eberspächer Group, Wefox, Esprit, Vaillant, Ruhrchemie, Infineon, Motherson, Heubacher Gruppe, Ronal, Gienanth, Dormakaba, Brandstätter/Playmobil, Sachsen-Guss, Franken-Guss, AMS-Osram, Deutsche Edelstahlwerke, Hülsta, Sartorius, Continental, 3M, Tadano, Daimler Truck, Flender, Danish Crown, Grundfos, Evonik, Tesla, Santander, Nürnberger, Süddeutsche Zeitung, Illig, Depot, Marelli, SKF, TDK Heidenheim, Bertelsmann, DBCargo, Michelin, Webasto, Zalando, BP, Eissmann, BSH, NewWork/Xing, DPD, Landliebe, Hella, BodyShop, Venator, Magna, Hypovereinsbank, s.Oliver, Deutsche Bank, Ritzenhoff, ZF, Conti Tech, Mercedes, Bayer, Viessmann, Bosch, Galeria, Signa, Vionfood, Meyerburger, Miele, Brose, VW, Wintershall, Software AG, SAP, Arko, Hussel, Eilles, T-Systems, Unilever, Kärcher …

Seit 2021 fließt überhaupt gewaltig viel Firmenkapital aus Deutschland ab. 2021 war es ein Minus per Saldo von 100 367 Mio. Euro. Das heißt: Zuflüsse 80 483 versus Abflüsse 180 850 Millionen Euro. Im Jahr 2022 gab es 43 752 Millionen Zuflüsse versus 169 006 Mio. Abflüsse = Minus-Saldo 125 254 Mio. Im Jahr 2023 21 899 Mio. Zuflüsse versus 115 952 Mio. Abflüsse = per

Saldo ein Minus von 94 053 Mio. Auch im OECD-Vergleich steht Deutschland schlecht da: Mit fast 81 Mrd. Dollar verzeichnete es in den ersten neun Monaten des Jahres 2023 von allen OECD-Ländern den zweitgrößten Nettoabfluss an Direktinvestitionen – nur Japan kam mit 125 Milliarden Dollar Nettoabfluss auf einen noch schlechteren Wert.[99] Viele Produkte werden nicht mehr in Deutschland gefertigt. Zwei Beispiele: Immer weniger Halbleiter werden hier hergestellt. Und die vormalige Apotheke der Welt bringt nicht genügend Medikamente in die Apotheken.

NZZ-»Chefredaktor« Eric Gujer fragt am 19. Januar 2024 süffisant: Wird die Bundesrepublik zum Wohlstandsmuseum? Kann das sein? Wo SPD-Bundeskanzler Scholz doch am 25. Mai 2024 von sich gab: »Ich bin der wirtschaftsfreundlichste Bundeskanzler seit Ewigkeiten.«[100]

Industriezwerg in spe?

Es ist gar nicht so lange her, da hat der britische Politologe Anthony Glees Deutschland attestiert, es präsentiere sich im Moment – es war Herbst 2015 – als »Hippie-Staat, der nur von Gefühlen geleitet werde«. Glees sagte das damals mit Blick auf die ausgeuferte »Willkommenskultur«, die von Millionen Deutschen, nahezu allen Parteien, Kirchenfürsten, Sozial-, Asyl- und Migrationsverbänden, NGOs und dergleichen euphorisch begrüßt wurde. Deutschland kommt seither nicht mehr aus dem Krisenmodus heraus.

Dieser Meinung ist zunehmend auch das Ausland. Der US-Branchendienst Bloomberg spricht von »Niedergang« und »politischer Lähmung«. Bloomberg zeichnet im Februar 2024 in einem ausführlichen Beitrag unter dem Titel »Deutschlands Tage als industrielle Supermacht sind gezählt« (»Germany's Days as an Industrial Superpower Are Coming to an End«)[101] ein düsteres Bild über die Lage der deutschen Wirtschaft. So schreiben die Autoren, dass die Produktionsleistung in Europas größter Volkswirtschaft seit 2017 rückläufig sei, sich der Rückgang beschleunige, die Wettbewerbsfähigkeit nachlasse. Ferner dass »die Grundpfeiler des deutschen Industrieapparats wie Dominosteine umgefallen« seien.

Folgende Probleme nennt Bloomberg konkret: eine marode Infrastruktur; eine alternde Erwerbsbevölkerung; eine Überbürokratisierung; ein defizitäres Bildungssystem. Bloomberg listet zahlreiche Beispiele auf: Ein Düsseldorfer Walzwerk, das nach 124 Jahren schließen und 1600 Menschen auf die Straße setzen muss. Der französische Reifenhersteller schließt bis Ende 2025 zwei seiner deutschen Werke und verkleinert ein drittes, was mehr als 1500 Arbeitnehmer betreffen wird. Der US-Konkurrent Goodyear hat ähnliche Pläne für zwei Anlagen. GEA schließt ein Pumpenwerk in der Nähe von Mainz zugunsten eines neueren Standorts in Polen. Der Autoteilehersteller Continental AG kündigte im Juli Pläne zur Schließung eines Werks an, das Komponenten für Sicherheits- und Bremssysteme herstellt.

Einer der am stärksten betroffenen Sektoren ist die Chemieindustrie – eine direkte Folge des Verlusts von billigem russischem Gas in Deutschland. Laut einer aktuellen Umfrage des Branchenverbands VCI plant fast jedes zehnte Unternehmen, Produktionsprozesse dauerhaft einzustellen. Die BASF SE, Europas größter Chemieproduzent, streicht 2600 Stellen. Hersteller von Solarpaneelen bauen Personal ab, da sie Schwierigkeiten haben, mit staatlich unterstützten chinesischen Konkurrenten zu konkurrieren.

Nicht eingegangen ist Bloomberg allerdings auf das hausgemachte Energiedesaster, das viel mit der Abschaltung der Kernkraftwerke zu tun hat. Eine Maßnahme, die kaum ein anderes Land der Welt exekutierte. Im Gegenteil: Weltweit werden zig neue Reaktoren gebaut. So ist das eben, wenn die Welt nicht am deutschen Wesen genesen will.

Marode Infrastruktur

Auch die Basis für ein funktionierendes Wirtschaftssystem verfällt. Hier ist Dekadenz bildhaft sichtbar. Bei der letzten (eine neuere gibt es nicht) Zustandserfassung 2021/22 waren insgesamt 7112 Kilometer Autobahn-Fahrstreifen als sanierungsbedürftig eingestuft worden, bei der Erfassung von 2017/18 waren es noch 5797 Kilometer. Marode auch: Die Zahl der Bahn-Brücken, die durch einen Neubau ersetzt werden müssen, stieg trotz laufender Sanierungsarbeiten zwischen 2021 und 2023 von 1089 auf 1160. Der Umfang der dringend zu sanierenden Bahnstrecken wuchs (statt weniger zu werden) in diesem Zeitraum von 17 529 auf 17 636 Kilometer – bei einem Gesamtnetz von rund 61 000 Kilometern. Bei den Autobahnbrücken gab das Bundesverkehrsministerium die Zahl der zu sanierenden Bauwerke mit 8000 an.[102]

Straßen, Brücken, Autobahnen, Bahnnetz, Schulen, Hochschulen, Kasernen, Brücken: Es ist zum Beispiel nicht gesichert, dass im Falle einer notwenigen Verlagerung von schweren Militäreinheiten (Panzern) etwa in Richtung Osten immer der kürzeste und schnellste Weg möglich ist. Und allein der Sanierungsbedarf in Schulen (etwa sogar im Sanitärbereich) beziffert sich auf mehr als 100 Milliarden Euro.

»Morgenthau« erledigen wir selbst

Eine Horrorvision schon damals wäre der »Morgenthau-Plan« gewesen. Er war im August 1944, ein Dreivierteljahr vor dem längst absehbaren Ende des Krieges, vom damaligen US-Finanzminister Henry Morgenthau entworfen worden. Die Absicht war, das Deutsche Reich nach dem Sieg der Alliierten in einen Agrarstaat ohne militärische Potenz umzuwandeln. Es sollten alle Industrieanlagen demontiert und abtransportiert werden; wo das nicht möglich war, wollte Morgenthau sie zerstören lassen.

Die Militärregierungen sollten für 20 Jahre die Kontrolle über die verbliebene Wirtschaft übernehmen und sie vorsätzlich behindern; die Politik sollte faktisch auf Regionalverwaltungen zurückgestutzt werden. Es war ein Programm, das weit über die Auflagen des Versailler Vertrages von 1919 hinausging. US-Präsident Franklin D. Roosevelt verwarf den Entwurf.

Boshaft könnte man sagen: Deutschland braucht für eine solche Entwicklung keinen Plan von außen. Das erledigen wir selbst, allen voran die »Grünen«.

Symptomatisch: Deutschland jetzt auch noch Sportzwerg

Stellvertretend für Deutschlands Abstieg steht der Spitzensport. Die Olympischen Spiele 2024 von Paris haben das eindrucksvoll dokumentiert. Die deutsche Mannschaft hat hier nur noch 33 Medaillen und in der Nationenwertung Platz 10 errungen, das heißt nur etwa die Hälfte der Medaillen der vergleichbaren Länder Frankreich (64) und Großbritannien (65), gerade ebenso viele Medaillen wie die erheblich kleineren Niederlande (34) und deutlich weniger als das bevölkerungsmäßig erheblich kleinere Australien (53). Wohlgemerkt: Russland, früher Medaillenproduzent en masse, war ausgeschlossen.[103] Bei den Spielen von 1992 in Barcelona war die deutsche Equipe mit 82 Medaillen noch auf Platz 3 gelandet. [104] Damals sicher auch noch als Nutznießer der DDR-Sportpolitik. Aber auch hier gilt wie in der Bildungspolitik (siehe nachfolgendes Kapitel): Wenn die (vormalige) Sportnation Deutschland das Leistungsprinzip etwa durch die Abschaffung der Bundesjugendspiele außer Kraft setzt, muss man sich nicht wundern, wenn Deutschland auch hier zurückfällt.

8. Un-Bildung und Halb-Bildung

Es wäre ungerecht gegenüber den vielen qualifizierten jungen Leuten, die es nach wie vor gibt, zu sagen: Ein Symptom dieser »Bildungsnation« ist, dass Unqualifizierte, Ungelernte und Studienabbrecher in höchste Staats- und Parteiämter aufsteigen können. Man kann das als Beleg für die Durchlässigkeit unseres Sozialsystems sehen, man kann aber auch den Kopf schütteln darüber, wie das möglich ist. Alle Parteien und beide Geschlechter sind Nutznießer davon. Namen kann man sich an dieser Stelle ersparen. Nur so viel: Diese Leute treten weltweit mit einer Unbedarftheit auf, die Deutschlands Selbstverzwergung repräsentiert und zum Fremdschämen ist. Aber Dummheit hat aufgehört, sich zu schämen. Der vielfach beklagte Fachkräftemangel ist in Ministersesseln angekommen. Heinrich Zille (1858–1929) scheint hier Ratgeber gewesen zu sein: »Kinder, lernt nicht, sonst müsst ihr später arbeiten!«

Für Theodor Adorno ist dementsprechend der Feind des Wissens gar nicht das Nicht-Wissen, sondern das eingebildete, das Halbwissen. Adorno 1959 in seiner »Theorie der Halbbildung« wörtlich: »Das Halbverstandene ist nicht die Vorstufe der Bildung, sondern ihr Todfeind.« Folgen seien dann Aberglaube, Obskurantismus, Narzissmus, Angeberei, Besserwisserei. Die vermeintlich Wissenden belehren das Volk dennoch in unerschütterlicher ideologischer Verbohrtheit.

Die (vormalige) Bildungsnation wandelt zwischen Dichtung und Wahrheit. Laut Dichtung steht es um die Bildungsnation bestens: immer weniger Sitzenbleiber, immer mehr Abiturienten, immer noch bessere Noten in Schule und Hochschule, immer mehr Studenten, immer mehr Akademiker, immer mehr Promotionen, immer mehr Professoren.

Es sind dies aber oft Ergebnisse planwirtschaftlicher und politisch-populistischer Erfolgsmanipulation. Methode: Absenkung der Ansprüche. Das hat ein vormaliges Vorzeige-Bundesland ab 2011 in besonderer Weise bewiesen. Bis zum Wechsel der Landesregierung zu einer »grün« geführten lag das »Ländle« bei Leistungsvergleichen unter den ersten vier: mit Bayern, Thüringen, Sachsen. Nun hat es sich eingenistet unter den letzten: mit Brandenburg, Berlin, Bremen.

Die Wahrheiten sind anders als die Dichtungen. Realitäten in Momentaufnahmen – ausgewählte von Hunderten von möglichen[105]: Viertklässler machen rund 77 Prozent mehr Rechtschreibfehler im Vergleich zu 1972. Der qua Lehrplan für die Grundschule vorgegebene Wort-»Schatz« (!), also der Grundwortschatz, den Schüler am Ende der vierten Grundschulklasse aktiv beherrschen sollen, wurde binnen drei Jahrzehnten von 1300 über 1100 Wörter auf mittlerweile nur noch 700 Wörter heruntergefahren. In einer Abschlussprüfung in Berlin zum Erwerb des Mittleren Schulabschlusses nach der 10. Klasse lautet eine Mathematikaufgabe: »Drei Ziffern sind gegeben: 2, 3, 6. Welche ist die größte dreistellige Zahl, die aus diesen Ziffern gebildet werden kann?« 10. Klasse auf Grundschulniveau! Es herrscht ein um sich greifender historischer Analphabetismus vor: Mehr als die Hälfte kennt das Jahr des Mauerbaus nicht. Nur jeder Dritte weiß, dass die DDR die Mauer gebaut hat. Die Hälfte der Schüler kann nicht zwischen den Merkmalen von demokratischen und diktatorischen Systemen unterscheiden.

Jährlich verlassen sechzig- bis achtzigtausend junge Leute die Schule ohne Abschluss. Die Ausbildungsbetriebe halten ein Drittel der Bewerber für nicht ausbildungsfähig, zum Teil auch nicht ausbildungswillig. Hochschulen müssen für Studienanfänger Liftkurse in Mathematik, Englisch und Deutsch einrichten, weil viele junge Leute zwar studierberechtigt, aber nicht studierfähig sind. Bundesländer übrigens mit vergleichsweise niedriger Studierquote und dualer Berufsbildung stehen erheblich besser da. Und: Der Mensch beginnt nicht mit dem Abitur.

Währenddessen verhalten sich im Bildungswesen Quote und Qualität reziprok. Je höher die Quote, desto geringer die Qualität. Oder anders, politisch gewollt: Man lockt die Wählerschaft mit gefälligen Quoten, und die bekommt man durch Absenkung der Qualitätsansprüche. Dort, wo es noch streng und objektiv zugeht, zeigt sich das Desaster. Es spiegelt sich bei den theoretischen Führerscheinprüfungen wider. 2023 gab es einen neuen Negativrekord: 42 Prozent der 1,97 Millionen Aspiranten fielen im ersten Anlauf durch. 2014 waren es 32 Prozent. In der Fahr-»Praxis« scheiterten 30 Prozent (2014: 26 Prozent). Auch im zweiten Anlauf war die Erfolgsquote miserabel: 54 Prozent der Wiederholer fielen 2023 erneut durch. Gründe? Lernunlust und Bildungsmängel. Am zunehmenden Anteil von Aspiranten mit schlechten Deutschkenntnissen kann es nicht liegen, denn die theoretische Prüfung gibt es neben Deutsch in elf weiteren Sprachen.

Zudem: 6,2 Millionen Menschen oder 12,1 Prozent der erwerbsfähigen Bevölkerung können in Deutschland nicht oder nur unzureichend lesen und schreiben. Bei weiteren 10,6 Millionen Menschen oder 20,5 Prozent der Erwachsenen tritt fehlerhaftes Schreiben selbst bei gebräuchlichen Wörtern auf. Davon 60 Prozent Muttersprachler. Was allerdings im Umkehrschluss heißt: 40 Prozent sind Zugewanderte.

Pädagogik in »Marx- und Engelszungen«

So reinrassig (vulgär)marxistisch-ideologisch wie bei den 68ern und in der DDR geht es heutzutage in deutscher Pädagogik nicht mehr zu. Doch unterschwellig, allerdings verbal geschmeidiger setzen sich »linke« Vorstellungen von »Bildung« nach wie vor in beachtlicher Weise durch. Aber es gibt sie noch und wieder: die Pädagogik in »Marx- und Engelszungen« (ein Begriff übrigens, den der Liedermacher Wolf Biermann geprägt hat). Hier gibt es einige epigonale Vollendungen. Wiederum einige von vielen möglichen Beispielen!

Dazu gehört erstens die nicht enden wollende Euphorie um eine egalisierende und »klassenlose« Einheitsschule, die als Gesamtschule in Deutschland freilich eine Geschichte durchschlagender Erfolglosigkeit hinter sich hat. Je nach Regierungskonstellation – vor allem wenn sie rot-dunkelrot-grün gefärbt ist – feiert aber die Gesamtschule, verbal mittlerweile befördert zur »Gemeinschaftsschule«, fröhlich Auferstehung. Ummäntelt wird eine solche Politik gerne mit dem Schlagwort der »Bildungsgerechtigkeit«. »Abitur für alle« und »Gymnasium für alle« sind angesagt. Was daran gerecht sein soll, wenn Ungleiche gleichbehandelt werden? Jedenfalls werden die Schwächeren nicht stärker, wenn man die Starken bremst.

Und damit man ja alles total im Griff hat, wird die Verstaatlichung von Erziehung vorangetrieben – qua Ganztagsschule und mittels immer neuer Bindestrich-Erziehungen: Konsum-, Medien-, Freizeit-, Gesundheits-, Umwelt-Erziehung und anderes mehr. Das Elternhaus soll – weil Hort der Ungleichheit und des Widerstands gegen staatliche Zugriffe – entmündigt werden. Den Marxisten geht es um Entmündigung der Eltern, den Kapitalisten um den ökonomischen Nutzen, den man zieht, wenn man Frauen in die Arbeitswelt kriegt. »Vereinbarkeit von Familie und Beruf« heißt das dann. Vom Kind ist dabei nicht die Rede. Überhaupt wird unter Einflüsterung der Wirtschaft samt OECD eine Ökonomisierung von Bildung betrieben. Alles an »Bildung« soll messbar, nützlich, verwertbar sein. Der Mensch wird zum »Humankapital« verdinglicht. Das ist Neoliberalismus, ja Kapitalismus pur.

Mit der sinnlosen Pisa-Testeritis wurde dies noch verstärkt, zumal »Pisa« alles andere als ein Bildungs- oder auch nur Wissenstest ist. Bildung ist nicht das, was »Pisa« misst. Das ist vielmehr ein verarmtes Verständnis von Allgemein- und Persönlichkeitsbildung. Auf der Strecke geblieben ist außer den Fremdsprachen, dem Geschichts- und Geografiewissen usw. das konkrete Wissen und Können. Zum Beispiel der Kanon-Gedanke – der Gedanke, dass es etwa im Fach Deutsch einen Grundbestand an Literaturkenntnis, in Musik und Kunst einen Grundbestand an Werkkenntnis geben muss. Übrigens auch deshalb geben sollte, weil kanonisches Wissen eine Kommunikationsgrundlage ist und weil ein zu schmales Wissen (ein Wissen unter aller »Kanone«) Kommunikation erst gar nicht entstehen lässt.

Stattdessen sind Lehrpläne zu Leerplänen und zu Aufzählungen hohler »Kompetenzen« geworden. Da fehlt als »Bildungs«-Ziel gerade noch eine Kompetenzsimulationskompetenz. Es gilt aber nach wie vor: »Wer nichts weiß, muss alles glauben.« (Marie von Ebner-Eschenbach).

Fünf Verirrungen und deren Ursachen

Erstens: Wer die Ansprüche senkt, der bindet gerade junge Menschen aus schwierigeren Milieus in ihren »restringierten Codes« fest. Verschiedenheit ist keine Ungerechtigkeit. Vielmehr ist nichts so ungerecht wie die gleiche Behandlung Ungleicher. Außerdem: Das Prinzip Leistung und das Prinzip Auslese sind die beiden Seiten ein und derselben Medaille. Zudem ist Auslese eine notwendige Voraussetzung für individuelle Förderung von Kindern. Die antithetische Formel »Fördern *statt* Auslese« ist falsch. Es muss heißen: Fördern durch Differenzierung! Gleichmacherei gefährdet jede Anstrengungsbereitschaft.

Zweitens: Auch mittels noch so kluger Bildung ist der Mensch nicht zu allem machbar. Es gibt Unterschiede in der Begabung. Davon zu sprechen mag heute politisch nicht korrekt sein. Dennoch hat die Forschung eindeutig nachgewiesen, dass die Hälfte bis zwei Drittel des kognitiven Potenzials durch Erbfaktoren bestimmt sind. Was nicht heißt, dass nicht bei allen Heranwachsenden eine optimale individuelle Förderung notwendig ist.

Drittens: Bildung geht nicht ohne Anstrengung. Die Spaß-, Erleichterungs- und Gefälligkeitspädagogik tut den jungen Leuten nicht gut. Es hilft den jungen Leuten auch nicht, wenn man ihnen Hausaufgaben und Prüfungen erspart und wenn man ihnen »schöne« Noten und Zeugnisse aushändigt. Wir müssen Kindern vielmehr wieder mehr zutrauen und auch mehr zumuten. Sonst fällt die zerbrechliche Generation »Schneeflocke« (»generation snowflake«) noch mehr hinter die neugierigen Ost-Asiaten und Ost-Europäer zurück. Auch wenn viele Eltern wollen, dass das Kind anstrengungslos beste Noten bekommt, damit es zum Prestigeobjekt taugt.[106]

Viertens: Die Vision, Bildung digitalisiert zu vermitteln, ist ein Irrweg. Schweden und andere Länder nehmen mittlerweile von dieser Verwirrung Abstand. In Deutschland aber inszenieren sich »Bildungsexperten« – zur Freude der IT-Industrie sowie der Stiftungen von Vodafone, Telekom, Bitkom, Samsung und Co. – gerne als leidenschaftliche Befürworter eines Lernens in Laptop- oder Smartphone-Klassen. Nun heißt es: Wir brauchen didaktische Hyperlinks, elektronische Klassenzimmer, download und just-in-time-knowledge, Instant-learning, Lernanimation, Online-learning usw.

Und dann, bis hinauf in Abiturprüfungen: PPP-Powerpoint-Presentation-Kompetenz! Damit aber wird die Haltung gefördert, Verpackung sei wichtiger als Inhalt. Ein unkritischer Einsatz neuer Informationstechniken in der Pädagogik provoziert jedenfalls Kollateralschäden, die umso gravierender ausfallen, je früher dieser Einsatz beginnt. Überhaupt sollte als pädagogischer Grundsatz gelten: Analog geht vor digital, produktiv geht vor rezeptiv. Die Fähigkeit zum Umgang mit neuen Informationstechniken gehört gewiss zu den Kultur-Techniken. Es geht um Medienmündigkeit. Aber es kommt auf die Dosis an, zumal in einer Zeit, in der Heranwachsende täglich gerade eben noch 15 Minuten mit Lesen verbringen.

Fünftens: Die Probleme der Bildungsnation sind zu erheblichen Teilen importiert. Bereits seit PISA 2003 wissen wir:

Migrantenkinder in Deutschland erreichen in etwa ein nicht sonderlich ruhmreiches PISA-Ergebnis, wie etwa die Türkei: Diese lagen in allen Testbereichen um bis zu drei Schuljahre hinter deutschen Schülern. Aus mehreren PISA-Testungen ist zudem bekannt, dass die Leistungen in den Klassen bei einem Anteil von mehr als 30 Prozent migrantischer Schüler signifikant sinken. Der Demografieforscher Gunnar Heinsohn († 2023) hat die Testleistungen der Testanden bei Pisa 2018 mit und ohne Migrationshintergrund ausgewertet. Danach weisen Migrantenkinder der zweiten Generation in Kanada, den USA und Australien gleichgute oder sogar leicht bessere Pisa-Ergebnisse aus als »Alteingesessene«. In Deutschland ist es anders, hier fallen »frisch« Zugewanderte hinter das Niveau der »Alteingesessenen« zurück. Das heißt: Die Schulpolitik kann nicht ausgleichen, was eine naive Zuwanderungspolitik den Schulen – und allen Schülern! – zumutet.

Knapper Ausblick

Reformen über Reformen wurden in den Sand gesetzt, ohne Produkthaftung vonseiten derjenigen, die all dies inszeniert haben. Dabei hat jeder junge Mensch nur eine »Fertigungs«-Biografie! Es ist zu hoffen, dass Schulpolitik und Schulpädagogik wieder zurückfinden zu der Besonnenheit, Bodenständigkeit und Ehrlichkeit, die sie braucht. Mal keine Reform, das wäre mal eine Reform.

Ehrlichkeit! Das beginnt mit ehrlichen Zeugnissen, die keine ungedeckten Schecks sind und mit denen Schüler und Eltern nicht betrogen werden; und mit einer ehrlichen Sprache. Es muss Schluss sein mit Euphemismen, die die Wirklichkeit kaschieren und verbrämen sollen: Aus Schulschwänzern wurden Schuldistanzierte, gar Klimaretter, aus faulen Schülern wurden demotivierte; aus verhaltensgestörten sozial herausfordernde oder gar verhaltensoriginelle und verhaltenskreative; aus dummen

Schülern wurden einseitig begabte oder praktisch bildbare. Man sollte auch wieder den Mut haben, in Prinzipien zu denken, die notwendig sind: Anstrengung, Autorität, Disziplin, Ehrgeiz, Fleiß, Höflichkeit, Leistung, Ordnung, Pflicht.

Vor allem brauchen wir eine umfassende pädagogische Anthropologie! Freiheit vor Gleichheit! Leistung vor Verwöhnung! Eignung vor Überehrgeiz bei der Wahl der Schulform! Qualität statt Quote! Inhalte statt curricularer Nihilismen!

9. Universitäten: Massen- und Wokeness-Fabriken

Deutschland war vor mehr als 100 Jahren ein führendes Wissenschafts- und Forschungsland. Das Deutsche Reich erfuhr ab 1871 eine gewaltige Dynamik in Wissenschaft sowie in Wirtschaft und Technik: in Physik, Chemie, Elektrotechnik, Optik, Medizin, Pharmazie (Deutschland als »Apotheke der Welt«), im Eisenbahnbau, Automobilbau, Maschinenbau, Bergbau. Aus einem Agrarland mit 40 Millionen wurde ein führendes Industrieland mit 65 Millionen Menschen. Einen riesigen Schub erfuhren die deutschen Universitäten. Naturwissenschaftliche und medizinische Erkenntnisse explodierten. Die Zahl der Entdeckungen in den Bereichen Wärme, Licht, Elektrizität, Magnetismus betrug im Zeitraum zwischen 1871 und 1900 in Deutschland 2022, in Britannien und Frankreich 1704. Das machte es möglich, dass zwischen 1901 und 1914 jeder dritte naturwissenschaftliche Nobelpreis nach Deutschland ging.

Weltspitze ist Deutschlands Wissenschafts- und Forschungsbetrieb mit seinen mittlerweile 423 Hochschulen, 50 260 Professoren, rund 20 000 Honorarprofessoren, über 20 0000 Dozenten/Assistenten und rund 350 000 Verwaltungskräften nicht mehr. Das »Academic Ranking of World Universities« (das seit 2003 veröffentlichte sog. Shanghai Ranking) stellt Deutschland kein gutes Zeugnis aus. Unter den ersten 100 Universitäten finden wir 38-mal US-Universitäten, 10-mal Universitäten Chinas, 8-mal Großbritanniens.

Mit Abstand folgen deutsche Universitäten, sie nehmen Ränge ab Platz 55 ein: Heidelberg (55), Technische Universität München und Ludwig-Maximilians-Universität München (jeweils 59), Bonn (67).[107] Die Inflation an Studienabsolventen mit Bestnoten, 30 000 Promotionen pro Jahr zumeist mit Bestnoten, kann nicht über die Zweitklassigkeit hinwegtäuschen. Zugleich hat der »Bologna«-Prozess mit seiner Pseudoakademisierung seine Spuren hinterlassen. Sozial- und insbesondere Bildungs-»Wissenschaften« produzieren am Ende viele Placebos für die Lösung von Problemen, die es ohne sie nicht gäbe. Sie haben allerdings den Vorteil, dass man die Probleme, die man selbst generiert hat und für die man sich Patentrezepte ausgedacht hat, am Ende nicht beseitigen muss.

Solche »Wissenschaft« wird oft zum Wasserträger von Politik, Wirtschaft und Aktivisten- wie Lobbygruppen. »Die« Klimawissenschaft (Singular!) ist ein Beispiel dafür. Sie tritt auf mit dem Anspruch: Wenn ihr uns nicht glaubt (!), werden unsere apokalyptischen Szenarien wahr. Die Politik bedient sich solcher »Wissenschaft« gerne. »Corona« war ein herausragendes Beispiel der letzten Jahre dafür. Jetzt ist es »Klima«. Bereits 2021 hat Michael Esfeld davor gewarnt, zur Rechtfertigung rigider Corona- und Klima-Politik die »Wissenschaft« zu instrumentalisieren. Folge: Die Unabhängigkeit der Hochschulen bröckelt.[108] Der Marxismus des 21. Jahrhunderts kommt allerdings nicht mehr aus den Ländern des ehemaligen Ostblocks, sondern aus den USA (siehe das Kapitel 30, »USA – went left«).

Evaluation unerwünscht

Eine kritische Reflexion darüber ist nicht erwünscht. So »debattierte« der Bundestag am 7. Juli 2023 ganze 43 (!) Minuten lang einen Antrag der AfD-Fraktion, der überschrieben war mit: »Umgehend eine Evaluation sogenannter Agendawissenschaften durch den Wissenschaftsrat beantragen.« Als der die Sitzung leitende Vizepräsident Wolfgang Kubicki diesen Punkt ankündigt hatte, verließen die meisten Abgeordneten den Plenarsaal. Marc Jongen (AfD), früher Assistent von Peter Sloterdijk, begründet in fünf Minuten den Antrag. Er erinnert daran, was Prinzipen wissenschaftlichen Arbeitens sind: Objektivität, Ehrlichkeit, Überprüfbarkeit, Reliabilität (Verlässlichkeit), Validität (Gültigkeit), Verständlichkeit, Relevanz, logische Argumentation, Originalität, Nachvollziehbarkeit, Fairness und Verantwortung. Mit Blick auf »Agendawissenschaften« zweifelte Jongen an der Verwirklichung dieser Standards.

Es folgten neun Redner anderer Fraktionen, die den Antrag auf Evaluation in Grund und Boden verdammten. Mit Etiketten wie »Schmarrn«, »rechte Kampagne«, »Verschwörungstheorie«, »Unsinn«, »Queer-Feindlichkeit«, »Hass und Hetze«, »antidemokratisch«, »pures Framing«, »Weltbild wie vor 300 Jahren«, »Wissenschaft wie im NS-System«, »emanzipationsfeindlich«. Deutschlands oberstes Parlament bewies damit, dass es um Wissenschaft mit Haltung und um Dogmatik geht.[109] Freiheit von Forschung und Lehre laut Grundgesetz Artikel 5? Wissenschaft, Forschung und Lehre sollen doch erkenntnis- und nicht interessengeleitet sein!

Von der DFG konfektionierte Wissenschaft

Die »Forschungspolitik« ist entsprechend. Seit 2022 macht die aktuell mit 3,9 Milliarden Euro (2023) bestückte »Deutsche Forschungsgemeinschaft« (DFG) die Drittmittelvergabe davon abhängig, ob Hochschulen Gleichstellung und Diversität »durchgängig und sichtbar auf allen Ebenen« verfolgen.[110] Am 5. Juli 2022 wurde verkündet: »DFG startet neue Initiative für Gleichstellung und Diversität.«[111] Beargwöhnt werden indes kritische Forschungen und Lehrangebote zu Islam, Islamismus, Linksextremismus, migrantisch geprägter Kriminalität, Bundeswehr, Nato, Klima, Corona, Kernenergie usw.

Glasperlenspiele sollen betrieben werden in akademischen Sondermilieus. So beschreibt es der Wissenschaftshistoriker Peter J. Brenner.[112] Professuren heißen jetzt auch nicht mehr einfach nur »Genderforschung«, sondern sie werden mit dem Appendix-Zusatz »diversity« oder »Intersektionalität« geadelt: Amerikanistik und Intersektionalität, Ingenieurswissenschaften und »diversity« usw.

Die DFG geht mit gewichtigen »Empfehlungen« voran – etwa mit folgenden Projekten: »Gender-Bias-Schulungen«, Empfehlungen zur gendersensiblen Sprache, Gender-Monitorings, Erweiterung des Gender-Consultings, »All Gender«-Toiletten, Zertifikat »Gender Kompetenz« … Forschungsförderung in Deutschland eben![113] Vor allem der Kampf der »Wissenschaft« gegen Rechts, gegen Rassismus und gegen GMF (Gruppenbezogene Menschenfeindlichkeit) ist angesagt. Erforscht werden hier jedoch nicht etwa die Folgen der Migrationspolitik, sondern es werden die Kritiker der Migrationspolitik unter die Lupe genommen.[114]

Es scheint nicht um erkenntnisgeleitete, sondern um moralisierende Wissenschaft zu gehen. Also weniger um »wahr«/ »falsch«, sondern um »gut«/»böse«, weniger um Wissenschaftlichkeit als um Weltanschauung. Agenda- und Sentenzwissenschaften eben: Postcolonial Studies, Critical Whiteness Studies, Queer Studies, Gender Studies. Und als oberstes Uni-Label »ESG”: Environmental, Social, Governance. Damit aber taumelt die aktivistische Wissenschaft in die Gegenaufklärung. Leider werden davon mittlerweile sogar objektive Wissenschaften erfasst. Biologie mit ihrem Festhalten an der Zweigeschlechtlichkeit wird dann schnell zur Ideologie eines »Biologismus« erklärt.

Was Wunder, wenn die medial und politisch protegierten Professoren dann eine einseitige Darstellung von Wissenschaft und Forschung repräsentieren. Dazu zählen etwa auch Professoren, die die Bundesregierung in einem/einer der rund 25 von ihr besetzten Räte/Beiräte/Sachverständigenräte/Kommissionen beraten: zum Beispiel für Bioökonomie, Datenethik, Ethik, Klimafragen, Umweltfragen, wirtschaftliche Entwicklung, Entwicklung im Gesundheitswesen usw.

An der »woken« Spitze des »Wissenschafts«-Betriebes steht dann etwa die Präsidentin der TU Berlin, Geraldine Rauch. Sie rückte das »Netzwerk Wissenschaftsfreiheit« (NW)[115] in die Nähe rechtsextremer und verfassungsfeindlicher Organisationen. Was soll man da noch sagen, wenn Führungspersonal auf diesem Niveau »argumentiert«?[116] Es ist dieselbe Uni-Präsidentin, die antisemitische Posts »likt«, wie im Mai 2024 geschehen.[117]

Oder es inszeniert sich – um eines von vielen Beispielen zu nennen – ein sog. Exzellenzcluster »Africa Multiple« der Universität Bayreuth gegen die renommierte Frankfurter Ethnologin Susanne Schröter. Anlass war eine von Schröter organisierte Konferenz zum Thema »Migration steuern, Pluralität gestalten« am 28. April 2023.[118] 213 Hochschullehrer, davon 62 der Universität Bayreuth, wetterten gratismutig gegen Schröter: Es sei »nicht das erste Mal, dass Schröter die Verbreitung diskriminierender, islamfeindlicher und rassistischer Ideologien unter dem Deckmantel der ›objektiven Wissenschaft‹ begünstigt«.[119]

Problem Scientismus

Scientismus wurde zur neuen Religion – als Sinnproduzent. Angesagt ist: »Follow the Science!« («Folge der Wissenschaft!« – im Singular!). Welcher Wissenschaft? »Der« staatstragenden? Wer hier nicht folgt, wird schnell zum »Wissenschaftsleugner« erklärt. Jürgen Mittelstraß nennt solchen Szientismus in der Enzyklopädie »Philosophie und Wissenschaftstheorie« ein »reduktionistisches Programm« des Positivismus. Selbst die sich so aufgeklärt gebende *Zeit* frönte am 19. Februar 2021 einer naiven Wissenschaftsgläubigkeit. Sie deklamierte via Twitter: »Wissenschaftlerinnen und Wissenschaftler wie @beyond_ideology, @c_drosten und BrinkmannLab beharren zu Recht darauf, dass Forschungsergebnisse nicht diskutierbar sind.«[120]

Vergessen scheint der Spruch des Bundesverfassungsgerichts von 2004, »dass eine von gesellschaftlichen Nützlichkeits- und Zweckmäßigkeitsvorstellungen befreite Wissenschaft dem Staat und der Gesellschaft im Ergebnis am besten dient«.[121] Poppers Petitum von der Falsifizierbarkeit aller Wissenschaft scheint ebenso vergessen. Aber das spielt keine Rolle, wenn »Wissenschaft« (wieder im Singular!) und Gläubigkeit eine Allianz eingehen.

Die Studenten- und Professorenschaft

Es weht ein eigenartiger Campusgeist. Auch unter vielen »Studierenden«, die unter den mehr als drei Millionen zwar eine Studierberechtigung und viel Aktionismuspotenzial mitbringen, aber kaum eine Studierbefähigung. Alarmierend sind die Ergebnisse einer Studie, der zufolge viele Studenten der Sozialwissenschaften ihre Bereitschaft signalisieren, die Meinungsfreiheit einzuschränken. Die Befragung wurde 2020 unter knapp 1000 Studenten der Universität Frankfurt am Main durchgeführt. Die Leiter der Studie, Matthias Revers und Richard Traunmüller, lieferten den alarmierenden Befund, dass ein Drittel bis zur Hälfte der Befragten dagegen ist, Redner mit abweichenden Meinungen zu den Themen Islam, Geschlecht und Zuwanderung an der Hochschule zu dulden. Ein Drittel will gar ihre Bücher aus den Bibliotheken verbannen.[122] So entsteht ein »akademisches« Prekariat, das in – zumeist staatliche alimentierte – NGOs als »Arbeit«-Geber drängt. Vor allem aus den inflationär metastasierenden Geistes- und Sozialwissenschaften mit ihren sinnfreien Abschlüssen.

Erhebliche Teile der Studentenschaft geben sich aktivistisch und sind bereit, den Uni-Betrieb zu stören. Laut einer Studie der Universität Konstanz sind beim Thema »Migration« 48 Prozent bereit, Flyer und Werbung für einen Vortrag zu entfernen; 21 Prozent, einen Redner niederzuschreien. Beim Thema »Geschlecht« sind 42 Prozent bereit, Flyer und Werbung für einen Vortrag zu entfernen; 21 Prozent, einen Redner niederzuschreien oder am Reden zu hindern. Das heißt hochgerechnet: Unter den 3 Millionen Studenten sind Hunderttausende zu solchen Aktionen bereit.[123]

Kein Wunder, dass es dann ab Herbst 2023 an deutschen Universitäten jede Menge Veranstaltungen gegen Israel gab: Auf den Plakaten stand »Stop Colonisation«, »Condemn Genocide«. Universitäten kapitulieren vor dem Antisemitismus. Mehr als eintausend, davon über dreihundert Berliner Uni-Dozenten, haben Mitte Mai 2024 in einem offenen Brief das Recht von Studenten verteidigt, gegen Israel zu agitieren, und sich entschieden gegen die Räumung eines »Protestcamps« ausgesprochen.[124]

Der Historikerverband hat die Räumung des »Camps« brav verurteilt. Der Würzburger Historiker Peter Hoeres verließ in der Folge zusammen mit Kollegen den Historikerverband. Michael Wolffsohn schrieb am 16. Mai 2024 in der *NZZ*: »Was wir zurzeit erleben, ist die Selbstenttarnung der weichen Wissenschaft als willfährige Dienstmagd von Ideologie und Politik.«[125]

Und die Professorenschaft? Wer vom politischen Mainstream abweicht, wird übergangen. Etwa Christoph Lütge, Professor für Wirtschaftsethik an der TU München. Er hatte es sich Ende 2020 erlaubt, als Mitglied des Bayerischen Ethikrates Kritik an der Corona-Politik zu äußern. Anfang 2021 war er von Ministerpräsident Markus Söder (CSU) aus dem Ethikrat entfernt worden. Solidarität bei den anderen Ratsmitgliedern? Fehlanzeige!

Solidarität auch nicht im »Fall« des Politikprofessors Martin Wagener, den eine Einschätzung des Bundesamtes für Verfassungsschutz (BfV) im Oktober 2021 vor die Tür der Hochschule des Bundes für öffentliche Verwaltung setzte: Wagener hatte ein sehr lesenswertes Buch mit Titel »Kulturkampf um das Volk« geschrieben. Laut BfV kritisiere Wagener darin den »Ethnopluralismus«, das ergebe »Anhaltspunkte für extremistische Einstellungen«.[126]

Wenig Solidarität erlebten auch Professoren, gegen die »Cancel Culture« praktiziert wurde: Herfried Münkler, Humboldt-Universität Berlin 2015; Dieter Schönecker, Uni Siegen 2018; Bernd Lucke, Universität Hamburg 2019; Jörg Baberowski, Humboldt-Universität Berlin, 2019; Werner Patzelt, Universität Dresden 2019; Marie-Luise Vollbrecht, Humboldt-Universität Berlin, 2022; Egon Flaig, Universität Erlangen 2023; Bernd Ahrbeck, Universität Würzburg 2023.

Es ist jedenfalls alarmierend, wenn Wissenschaftler ihren Kollegen die Solidarität verweigern oder mittlerweile unter Pseudonym veröffentlichen, um ihre Karriere nicht zu gefährden. Sie veröffentlichen dann in dem 2020 gegründeten Netz »Journal of Controversial Ideas«.[127] Teile vor allem der Geisteswissenschaften wurden damit zu »Treibhäusern der Weltfremdheit«[128]. Der Deutsche Hochschulverband (DHV) hat gegen solche »Denk- und Sprechverbote« im April 2019 die Verteidigung freier Debattenkultur gefordert.[129] Er bedauerte: »Die Toleranz gegenüber anderen Meinungen sinkt …« Es ist zu hoffen, dass das Anfang 2021 gegründete »Netzwerk Wissenschaftsfreiheit« so wie der 1970 von hochkarätigen Leuten begründete »Bund Freiheit der Wissenschaft« (BFW) das Schlimmste verhindern kann. Leider wurde der BFW 2015 aufgelöst, er wäre heute wichtiger denn je.[130]

10. Kapitulation vor zunehmender Kriminalität

Es ist ein eigenartiger Umgang, den Politik und Medien mit der Kriminalität pflegen. Auf der einen Seite werden Drogen und illegale Zuwanderung entkriminalisiert, auf der anderen Seite werden bestimmte Verhaltensweisen kriminalisiert: »Corona-Spaziergänge« und deutliche Meinungsbekundungen.

Die harte Kriminalität als Gewalt gegen Personen und gegen Sachen aber wird bagatellisiert, wiewohl sie gerade in einer bestimmten Klientel explodiert. Die Polizeiliche Kriminal-Statistik (PKS)[131] für 2023 etwa weist aus: Die Zahl der Straftaten ist 2023 auf fast 6 Millionen gestiegen – ein Plus von 5,5 Prozent. Insgesamt wurden 2 246 000 Tatverdächtige gezählt. Das ist ein Anstieg um 7,3 Prozent gegenüber 2022. 923 269 dieser Tatverdächtigen (41 Prozent) haben keinen deutschen Pass – das ist ein Anstieg von 17,8 Prozent. »Pass-Deutsche« mit Migrationshintergrund nicht mitgerechnet. Doppelstaatler werden unter deutschen Tatverdächtigen erfasst. Zum Vergleich: Insgesamt leben laut Bundesinnenministerium in Deutschland etwas mehr als zwölf Millionen Menschen ohne deutschen Pass (Stand: August 2023). Bei rund 84 Millionen Einwohnern ist das ein Anteil von rund 14 Prozent.

Weitere Details aus der PKS 2023: Ausländer sind 31,5 Prozent aller Tatverdächtigen bei Vergewaltigungen, sexueller Belästigung & Co.; 53,4 Prozent aller Tatverdächtigen bei Delikten gegen das Leben; 46,4 Prozent aller Tatverdächtigen bei Raubdelikten; 41,2 Prozent aller Tatverdächtigen bei schwerer Körperverletzung.

»Ausländerkriminalität«? Suggeriert dieser Begriff nicht Ausländerfeindlichkeit? Jedenfalls wird man von Politik und »Wissenschaft« schnell belehrt, dass »Ausländerkriminalität« kein wissenschaftlicher Begriff sei, denn Täter würden nicht zu Tätern, weil sie Ausländer seien. Dann wird drauflos psychologisiert: In jeder Gesellschaft würden junge Männer nun mal straffällig; es kämen hinzu: traumatische Fluchterfahrungen; beengte, prekäre Lebensverhältnisse; die mangelnde Bereitschaft der Mehrheitsgesellschaft zur Integration; Armut und Perspektivlosigkeit seien weitere Faktoren.[132]

Wenn sich jugendliche Migranten in Stuttgart im Juni 2020 zu Hunderten zusammenrotten und eine Spur der Verwüstung hinterlassen; wenn in Berlin ebensolche Jugendliche im Juli 2023 das Columbusbad aufmischen, dann ist von »Partyszene«, von der klimawandelbedingten Hitze als Ursache oder von einem Nachholfeffekt nach den Coronabeschränkungen die Rede.

Und alles sind »Einzelfälle«, über die die Öffentlich-Rechtlichen nicht berichten, weil das ja nur »regionale« Bedeutung habe. Zum Beispiel wenn ein deutsch-türkischer Jugendlicher (15) am 10. Februar 2024 am Busbahnhof in Oberhausen auf zwei ukrainische Basketballer einstach und beide starben. Oder wenn am 10. Januar 2023 ein muslimischer 17-Jähriger eine Lehrerin in Ibbenbüren erstach.

Überhaupt spielen Messerangriffe mit gefährlicher und schwerer Körperverletzung eine zunehmend größere Rolle: Im Jahr 2023 gab es 8951 solcher Fälle, im Jahr 2022 waren es 8160. Das ist ein Zuwachs von fast zehn Prozent. Oder anders gerechnet: Jede Stunde gab es 2023 in Deutschland mindestens einen Messerangriff. Merke: Ein Jahr hat 8760 Stunden. Täter sind – mehrfach überrepräsentiert – archaisch geprägte, zugewanderte jüngere Männer, die das Messer als Waffe einsetzen. Die Zahl der in den letzten Jahren dabei in Deutschland Ermordeten ist kaum exakt rekonstruierbar. Denn nicht alle diese Morde gelangen in die öffentliche Berichterstattung wie der Messermord an einem Polizisten am 31. Mai 2024 in Mannheim und der Dreifach-Messermord am 24. August 2024 in Solingen. In Mannheim erstach der Afghane Sulaiman A. (25) gegen Mittag den Polizeihauptkommissar Rouven Laur (29) auf dem Marktplatz. Beim Volksfest zum 650-Jahre-Jubiläum der Stadt Solingen erstach der Syrer Issa al H. (26) gegen 21.30 Uhr wahllos zwei Männer (67 und 56) und eine Frau (56).

Die »hohe« Politik ließ dazu die üblichen Floskeln aus dem Zettelkasten vom Stapel, legte Blumen nieder, kündigte die »ganze Härte des Gesetzes« und »schärfere Waffengesetze« an. Mitgeführte Messerklingen sollten nur noch bis 6 Zentimeter zulässig sein, wie wenn ein Täter einen Menschen nicht auch mit einer 3-Zentimeter-Klinge oder einem Schraubendreher ermorden könnte. Vollmundiger, aber ohnmächtiger Politaktionismus war und blieb das, schließlich standen in Thüringen, Sachsen und Brandenburg im September 2024 Landtagswahlen an.

Immerhin sprechen die Innenminister der größten Bundesländer Klartext. NRW-Innenminister Herbert Reul (CDU) meinte: »Wir müssen über Ausländerkriminalität reden.« Bayerns Innenminister Joachim Herrmann (CSU) wurde deutlicher: »Ausländer sind Kriminalitätstreiber.« Reul berichtet: »Insgesamt wurden 2023 in NRW 484 642 Tatverdächtige ermittelt. 169 215 davon waren nichtdeutsche Tatverdächtige. Das ist ein Anteil von 34,9 Prozent. Der Anteil der Ausländer an der Bevölkerung in NRW liegt dagegen nur bei 15,6 Prozent.«[133]

Für Bayern stellt Herrmann fest: »Von 266 390 Tatverdächtigen sind 39,6 Prozent Nichtdeutsche.« Dabei stellt diese Personengruppe in Bayern etwa 16 Prozent der Bevölkerung. Die tatverdächtigen Zuwanderer in Bayern kommen mit 5181 Fällen aus Syrien, 4651 sind tatverdächtige Ukrainer. Es folgen Afghanen (3585), Iraker (2088), Nigerianer (1634) und Türken (1388). Erschreckend auch: Die Kriminalität von Heranwachsenden hat im Altersbereich von 14 bis 21 Jahren um zehn Prozent, bei Kindern unter 14 Jahren um fast 20 Prozent zugenommen.[134]

Herrmann sagt zu Recht: »Besonders wichtig ist, nach Verbüßen der Strafe diejenigen Ausländer möglichst unverzüglich außer Landes zu bringen, die eine Gefahr für die öffentliche Sicherheit sind.« Herrmann fordert damit etwas Ähnliches wie im Juli 1997 der damalige Ministerpräsident Niedersachsens Gerhard Schröder (SPD): »Wer das Gastrecht missbraucht, für den gibt es nur eins: raus, und zwar schnell.« Eine solche Maßnahme sollte in erster Linie für »Intensivtäter« gelten. Die Bundesregierung aber blockiert. 981 solcher Intensivtäter verzeichnete allein Sachsen-Anhalt. Das waren Täter, die laut Landespolizeidirektion im Schnitt je rund 17 Straftaten begangen hatten. Es sind viele Heranwachsende darunter.

Gewalt in Schulen

Wie ist die Lage in Deutschlands Schulen? Wir importieren dorthin immer mehr Analphabetismus und Gewalttätigkeit. Beides hat miteinander zu tun. Denn wer die deutsche Sprache nur rudimentär beherrscht, der kann Konflikte nicht sprachlich austragen. Wo Sprache versagt, regiert am Ende oft die Faust – oder das Messer. Folge: In Berlin gibt es pro Schultag im Schnitt fünf Polizeieinsätze.

Lehrer klagen über eine Verrohung der Gesellschaft sowie über Einflüsse aus den (a)sozialen Medien. Aber das ist nur ein Teil der Wahrheit. Gewalt hat in (zu) vielen Fällen mit Migrationshintergrund zu tun. Auch gegen Lehrerinnen steigt die Gewaltbereitschaft. *EMMA* berichtet: »Viele unserer Schüler mit muslimischem Migrationshintergrund sehen Frauen nicht als gleichwertige Menschen an.« Aber es wird all dies meist vertuscht. Oft bringt die Schule nichts zur Anzeige, weil es einen Imageschaden für die Schule bedeuten könnte. *EMMA* weiter: Jeder fünfte Schüler nimmt ein Messer mit in die Schule.[135] Ein »Forschender« meint allerdings am 26. März 2024 im *Spiegel*: Es gebe eigentlich weniger Gewalt auf Schulhöfen als vor 15 oder 20 Jahren. Man nehme die Taten lediglich intensiver wahr.[136]

Bei den »Guten« schaut der Rechtssaat weg

Wenn es bei kriminellen Handlungen um vermeintlich hehre Motive geht, dann drückt der Rechtsstaat das linke Auge zu. Das gilt für die – international linksextrem vernetzten – Taten der »Letzten Generation«, der »Klimakleber«, von »Extinction Rebellion«, der Aktion »Ende Gelände«, von »Friday for Future«, »Hausbesetzern« und »1.-Mai-Randalierern«.

Selbst wenn sich diese Gruppen radikalisieren und zum Beispiel SUVs und Polizeifahrzeuge »abfackeln«, SUV-Fahrer mit Lockerung der Felgenschrauben »bestrafen«/«entwaffnen«, Autobahnen und Flughäfen blockieren … Es gibt dann keine Fernsehansprache des Bundespräsidenten, des Kanzlers, der Bundesinnenministerin, des Bundesamtes für Verfassungsschutz (BfV). BfV-Präsident Haldenwang attestiert den Klimaklebern nicht einmal extremistische Absichten. Es sind dies zugleich Kämpfer gegen »weiße« Kultur« und gegen Kolonialismus, die Kunstwerke beschädigen, die im Oktober 2022 in London Tomatensuppe auf Vincent van Goghs »Sonnenblumen« schütten, im Mai 2022 in Paris einen Tortenangriff auf die »Mona Lisa« starten und sich im August 2022 in Dresden an der »Sixtinischen Madonna« festkleben. Die die Räumung des Dorfes Lützerath in NRW blockieren und Polizisten verletzen, Bahnanlagen beschädigen, Stromleitungen zum Tesla-Werk in Brandenburg sabotieren.[137] Die *taz* schreibt über letztere Tat am 11. März 2024: »Natürlich ist der Anschlag auf Tesla zu verurteilen. Aber man kann ihm auch Positives abgewinnen.« Positives![138]

Eine Art »grüne« RAF hat sich hier formiert. Eine Bezirksbürgermeisterin von Friedrichshain/Kreuzberg namens Clara Herrmann (Grüne) solidarisiert sich dann schon auch mal mit den Blockierern, die sogar Rettungsfahrzeuge behindern. Dazu kommt eine Kuscheljustiz: Allein in Berlin gibt es über 2000 Strafverfahren gegen solche Blockierer, sie gehen meist ohne Geldstrafe aus, aber sie legen die Gerichte lahm. Vorladungen der Täter vor Gericht werden nicht befolgt, man fliegt als Klimaschützer nach all dem Stress gerne mal (klimaneutral?) auf Bali.

Warum nicht Strafmündigkeit ab 12?

Immer mehr Kinder werden straffällig. Bereits 10-/11-/12-/13-Jährige wurden zu Mördern. Da reicht es nicht zu sagen: Heranwachsende müssen an die Hand genommen werden. Oder wenn Lehrer mehr Prävention fordern. Das klingt gut, aber gegen archaische Prägungen, die hier oft eine Rolle spielen, kommt man kaum an.

Zumal der Zustrom an archaisch Geprägten weiter steigt. »Eltern haften für ihre Kinder!« So heißt es in jedem Vergnügungspark. Siehe auch BGB 832: »Wer kraft Gesetzes zur Führung der Aufsicht über eine Person verpflichtet ist, die wegen Minderjährigkeit oder wegen ihres geistigen oder körperlichen Zustands der Beaufsichtigung bedarf, ist zum Ersatz des Schadens verpflichtet, den diese Person einem Dritten widerrechtlich zufügt.« Wenn diese Verantwortung nicht wahrgenommen wird, dann müssen vielleicht Transferleistungen gekürzt werden. Der Geldbeutel ist eine überzeugende Motivation. Nachzudenken wäre auch über eine Absenkung der Altersgrenze für Strafmündigkeit auf 12 Jahre.

11. Armut an Kindern, Atomisierung der Familie

Wenn Kinder als Bedrohung von Lebensqualität und Karrierechancen, wenn familiäre Bindungen als Einkerkerung und als Beschränkung von Freiheiten gesehen werden, wenn »Klimabewegte« wegen des »Klimas« keine Kinder haben wollen, dann ist das eines der sichersten Anzeichen, dass ein Land keine Zukunft haben will. Dann ist das Lust am Untergang, an Dekadenz. Die westlichen Gesellschaften setzen auf diese Verfallsdynamik. Sie vergreisen.

Urne statt Pyramide

Die Altersstruktur der Bevölkerung zumal in Deutschland belegt das. 1950 war nur jede zehnte Person (10 Prozent) auf dem Gebiet der heutigen Bundesrepublik Deutschland 65 Jahre und älter. 2021 stieg ihr Anteil auf mehr als ein Fünftel (22 Prozent). Der Anteil der jüngeren Gruppen unter 15 Jahren nahm im selben Zeitraum ab – von 23 Prozent im Jahr 1950 auf 14 Prozent im Jahr 2021. Trotz Zuwanderung![139] Das Medianalter, also das Alter, das die Bevölkerung in zwei Gruppen jünger vs. älter trennt, liegt in Deutschland bei 46,8 Jahren, in Japan gar bei 49,9 Jahren, in den USA signifikant niedriger: bei 38,9 Jahren. Zum Vergleich: In der Mehrzahl der afrikanischen Länder liegt der Median zwischen 15 und 20 Jahren, in Syrien bei 24,1, in Afghanistan bei 20,0, in Israel bei 30,0.[140] Bildhaft dargestellt, zeigt der Altersaufbau der westlichen Gesellschaften nicht mehr die Form einer Pyramide, sondern einer nach oben verdickten Urne.

Nur noch 1,36 Kinder bekam jede Frau in Deutschland 2023 im Durchschnitt. Anfang der 1960er-Jahre waren es im Schnitt 2,5 Kinder, ab 1967 2,0 Kinder, dann ab 1990 jeweils zwischen 1,4 und 1,5 Kinder. Letzteres liegt im EU-Schnitt mit 1,53 Kindern

(2020) und leicht über den Schnitten in Spanien (1,3) und Italien (1,24). Nur Frankreich liegt mit 1,84 etwas höher. In den USA war die Entwicklung noch dramatischer: 1960 brachte eine Frau dort im Schnitt 3,55 und 2022 nur noch 1,66 Kinder zur Welt.[141]

Für alle westlichen Länder gilt zudem: Je höher der formale Bildungsgrad einer Frau, desto weniger Kinder. Das ist keine taufrische Erkenntnis. Francis Galton, (1822 -1911) hatte bereits 1865 in seinem Buch »Hereditary talent and character« erkannt, dass die besonders befähigten Schichten vergleichsweise wenige Nachkommen zeugten.

Nichtwestliche bzw. nicht europäische Länder sind weitaus »generativer«. Deshalb sinkt der Anteil der europäischen Bevölkerung an der Weltbevölkerung rapide: Er machte 1950 noch 23 Prozent aus, im Jahr 2050 werden es wohl nur 5 Prozent sein.

Geburten in Tausend (gerundet)

Jahr	Deutschland	EU27	USA
1960	1313	6660	3550
1970	1013	6300	2470
1980	862	5590	1830
1990	830	4950	Zahl nicht verfügbar
2000	734	4390	2050
2010	663	4460	Zahl nicht verfügbar
2023	685	4090	1660

Über die Hälfte der Jugendlichen in Deutschland (56 Prozent) und Österreich (55 Prozent) überlegen, selbst keine Kinder in die Welt zu setzen. Das ist ein Ergebnis einer repräsentativen Umfrage des Instituts für Jugendkulturforschung in Wien und des Marktforschers T-Factory unter 2500 Jugendlichen. Die Frage hatte gelautet:

»Wie groß sind deine Sorgen, in einer Welt wie sie heute ist, Kinder zu bekommen?«

Auslaufmodell Familie

An die Stelle der Fortpflanzung durch Kinder sind ein Extremindividualismus der vermeintlich ewigen Gegenwart und ein dramatischer Funktionsverlust der Familien getreten. Womit übrigens eine Institution verschwindet, die in die Uranfänge der Menschheit zurückreicht. Dass man Vater und Mutter ehren soll, ist nicht nur ein Gebot des Alten Testaments, sondern Menschheitsüberlieferung.

Die mittlerweile vor allem im Westen der Welt in Gang gekommene Atomisierung der Ehe und der Familie hat eine Atomisierung und Destabilisierung der gesamten Gesellschaft zur Folge. Man erfand schließlich einen »inklusiven« Begriff von Familie: Unverheiratete und Alleinerziehende sollten ebenso wie Homosexuelle als »Familie« definiert werden. In rot-grünen Papieren heißt es heute: »Familie ist, wo Kinder sind.« Die Atomisierung der Familien geht mittlerweile übrigens oft über den Tod hinaus: Es gibt immer weniger Familiengräber.

In der Geschichte der Menschheit ist die Familie der älteste und wichtigste Sozialverband. Nach Jahrtausenden droht diesem Verband die Historisierung. Man nehme die Lage in Deutschland: Die Zahl der Eheschließungen ist binnen rund 40 Jahren dramatisch rückläufig. Gab es in Deutschland um das Jahr 1980 jährlich noch rund 500 000 Eheschließungen, so sind es seit dem Jahr 2000 kontinuierlich nur noch um oder unter 400 000. Im zuletzt statistisch erfassten Jahr 2022 waren es 390 743. Im Jahr 1950 waren 19 Prozent aller Haushalte Einpersonenhaushalte; 2022 sind es 41 Prozent. Das Alter bei der Erstverheiratung ist seit dem Jahr 2000, also binnen einer Generation, um rund 4 Jahre gestiegen. Zuletzt waren Frauen bei der Erstverheiratung 32,6 Jahre, Männer 35,1 Jahre alt.

Zuletzt gab es in einem Jahr 137 400 Ehescheidungen; das entspricht einer Scheidungsquote von 35,1 Prozent. Es gab hier schon einmal erheblich weniger (1960: 49 Tausend), aber auch schon erheblich mehr (2003: 214 Tausend). Die durchschnittliche Ehedauer bis zur Scheidung war zuletzt 15,1 Jahre. Es findet eine Flucht aus festen Bindungen statt, Partnerschaft wird zum Konsumgut. Es greift die sequentielle/serielle Monogamie, die eine additive Polygamie ist, um sich.

Erheblich zugenommen hat die Zahl der unehelich aufwachsenden Kinder. Anfang der 1990er-Jahre betraf das 15 Prozent, zuletzt 33 Prozent der Kinder. Bei regional erheblichen Unterschieden: In den beiden großen süddeutschen Ländern waren es rund 25 Prozent, in Bremen 41 Prozent, in den neuen Ländern 54 Prozent. Kritische Beobachter sprechen mittlerweile von großen Anteilen »entväterlichter« bzw. »entmütterlichter« Kinder. EU-weit waren es zuletzt sogar 42,7 Prozent der Kinder, die unehelich aufwuchsen. All diese Entwicklungen sind umso ausgeprägter, je größer eine Kommune ist.

Zwischenfazit: Die traditionelle Familie mit Ehe von Mann und Frau plus Kind(ern) ist zwar noch (!) die verbreitetste in Deutschland. Die Familien wurden allerdings kleiner, die Eltern sind immer älter, wenn sie Eltern werden, und die Ehen wurden labiler.

Auf diese Entwicklungen muss der Staat mit familienfreundlicher Politik reagieren. Indem er die für Kita verwendeten Gelder den Eltern zur eigenverantwortlichen Erziehung transferiert? Indem er eine Art Familienersatz schafft: durch 24/7-Krippe, 24/7-Kita, Ganztagsschule? Ob das geburtenfördernd ist oder nicht, sei dahingestellt. Jedenfalls sollte Artikel 6 (1) des Grundgesetzes in Betracht gezogen werden: »Ehe und Familie stehen unter dem besonderen Schutze der staatlichen Ordnung.« Von einer Aneignung der Kinder durch »Vater Staat« ist nicht die Rede.

Die »Ampel« entfernt sich jedenfalls immer mehr vom Grundgesetz. Mit einem neuen Abstammungs- und Kindschaftsrecht will der liberale (!) Bundesjustizminister Marco Buschmann die Familienpolitik »auf die Höhe der Zeit« bringen. Es soll etwa eine Co-Mutterschaft für lesbische Paare möglich sein: bestehend aus einer etwa qua Samenspende schwanger gewordenen »Geburtsmutter« und einer »Mitmutter«.

Ein Kernpunkt der Buschmann'schen »Neuerungen« ist zudem die Einführung von »Elternschaftsvereinbarungen«. Das sollen als »neues Rechtsinstitut« notariell beglaubigte »andere Nähebeziehungen« sein. »Kind« ist nicht dann mehr das »Ergebnis« biologischer Abstammung, sondern willkürlicher Vereinbarungen. Zumal das Kind ja auch qua »Leihmutterschaft« zustande gekommen sein kann.

Parallel soll es ein »kleines Sorgerecht« geben. Dieses gibt Alleinerziehern das Recht, Angelegenheiten des Kindes eigenständig zu entscheiden. Zudem sollen solche Befugnisse durch eine »Sorgerechtsvereinbarung« zwischen den rechtlichen Eltern und bis zu zwei weiteren beliebigen Personen geklärt werden können. Heißt das: drei oder vier »Eltern«, drei Papas, eine Mama, vier Opas, vier Omas oder was? Oder ist das die Legalisierung von Vielehen? Das Ganze nennt sich eine »Liberalisierung der bioethischen Vorschriften«. »Queere« Lobbyverbände fordern gar noch mehr: Sie wollen, dass auch »intersexuelle« Eltern und »nichtbinäre« Eltern sein können. Das Kind dann ein Etwas, das man sich wie ein Auto oder ein Sofa zulegt?

Was ist der ideologische Hintergrund? Es ist die Gender-Ideologie. Die Pläne sind Teil der »Transformation«, die die »Ampel« auf allen Feldern vorhat. Die »Ampel« handelt damit ganz im Sinne des »Kommunistischen Manifests« von 1848. Dort geht es um »Aufhebung der Familie« und die »öffentliche und unentgeltliche Erziehung aller Kinder«. Die Familie, den Linken seit eh und je ein »Fossil«, eine »Zelle des Faschismus« und ein »Hort des

Reaktionären«, soll zum Auslaufmodell werden. An ihre Stelle soll eine mehr oder weniger flüchtige Gruppenfamilie mit austauschbaren Bezugspersonen treten.

Luftig verkleidet hatte all dies der damalige SPD-Generalsekretär und heutige Bundeskanzler Olaf Scholz am 10. November 2002: »Wir wollen die Lufthoheit über den Kinderbetten erobern.« Aus diesem Spruch ist politisches Handeln geworden. Der besitzergreifende Staat lockt immer mehr (potenzielle) Eltern dazu, ihre Erziehungsverantwortung abzugeben. Viele (potenzielle) Eltern folgen diesen Verlockungen aus Karrieregründen oder Bequemlichkeit.

Abseits des fundamentalen Rechts auf freie Persönlichkeitsentfaltung, wie sie am besten in einer klassischen Familie gedeiht, müsste ein Gemeinwesen aber größtes Interesse daran haben, dass sich junge Menschen erst einmal in ihrer Familie optimal entfalten und verlässliche Bindungen erfahren. Damit erst werden Individualität, Selbstsicherheit und Sozialität gefördert. In einem zu früh einsetzenden »öffentlichen« Erziehungswesen bleiben solche Potenziale brachliegen.

Und sonst? Gibt es noch echte Väter? Oder sind viele nicht bloß Vaterattrappen als totale Frauen- und Kinderversteher? Sind manche sogar noch (über-)vorsichtiger als Mütter? Die »ödipale Mauer«, die Väter für heranwachsende junge Männer eigentlich sein sollten, gibt es kaum noch. Die Väter nehmen ihre Aufgabe, Grenzen zu setzen, nicht mehr wahr. Die Kinder merken dann umso schneller, dass sie an die Macht gekommen sind.

12. Polit-mediale Seilschaften

Es ist ein Kommen und Gehen im polit-medialen Verbund: »Medienschaffende« lassen sich von »Politikschaffenden« als Sprecher anheuern und kehren dann wieder in die Presse zurück oder kriegen ein anderes Amt. Beispiele: Anna Engelke, Sprecherin von Bundespräsident Steinmeier von 2017 bis 2022, wird zum 1. Juli 2024 Vize-Chefin des vom RBB betreuten ARD-Hauptstadtstudios und Moderatorin von »Bericht aus Berlin«. Vor 2017 war sie beim NDR beschäftigt, der ihr nach ihrem Fünf-Jahres-Ausflug ins Bellevue eine Rückkehrgarantie einräumte und sie im Februar 2022 erst mal zurücknahm. Für Anna Engelke holte sich Steinmeier im Februar 2022 Cerstin Gammelin. Früher war sie bei der *Zeit*, dann bei der *Süddeutschen Zeitung*. Bekannt wurde sie, als sie 2021 ein Buch von Robert Habeck bei der Böll-Stiftung vorstellte. Steinmeiers Kurzzeit-Redeschreiber war für eineinhalb Jahre Marc Brost, vormals Hauptstadtbüroleiter der *Zeit*. Ende 2023 zog er aus dem Bellevue aus. Seit 1. April 2024 gehört er zur *Focus*-Chefredaktion.

Was Steinmeier kann, kann Kanzler Scholz auch. Seine Regierungssprecher sind Leute, die aus dem linken Medienumfeld stammen: Regierungssprecher Steffen Hebestreit hat von 2002 bis 2013 Karrieren bei der *Frankfurter Rundschau*, beim *Kölner Stadtanzeiger* und bei der *Berliner Zeitung* hingelegt. Vorübergehend war er Angestellter der SPD, von 2014 bis Ende 2021 diente er dem damaligen Finanzminister Scholz als Pressesprecher. Die seit Januar 2022 stellvertretende Regierungssprecherin Christiane Hoffmann war ab 2013 beim *Spiegel*. Der andere stellvertretende Regierungssprecher Wolfgang Büchner war beim *Spiegel* und bei der Madsack-Gruppe inkl. RND (größte Kommanditistin bei letzterer Gruppe ist mit 23,08 Prozent die SPD).

Neben diesen Promis sind noch viel mehr »engagierte« Medienschaffende mit einem für Hofschreiber typischen Opportunismus ständig bemüht, Beweise der Loyalität gegenüber den Regierenden zu liefern. Pardon: Loyalitäten gegenüber der »Demokratie«. Der Karriere kann das nicht schaden. Überhaupt will ein beachtlicher Teil deutscher Journalisten nicht gegen die Regierenden opponieren oder einfach nur neutral berichten, sondern regierungstreuer Untertan sein und ebensolche erziehen.

Was die parteipolitische Affinität eines Großteils der Medien betrifft, hat sie sich in den vergangenen Jahrzehnten vereinseitigt: Die Linken bzw. die 68er und ihre Epigonen beherrschen die Meinungsindustrie. Die Bürgerlich-Liberal-Konservativen haben nichts dagegengesetzt. Zur Erinnerung frühere Studien, die belegen, dass der Linkstrend immer mehr Fahrt aufnahm: Der Mainzer Medienwissenschaftler Hans Mathias Kepplinger stellte 2017 fest, dass mehr als 65 Prozent der Journalisten »Grüne« oder SPD, lediglich 17 Prozent Union oder FDP wählen.

Markus Vahlefeld berichtet 2017 in seinem Buch »Mal eben kurz die Welt retten« von diversen Studien der Jahre 2005 und 2010 zur Frage der Parteienaffinität von Journalisten. Danach verorten sich bei der CDU/CSU 9 Prozent, bei der SPD zwischen 15,5 und 26 Prozent, bei der FDP 6,3 bis 7,4 Prozent und bei den »Grünen« 26,9 bis 35,5 Prozent.

Die Verbandszeitschrift »Der Journalist« hat 2020 eine Umfrage in Auftrag gegeben, um herauszufinden, in welche Richtung der Nachwuchs (Volontäre) bei der ARD tendiert. Das Ergebnis: 57,1 Prozent für die Grünen, 23,4 für »Die Linke«, 11,7 für die SPD. Unter »ferner liefen« landen die Union bei 3 und die FDP bei 1,3 Prozent. Das sind 92 Prozent für Grün-Rot-Rot.

Fast alle öffentlich-rechtlichen Intendanten haben ein Parteibuch. Und die Drehtüren zwischen Politik und Medien drehten sich schon bei Merkel gut geölt: Ulrich Wilhelm war ihr Regierungssprecher von 2005 bis 2010, von 2011 bis 2021 war er Intendant des Bayerischen Rundfunks. Steffen Seibert war ZDF-Moderator, von August 2010 bis 2021 war er Merkels Regierungssprecher. Im Juli 2022 wurde er Botschafter in Israel. Ulrike Demmer arbeitete früher bei ZDF, *Spiegel*, *Focus*, RND, RBB, von Juni 2016 bis Ende 2021 war sie stellvertretende Regierungssprecherin. Seit September 2023 ist sie RBB-Intendantin und damit Nachfolgerin der skandalumwitterten Patricia Schlesinger.

Weitere Kumpaneien: Im elfköpfigen Verwaltungsrat des Deutschlandfunks (DLF) sitzen sechs Vertreter von ARD und ZDF. Über das »Recherchenetzwerk« von WDR/NDR/*Süddeutscher Zeitung* ist ein privatrechtlich organisiertes Unternehmen (SZ) Nutznießer der Zwangsgebühren. Spiegel-TV ebenso: Diese private TV-Firma arbeitet für ZDF, ARTE, NDR, WDR und MDR – ist also ebenfalls Nutznießer der Zwangsgebühren. Verträge dieser Verbindungen werden unter der Decke gehalten.

Auch einer Kumpanei kommt es nahe, wenn das Bundesinnenministerium mit einer Millionen Euro das dpa-Projekt »Jahr der Nachricht« fördert.[142] Und wenn die Bundesregierung, zumal in Zeiten von Corona, für dreistellige Millionenbeträge Anzeigen in Zeitungen schaltet. Zum Beispiel standen »für die Informations- und Aufklärungsarbeit zur Bekämpfung des Coronavirus und für die Corona-Schutzimpfung« allein 2021 295 Millionen Euro zur Verfügung.

Bei so viel Seilschaft wäre es Zeit, dass sich die Medienschaffenden nach Art eines hippokratischen Eides einen Compliance-Eid ausdächten, der zumindest ein wenig moralischen Druck ausübt und im Kern besagt: Mit der Politik keine Kumpanei und keine Arbeitsverträge, zumindest kein Hin- und Herwandeln ohne gewisse Schamfristen! Und die Politik sollte sich gar nicht erst dem Verdacht aussetzen, sie könnte mit dem Anheuern von Journalisten Abhängigkeiten schaffen, um damit ein gutes Bild in der Öffentlichkeit vermittelt zu bekommen. Das wäre ein Stück Rückkehr zu Gewaltenteilung.

Öffentlich-rechtliche Milliardenverschwendung und Meinungsbiotope

Die »Öffentlich-Rechtlichen« ARD, ZDF und DLF mit ihren mehr als 70 Programmsparten verfügen über jährlich 10,03 Milliarden Euro: 8,4 Milliarden Euro aus Rundfunk(zwangs)gebühren, rund 1,6 Milliarden aus Werbeeinnahmen, Programmverwertung usw. Das sind aus Zwangsgebühren 23,0 Millionen täglich, 161,5 Millionen wöchentlich und 700 Millionen Euro monatlich. Zahlungspflichtig sind rund 38 Millionen Haushalte mit einer Zwangsgebühr von jährlich je 220,32 Euro. Erst 2021 war der Monatsbetrag von 17,50 auf 18,36 Euro gestiegen. Voraussetzung dafür war auch damals Einstimmigkeit unter den 16 Ländern. Das Land Sachsen-Anhalt hatte dagegen votiert, also ein Veto eingelegt, was nach Medienstaatsvertrag sein Recht ist.

Das Bundesverfassungsgericht hat indes im Juli 2021 die Erhöhung abgesegnet. Nun soll ab 2025 auf 18,94 monatlich zugelegt werden, so die »Kommission zur Ermittlung des Finanzbedarfs der Rundfunkanstalten« (KEF). Dann würden die ÖRR pro Jahr 8,67 Milliarden kassieren. Dabei ist der ÖRR Deutschlands bereits jetzt der weltweit teuerste dieser Art. Und der Gebührenzahler darf nicht einmal mit Repräsentanten in den Rundfunk- und Fernsehräten sitzen. Geschweige denn, dass er darüber transparent aufgeklärt wird, was an Programmbeschwerden eingeht.

Mit ihren Milliarden leistet sich der ÖRR üppigste Intendanten- und Direktorengehälter jenseits der Besoldung von Bundespräsident und Bundeskanzler. Die Intendanten kassieren pro Jahr 413 000 Euro (WDR), 361 000 Euro (SWR), 346 000 Euro (NDR), 340 000 Euro (BR) oder auch nur »magere« 264 000 Euro (DLF) bzw. 207 000 Euro (DW). Fünfstellige Sachbezüge nicht mitgerechnet. Für eine Intendantin legte der MDR schon auch mal für deren Pension 4 Millionen zurück. Dazu dann die Luxus-Gagen:

Die 20 Schlagerabende des MDR mit Florian Silbereisen schlugen in den Jahren 2020 bis 2023 mit 35 Millionen Euro zu Buche

Sandra Maischberger kassiert für ihre WDR-Runden pro Jahr 800 000 Euro. Insgesamt schlug »Maischberger« aber mit 4,7 Millionen Euro jährlich zu Buche. Denn: Das Ganze läuft über Maischbergers Firma Vincent Productions, deren Anteile zu 80 Prozent bei ihr liegen (die übrigen 20 Prozent hält ihr Mann). Vincent Productions kam im ersten Jahr der Vereinbarung auf einen Bilanzgewinn von mehr als 600 000 Euro. Anne-Will-Nachfolgerin Caren Miosga mit ihrer neu gegründeten und zu drei Vierteln von ihr gehaltenen Firma »MIO media TV Production« ist kaum preiswerter. Der NDR kalkuliert für 30 Sendungen jährliche Produktionskosten in Höhe von 5,8 Millionen Euro. Als Moderatorin soll Caren Miosga jährlich 570 000 Euro für 30 Sendungen bekommen, pro Abend also 19 000 Euro.

Die Öffentlich-Rechtlichen Rundfunkanstalten (ÖRR) betreiben zudem Vetternwirtschaft und politische Indoktrination. Mit der beschönigend als »Demokratieabgabe« deklarierten Zwangsgebühr wird Missbrauch betrieben: Führende Mitarbeiter und »Stars« werden fürstlich honoriert, der Wahrheitsgehalt beim Vermitteln und Kommentieren von Nachrichten sinkt Tag für Tag, Woche für Woche. Die »Demokratieabgabe« entpuppt sich als Demagogie-Abgabe. Denn die ÖRR verstehen sich zu oft als Transmissionsriemen der Regierenden; und sie liefern bevorzugt kostspielige, im Anspruch billige Ware: tendenziöse Nachrichten, volkspädagogische Kommentare, die immer gleichen Talkshow-Gäste (vulgo: »zweibeinige Wanderpokale«), »woke« Krimis, Wiederholungen über Wiederholungen. Die Frage, wofür es Hunderte an Rundfunkräten als Kontrolleure gibt, lassen wir hier außen vor.

ÖRR-Bildschirm-»Promis« gerieren auch mal gerne als Aktivisten, quasi als »Meinungssoldaten« (Begriff von Martin Walser, 1998) für die »gute Sache« bzw. was man innerhalb der eigenen Ideologie-Scheuklappen dafür hält. Ganz clever tut man das, indem man die eigene Bildschirmprominenz für die dann plötzlich ganz »private« Reichweite nutzt. Georg Restle, Chefredakteur des ARD-Politikmagazins »Monitor«, gehört dazu. Ebenso ZDF-»Wetterfrosch« Özdem Terli. Die SWR-Moderatorin Helen Fares (29) postet im Frühjahr 2024 im Internet ein selbstgedrehtes Video; sie präsentiert beim Gang durch Supermarktregale die Aufforderung, nicht zu kaufen, was mit Israel zu tun habe. »Kauft nicht bei Juden« lässt grüßen.[143]

Gewalttäter mit Migrationshintergrund – mögen sie noch so gewalttätig sein – werden medial in Schutz genommen. Das heißt: Ihr Hintergrund wird verschwiegen. In einem Regionalzug bei Hamburg sticht ein schon mehrfach durch Gewalttaten aufgefallener »Flüchtling« aus Palästina am 25. Januar 2023 wahllos auf Passagiere ein, er tötet ein junges Mädchen und einen jungen Mann. Sieben weitere Personen werden verletzt. Der ÖRR-Sender »NDR Hamburg« blendet die Herkunft des Messerstechers aus. Diese Info führe »zu einer diskriminierenden Verallgemeinerung oder zu Fehlinterpretationen«. »Korrektheit ist uns sehr wichtig«, twitterte der NDR nach ersten Protesten. Nachdem schließlich die Herkunft des Doppelmörders nicht mehr zu verheimlichen war, tauchte diese auch in ÖRR-Berichten auf.

ÖRR-Journalisten wagen den Aufstand

»Manifest für einen neuen öffentlich-rechtlichen Rundfunk«: So nennen Mitarbeiter von ARD, ZDF und Deutschlandfunk ihren Aufruf für eine umfangreiche Reform ihrer Anstalten. Es ist die bisher massivste Abrechnung mit dem ÖRR von innen. Anfang April 2024 veröffentlichten sie ein »Manifest für einen neuen öffentlich-rechtlichen Rundfunk«. Darin warnen sie: Der ÖRR als »wesentliche Säule unserer Demokratie und Kultur«, seine Grundsätze und sein Programmauftrag seien akut gefährdet.[144]

Es hat sich in diesen Branchen offenbar seit einem Jahrhundert nichts geändert. Spengler schrieb im »Untergang des Abendlandes« über die »Zeitungsmacht«[145]: »Die Presse ist heute eine Armee mit sorgfältig organisierten Waffengattungen, mit Journalisten als Offizieren, Lesern als Soldaten. Aber es ist hier wie in jeder Armee: der Soldat gehorcht blind ... Einst durfte man nicht wagen, frei zu denken jetzt darf man es, aber man kann es nicht mehr. Man will nur noch denken, was man wollen soll, und eben das empfindet man als seine Freiheit.« Und: »Ein Demokrat von altem Schlage würde heute nicht Freiheit *für* die Presse, sondern *von* der Presse fordern.« (Kursive Hervorhebung im Original)

Kaum anders und in etwa zur gleichen Zeit Karl Kraus (1874–1936): Er war ein radikaler »Antijournalist« (so Thomas Mann über ihn, als er 1913 an einem Vorleseabend von Kraus teilnahm). Selbst als Herausgeber und Hauptautor der *Fackel* tätig, benannte er die Massenmedien als »Journaille«, »Pressmafia«, »Pressköter«. Über die damals führende Wiener Zeitung *Neue Freie Presse* sagte er: Es gebe »keine Schlechtigkeit, die der Herausgeber nicht für bares Geld zu vertreten, und keinen Wert, den er nicht zu leugnen bereit« wäre.

13. Kirchen als NGO – Ersatzreligionen

Zur politisch-ideellen Basis des Westens gehört die Ablehnung jeder Art von Gottesstaat und Priesterherrschaft. Diese Ablehnung gründet auf einer Aussage von Jesus: »So gebt dem Kaiser, was des Kaisers ist, und Gott, was Gottes ist.« (Mt 22,21). Etwas Vergleichbares gibt es nicht im Islam. Auch nicht in der Ostkirche von Byzanz und später Moskau.

Im Westen, vor allem in Deutschland, werden die christlichen Kirchen freilich immer mehr Teil der Politik und des Staates. In Deutschland durch die Kirchensteuer. Ansonsten auch, weil sich die Kirchen zunehmend wie moralisierende, bisweilen auch aktivistische NGOs (eigentlich semi-staatliche Organisationen) gerieren. Die Gläubigen laufen deshalb in Scharen davon, nicht nur wegen der widerlichen Missbrauchsfälle in beiden Kirchen.

Und Gott? Wahrscheinlich ist er längst aus der Kirche ausgetreten. Jedenfalls ist der Anteil der katholischen und evangelischen Christen unter den Bundesbürgern von 72,7 Prozent (1990) auf 47,5 Prozent (2022) gefallen. Der »Missbrauch« spielt eine Rolle, das Einsparen der Kirchensteuer ebenfalls, die allgemeine westliche Säkularisierung ohnehin.

Vor allem entfremdet die Politisierung der Kirchen hin zu politisch einseitigen Moralagenturen viele Gläubige von ihrer Kirche. Sie sagen: »Wenn ich auf einen Kirchentag gehe, dann kann ich gleich auf einen Parteitag der Grünen gehen.« Kirchentage werden mit stets geringeren Besucherzahlen denn auch immer mehr zu Staatskirchentagen – bestückt mit so ziemlich allen, auch bekennend atheistischen Regierungsspitzen als Rednern, die bei ihrer Vereidigung das »So wahr mir Gott helfe« nicht über die Lippen bringen.

Links schwenkt, Marsch!

Die Politisierung der Kirchen ist im Laufe der Jahre fortgeschritten. Wieder mal wie »anno dazumal« ein Bündnis von Thron und Altar? Kirchen können eigentlich ihre Kreuze auf den Türmen demnächst durch politisch wendige Wetterfahnen ersetzen. Eine sich zivilgesellschaftlich gebende Kirche, die sich selbst in »woker« Akklamations- und Apportierattitüde gleichschaltet, braucht kein Mensch, auch kein Christ.

Wenn Kardinal Reinhard Marx, seit 2007 Erzbischof von München-Freising und von 2014 bis 2020 Vorsitzender der Deutschen Bischofskonferenz, auftritt, dann tut er dies gerne als Quasipolitiker. Dann bekundete er Kanzlerin Merkel – so im Februar 2016 – »höchsten Respekt«. Zudem kokettiert er gerne mit seinem Namen »Marx« und schreibt ein Buch mit dem Titel »Das Kapital«. »Christliches Abendland«? Damit kann seine Eminenz nichts anfangen, denn dieser Begriff wirke ausgrenzend.

»Flagge zu zeigen« »vergaßen« Kardinal Marx und Bischof Bedford-Strohm, damals noch EKD-Vorsitzender, jedoch im Oktober 2016 auf dem Jerusalemer Tempelberg. Sie entledigten sich dort ihres Bischofskreuzes. Man unterwarf sich der Vermutung, man könne dort mit Kreuz anecken, statt sich ein Beispiel zu nehmen an Papst Benedikt XVI., der zehn Jahre zuvor die Blaue Moschee in Istanbul besucht hatte – mit Kreuz. Ein Blogger hat dazu geschrieben: Und sie legten das Kreuz ab und verrieten ihren Glauben, bevor der Hahn krähte.

Die Ex-Kirchenobere Göring-Eckart erklärte Greta zur »Prophetin«. Zum Palmsonntag 2019 verglich Berlins Erzbischof Heiner Koch Greta mit Jesus und dessen Einzug in Jerusalem. Der Hildesheimer Bischof Heiner Wilmer meinte synchron, die jungen »Klimaschützer« seien »kreativ wie der Schöpfergott, geistreich wie der Heilige Geist und hellwach wie Jesus Christus«.

Selbst der Religionsunterricht wird mehr und mehr zum Politikunterricht. Statt die Schüler mit der Bibel vertraut zu machen – allein schon der Sprachschulung wegen: Denn wer weiß unter jungen Leuten heute noch, woher folgende Redewendungen kommen: Sodom und Gomorrha, sintflutartiger Regen, Goldenes Kalb, Tohuwabohu, Hiobsbotschaft, zur Salzsäule erstarren, Feigenblatt, Perlen vor die Säue werfen, danach kräht kein Hahn, das A und O, David gegen Goliath, Pharisäer sein, salomonisches Urteil.

Staatskirchentage

Auf den Kirchentagen gibt es ein Patchwork an Religionsversatzstücken und einen verkitschten Synkretismus: Astrologie, Kosmologie, Reinkarnation, Esoterik, magische und okkulte Praktiken und »Gender«. Man macht auf Anti-Fa und Anti-AfD und bietet der »Letzten Generation« sowie den »Friday-for-Future«-Schulschwänzern Plattformen.

Der Katholikentag 2022 in Stuttgart wies 1500 Veranstaltungen aus. Darunter hatten 65 mit Gender und Co. zu tun. Foren wie: »Jesus liebt Trans*« oder »Johannesevangelium queer gelesen«. Kein Wunder, wenn Kommentatoren sich Gedanken machen, ob Maria und Josef in einer offenen Patchwork-Beziehung gelebt hätten und die Zeugung Jesu ohne Penetration, also »antipatriarchal«, geschehen sei.[146] In puncto »Gender« will man nicht Letzter werden. Dass Papst Franziskus den Genderismus »die hässlichste Gefahr« unserer Zeit nannte, weil er die Unterschiede zwischen Mann und Frau auszulöschen versuche, spielt keine Rolle für deutsche Katholikenfunktionäre.[147]

Die Genesis wird ausgeblendet: »Gott *schuf* also den *Menschen* als *sein* Abbild; als Abbild Gottes *schuf er* ihn. Als *Mann und Frau schuf er sie*« (Gen 1,28). Der Katholikentag vom 29. Mai bis 2. Juni 2024 in Erfurt ist davon unbeeindruckt: 16-mal gibt es »Gender«, 21-mal »queer«, 24-mal »Klima«. Eine kleine Auswahl von Veranstaltungen dort: »Der Leib Christi ist queer – und jetzt?« »G*tt ist trans*« Die mörderische weltweite Christenverfolgung kommt natürlich wieder nicht vor. Alexander Kissler titelt in der *NZZ* vom 30. Mai 2024 zutreffend: »Der Deutsche Katholikentag ist zum Hochamt linker Gesinnungstüchtigkeit geworden.«

Und auf den Ebenen unterhalb des Zentralkomitees der deutschen Katholiken (ZdK), der Laienorganisation, die die Kirchentage ausrichtet? Der Bund der Deutschen Katholischen Jugend (BDKJ) befindet sich seit Jahrzehnten stramm auf linkem Kurs. Er betätigt sich gerne als eine Fünfte Kolonne im Kampf gegen Abtreibungsgegner und Kritiker der Ehe für alle. Auf den Websites des BDKJ finden sich schöne »woke« Themen wie: Erbschaftssteuer bis 100 Prozent; Recht auf weltweit freie Niederlassung; Abschaffung des gegliederten Schulsystems; Heirat Homosexueller; Islam als selbstverständlicher Teil Deutschlands.

Glaubensthemen? Fehlanzeige! Die Katholische junge Gemeinde (KjG) möchte 2022 zukünftig »Gott+« (ist Gott tot?) schreiben, der Bund Deutscher Katholischer Jugend hatte bereits Monate zuvor mit der Schreibweise »Gott*« sympathisiert.[148] Für linken ZdK-Nachwuchs ist also gesorgt.

Beispiel Evangelischer Kirchentag 2023 in Nürnberg: Dort gibt es rund zweitausend Einzelveranstaltungen: darunter 33-mal »Queer«, 32-mal Gender, 21-mal Feminismus, 20-mal Migration. Dazu die Themen: »Ein Leib – viele Geschlechter – Trans- und Intersexualität«; »Ver-queeres Willkommen«; »Oversexed and Underfuked«. Die *Berliner Zeitung* berichtete, dass dort Passagen aus einem Buch einer Soziologin vorgetragen wurden, die erklärte, wie man männliches (sic!) Sperma aus Textilien entfernen könne.

Unter den rund 2000 Einzelveranstaltungen, die das 522-Seiten-Programmheft ausweist, findet man »Jesus« (20-mal) oder »Christus« (36-mal). Aber: 87-mal Frieden, 71-mal Klima, 51-mal Rassismus, 33-mal Queer, 32-mal Gender, 26-mal Islam, 21-mal Feminismus, 20-mal Migration. Corona findet man 3-mal, wiewohl die Kirchen in den vier Corona-Jahren total versagt haben. Der abtreibungskritischen »Aktion Lebensrecht für Alle« (ALfA) hat man eine Teilnahme und einen Stand verwehrt. Andere Highlights: Wenn man 16 Jahre alt ist, kann man sich das Theaterstück »Vulva reloaded – Ein starkes Stück für alle Geschlechter« anschauen. Beim Abschlussgottesdienst predigt Pastor Quinton Ceasar: »Gott ist queer.«[149]

Gewiss sind die Zeiten vorbei, als ein Pfarrer in einer Predigt zur Wahl einer C-Partei auffordern konnte. Kirche darf auch nicht unpolitisch sein, wenn es um den Umgang mit Ungeborenen, Alten und Kranken sowie Armen und Schwachen geht.

Allerdings hört man von den Kirchen – wie von den Parteien – wenig davon, dass Christen weltweit die am meisten verfolgte Glaubensgemeinschaft sind. Dazu nur dröhnendes Schweigen der Politik, der Medien und der Kirchen selbst. Das christliche Hilfswerk »Open Doors« veröffentlicht seit 2003 immerhin einen »Weltverfolgungsindex«, der das Ausmaß der Verfolgung von Christen in 50 Ländern der Welt dokumentiert.

Unter den zehn christenfeindlichsten Ländern der Welt sind übrigens acht muslimisch geprägte. Platz 1 nimmt allerdings regelmäßig Nordkorea ein, dort gibt es etwa 400 000 Christen (also rund 1,5 Prozent von ca. 26 Millionen Einwohnern). Ebenfalls stets unter den vordersten zehn: Somalia, Eritrea, Sudan, Pakistan, Afghanistan.[150]

Diesseitige Heils- und Ersatzreligionen

Nach dem Versiegen der in »Großer Bruderschaft« alle Religionen umschließenden Hirngespinste von »New Age« mit der Überwindung des Fischezeitalters durch das Wassermannzeitalter haben andere Erklärungs- und Erlösungsbedürfnisse Konjunktur. Die Summe aller Glaubensdogmen bleibt somit gleich. Die Folge ist ein neuer Polytheismus: Klima, Gender, Diversität, Multikulti sind die neuen Götzen. Vorher schon hießen die Heilsvergottungen »die Gesellschaft«, »das Soziale«. Hinzu kommt der Selbsthass als Flagellantentum. »Antifaschismus«, »Antikolonialismus«, »Antirassismus« werden zum rituellen Ablassgeschäft der Selbstreinigung.

Dazu der »Klimatismus« als neue Religion. Klimabedingte Sintflut als CO_2-bedingte Sündflut! Statt des zürnenden Gottes das zürnende Klima, ferner der Weltklimarat, »grüne« Minister, ein Potsdam-Institut, zig NGOs als neue Propheten; man sieht jedes Wetter, ob kalt oder warm, ob nass oder trocken, als Vorboten der Apokalypse; man »kennt« die Schuldigen und »weiß« um die Erlösung.[151]

Die Zutaten und Strukturmerkmale von Ersatzreligionen sind wachen Köpfen längst vertraut. »Wenn man den Deutschen keine Religion gibt, so machen sie sich eine.« Diesen Satz hat Friedrich von Schlegel 1828 einige »fromm erleuchtete Geistliche« sagen lassen. Ähnlich mahnte Novalis 1799 in seinem Aufsatz »Die Christenheit oder Europa«: »Wo keine Götter sind, walten Gespenster.« Im gleichen Sinne später Ernst Jünger in den Epigrammen »Blätter und Steine«: »Die verlassenen Altäre sind von Dämonen bewohnt.«

All die quasireligiösen Versatzstücke sind neuheidnisch. Wie alle totalitären Ideologien haben sie ihre Wurzeln in einem politisch-missionarischen Messianismus als einem weltgeschichtlichen Kampf zwischen den Mächten des Guten und des Bösen. Der Bedarf an Vergewisserungen bleibt ungestillt. Erneut verfasst man Katechismen, Bibeln, Enzykliken, Dekaloge, Evangelien/Dysangelien. Man prophezeit Apokalypse, Chiliasmus, Eschatologie. Man verspricht Paradiese, hat neue Propheten, Päpste, Märtyrer, Heilige, Hohepriester, praktiziert unter Beteiligung von Spitzen des Staates Pontifikalämter samt Litaneien, Bußgängen, Lichterketten, (Reinigungs-)Ritualen, (Kinder-)Kreuzzügen. Man nimmt Weihen und Heiligsprechungen vor, gewährt »Gläubigen« oder Bekehrten Absolution. Man geht gegen »Ungläubige« und Häretiker mittels Exorzismus vor. All dies geschieht mit dem Anspruch auf Unfehlbarkeit gläubig, fromm, andächtig, ergriffen, inbrünstig, erleuchtet. Neuhochdeutsch: »woke«.

In den Worten Émile Durkheims ist dies »Religion ohne Religion«. Religion light! Raymond Aron hat dies in seinem Hauptwerk »Opium für Intellektuelle« (1955/1957) deutlich gemacht. Sein Buchtitel wurde in Anlehnung an Marx' »Religion als Opium des Volkes« gewählt. Die Assoziation zu Sigmund Freuds Diktum von Religion als »universeller Zwangsneurose« liegt nahe. Nach Freud hat Religion wie bei Zwangsneurosen die Funktion der Angstbewältigung durch Rituale und Gebote. Freud geht in »Die Zukunft der Illusion« (1927) noch weiter: Schuldgefühle sind der Nährboden für die Entstehung einer Religion.

Offenbar scheint ein »Heimweh ins Metaphysische« und damit eine Abkehr vom Rationalen eine Eigenheit gerade der Deutschen zu sein. Warum all dies? Weil der Mensch offenbar »irgendwas« wie Religion braucht. Richtig liegt Joachim Fest: »Die vom Sozialismus gebundenen Bedürfnisse nach einem Glauben und einer Daseinsbotschaft sind mit dessen Ende ziellos geworden und werden nicht lange damit warten, neue Uniformen anzulegen und unter neuen Fahnen zu neuen Fantasiereichen aufzubrechen.« Wer hier nicht mitspielt, wird als Corona- und/oder Klimaleugner, als homophob, transphob, xenophob, islamophob und damit als abweichend pathologisiert. Und mit psychisch Kranken debattiert man nicht.

Vor diesem Hintergrund zurück zu den Kirchen: Der Trend der Kirchen hin zur »Moralagentur« beraubt die Kirchen ihres Ureigensten: des Religiösen. Stephan Raabe[152] wies darauf hin, dass der vormalige Kardinal Ratzinger und spätere Papst Benedikt XVI. davor gewarnt hat, das Christentum in Moralismus aufzulösen, nämlich dadurch, dass keine Botschaft mehr sichtbar werde, die über unser eigenes Tun hinausgehe. Gottes Bodenpersonal allerdings betreibt zugleich seine eigene Säkularisierung und eine Sakralisierung von Politik.

Teil III: Ideologische Verirrungen

Die Begründungen und Impulse für die soeben dargestellten strukturellen und institutionellen Destruktionen und »Dekonstruktionen« sind ideologischer Art. Sie münden ein in eine Sehnsucht nach permanenter Veränderung und nach der Preisgabe des Eigenen sowie in eine Lust auf unstrukturierte Unübersichtlichkeit.

14. Der Machbarkeitswahn

Viele Menschen wollen ihre Begrenztheit und Unvollkommenheit nicht akzeptieren. Sie wollen – und sollen – aus sich »etwas machen«. Dazu ist der Mensch zunächst geboren. Es ist nichts Verwerfliches, wenn er nach Höherem strebt, sich bildet und weiterentwickelt. Wenn er dabei zugleich realistisch und demütig seine Grenzen akzeptiert und wenn Mitmenschen an diesem Streben keinen Schaden nehmen.

Bedenklich, ja gefährlich wird es, wenn politische oder religiöse Scharlatane als Weltverbesserer die Menschheit kollektiv, als Ganzes, nach einem bestimmten »Ideal« vervollkommnen wollen und wenn ein Streben in mörderische Maßlosigkeit und in Größenwahn hinüberkippt. So wie bei Lenin: »Der neue Mensch wird gemacht!« Solche und ähnliche Visionen einer Grenzen überschreitenden, also transzendenten Machbarkeit aller menschlichen Dispositionen eilen allerdings von einem Desaster zum nächsten, sie kosteten schon Millionen von Menschen das Leben und noch mehr Menschen ein menschenwürdiges Dasein. Weltreiche sind daran zerbrochen, wenn sie das Maß für das Machbare verloren hatten.

Die Moderne hat zugegebenermaßen viele Möglichkeiten der Optimierung der Menschheit geschaffen: Krankheiten wurden ausgerottet, die Lebenserwartung stieg in allen entwickelten Ländern. Mehr Menschen als früher konnten zumindest einen gewissen Wohlstand genießen. Aber gibt es ein endloses »Mehr, Besser, Weiter, Höher, Schneller, Gesünder, Lustvoller, Reicher«?

Viele Köpfe haben sich den Kopf zerbrochen über Selbst- oder Fremd-Optimierung des Menschen. Aber auch über die damit verbundenen Gefahren. Peter Gross erkennt eine »Multioptionsgesellschaft«, die offenbar nichts ausschließt.[153] Jost Bauch schreibt, mit der allgemeinen Optimierungssteigerung sei ein Traditions- und Obligationsverlust verbunden.[154] Wolfgang Streeck befürchtet, dass Selbstoptimierung vor allem utilitaristisch motiviert sei; er schreibt von einem »humankapitalistischen Selbstverwertungsfanatismus und –feminismus«.[155] Mann und Frau als Rädchen?

»Optimierung« von Freiheit?

Vor lauter Nützlichkeits-, »Freiheits«- und Optimierungs-Denken macht der Mensch sich zum eigenen Schöpfer. Und zum Herrn über Leben und Tod. Siehe Euthanasie und Sterbehilfe! Siehe Abtreibung! Letzteres ist am weitesten mittlerweile in Frankreich fortgeschritten, wo das »Recht auf Abtreibung« seit März 2024 aufgrund einer 90-Prozent-Mehrheit in beiden Parlamentskammern (Oberhaus und Nationalversammlung) Verfassungsrang hat. Es ist ein Zivilisationsbruch, selbst wenn es als Sieg des Feminismus glorifiziert wird. Dass Frankreichs Präsident Emmanuel Macron die Verfassungsänderung ausgerechnet am Weltfrauentag (8. März) feierlich verkünden wollte, ist grotesk.

Ein Staat, der werdenden Müttern das Recht zuspricht, einen wehrlosen Menschen töten zu lassen, erhebt sich zum Entscheider über Leben und Nicht-Leben.

Nicht wenige Ärzte in Frankreich fürchten gar, als nächstes zur Durchführung von Abtreibungen gesetzlich verpflichtet zu werden. Denn angesagt ist im Westen der Welt: »My body, my choice!« Ist dies nicht die ultimative Perversion von Freiheit? Papst Benedikt XVI. hat nicht grundlos vor einer »Anti-Kultur des Todes« und einer »Verdinglichung« des Menschen gewarnt. Zum Beispiel in der Enzyklika »Deus caritas est« (»Gott ist Liebe«).

Darüber hinaus beschleunigt ein Recht auf Abtreibung eugenische Vorstellungen. Wer kann ausschließen, dass Föten nach genetischen Kriterien selektiert werden? Eugenik ist es im weitesten Sinn auch, wenn das Kind in der Retorte gezeugt wird, wenn der Samen bzw. der Samenspender aus einem Katalog ausgesucht wird. Wenn solchermaßen ein Wunschkind »produziert« oder von einer Leihmutter ausgetragen wird.

Das ist der Versuch, sich von der Biologie zu emanzipieren. Ein solcher Versuch ist es auch, wenn Menschen, die eindeutig männlich oder weiblich sind, mittels Operation oder Hormonbehandlung das Geschlecht wechseln wollen (siehe das Kapitel 15, »Pink-rosa Marxismus«). Gleichwohl bleibt der Mensch als biologischer Organismus ein Stück Natur. Insofern sind seine Fähigkeiten nicht grenzenlos, auch wenn Sozial- und Geisteswissenschaften dem Menschen einreden wollen, die Biologie spiele keine Rolle. Transhumanismus und Künstliche Intelligenz werden diesen Trend weiter beschleunigen.

Machbarkeit durch Konditionierung

Mit Iwan Petrowitsch Pawlow (1849–1936) meint man, die »wissenschaftliche« Bestätigung für die grenzenlose Manipulier- bzw. Konditionierbarkeit zu haben, selbst wenn Pawlow nur mit Versuchshunden experimentiert hatte. 1950 hatte Stalin gar die Parole ausgegeben, dass Pawlows Ideen die »wissenschaftliche Grundlage« des Marxismus seien. Heute glaubt man wieder, via Erziehung Schöpfer spielen zu dürfen. Wie wenn das Neugeborene eine »tabula rasa« sei, auf dem Prägungen ohne Grenzen vorgenommen werden könnten. Wieder und wieder heißt es in der Pädagogik, Intelligenz und Schulerfolg seien ausschließlich determiniert durch das Milieu. Der Begriff »Begabung« scheint »out« zu sein. Wer von Begabung spricht, gilt als Biologist, ja Faschist. Der Mensch werde schließlich erst nach der Geburt »begabt« oder eben nicht.

Der Behaviorist Burrhus Frederic Skinner (1904–1990) hat auf der Basis von Experimenten mit Ratten, Tauben und Katzen Lehr- und Lernprogramme entwickelt, die in den 1960er-Jahren als »Programmierter Unterricht« eine Euphorie auslösten, aber bald in den Archiven verschwanden. Heute kehrt dieser Machbarkeitswahn wieder: als Neuropädagogik, Neurodidaktik und digitalisierte Unterrichtung. Bis hin zum Babytuning nach den »Erkenntnissen« der »neuesten« Gehirnforschung mit ihrer Synapsenzählerei und Zeitfensterfolklore.

Aber auch hier setzt die Natur gewisse Grenzen. 1969 veröffentlichte der US-Psychologe Arthur R. Jensen einen Aufsatz mit dem Titel »How much can we boost IQ and scholastic achievement?« Auf deutsch: »Wie sehr können wir Intelligenzquotient und schulische Leistung steigern?« Jensen sah hier wenig Spielraum. 1971 erschienen sowohl Eysencks Buch »Race, Intelligence and Education« als auch Herrnsteins Buch »IQ in the Meritocracy«, deutscher Titel: »Chancengleichheit – eine Utopie«. Es zeigte sich, dass eineiige Zwillinge sich – genetisch bedingt – intellektuell nicht unterscheiden, selbst wenn sie nach dem frühen Tod ihrer Eltern und getrennter Adoption in extrem unterschiedlichen Milieus aufgewachsen sind. Für »Empiristen«, also Leute, die alle intellektuellen Unterschiede auf Prägungen durch die Umwelt erklären, ist solche Forschung eine Todsünde.

Konsequenterweise gerieten »Intelligenz«, Intelligenztests und der Intelligenzquotient (IQ) in Misskredit. Dabei hätte man sehr früh wissen können, dass die Wahrheit in der Mitte liegt: Weder die genetische Disposition noch die Soziogenese können für sich allein erhellend wirken, wenn es um Fragen der intellektuellen Entwicklung geht. Nur wenn Anlagefaktoren und Umweltfaktoren zusammen gesehen werden, gewinnt man ein realistisches Bild von menschlicher Entwicklung, denn Anlage und Umwelt wirken – »synergetisch«– zusammen wie Boden und Klima: Der beste Boden bringt keine reiche Ernte, wenn das Klima miserabel ist, und das beste Klima lässt nicht üppig Früchte tragen, wenn der Boden es nicht hergibt.

Glück machen – Recht auf Rausch

Drogen waren früher Medium, um mit Göttern und Geistern in Kontakt zu treten. Dieses Ritual verkam zum Konsum zum Zwecke der Beglückung. Die 68er-Studentenbewegung skandierte: »Morgens ›n Joint – und der Tag ist dein Freund« – »Haste Haschisch in den Taschen – haste immer was zu naschen« – »High sein, frei sein, ein bisschen Terror muss dabei sein!« Maßgeblich hierfür war Herbert Marcuse (1898–1979) mit seinem Kulturheros des »orphisch-narzisstischen« Menschen, das heißt mit seiner Auflehnung gegen Mühsal und Triebverzicht sowie mit seiner Idee der Erweiterung des – »politischen« – Bewusstseins durch Drogen. Tatsächlich aber scheint es – hier im Falle der Drogen – um das Einschläfern des kritischen Geistes durch »chemische Ferien« zu gehen. In Aldous Huxleys Roman »Brave New World« (»Schöne neue Welt«) heißt diese Droge »Soma«.

Mehr als ein halbes Jahrhundert später springt die »Ampel«-Koalition auf diesen Zug auf. Unter dem dümmlichen Narrativ »Liberalisierung« machen sich rote und grüne Gesundheits(!)-Minister stark für die Freigabe von Haschisch, gar für ein »Recht auf Rausch«. FDP-Justizminister Buschmann schwärmt schon davon, dass jetzt »Dealer arbeitslos« würden und die Ermittlungsbehörden Zeit für andere Aufgaben hätten.

Seit der Änderung des Betäubungsmittelgesetzes (BtMG) zum 1. April 2024 gehört Cannabis nun nicht mehr zu den Betäubungsmitteln. Jetzt sind erlaubt: der Besitz von maximal 25 Gramm Cannabis, der Eigenanbau von höchstens drei Pflanzen, welche vor dem Zugriff durch Kinder und Jugendliche zu schützen sind; der Anbau und die Abgabe der Droge in speziellen nicht-gewinnorientierten Vereinen usw. In Cannabis Clubs dürfen pro Mitglied maximal 25 Gramm Cannabis pro Tag, 50 Gramm pro Monat und sieben Samen pro Monat besessen werden. Die Abgabe an Erwachsene unter 21 Jahren ist begrenzt auf 30 Gramm Cannabis pro Monat. Der öffentliche Konsum in Sichtweite von Schulen, Kitas o. ä. sowie in Fußgängerzonen zwischen 7 und 20 Uhr ist verboten. Alles klar? Bußgelder, Zulassungsentzug bzw. Geld-/Freiheitsstrafen sind möglich. Die Teilnahme an Frühinterventions- und Präventionsprogrammen für Minderjährige, wenn sie Cannabis besitzen oder konsumieren, ist verbindlich. Nach vier Jahren erfolgt eine Evaluation.

Der Gesetzentwurf wurde am 23. Februar 2024 vom Bundestag in namentlicher Abstimmung mehrheitlich angenommen. 404 Abgeordnete stimmten dafür (vor allem SPD, Grüne, FDP, Linke inkl. BSW), 226 dagegen (vor allem CDU/CSU und AfD), 102 gaben keine Stimme ab. Nach der Zustimmung des Bundesrates am 22. März 2024 ist das Cannabisgesetz am 1. April 2024 in Kraft getreten. Gegen alle Warnungen vom Bund der Kriminalbeamten, vom Deutschen Richterbund, vom Berufsverband der Kinder- und Jugendärzte, der Kinder- und Jugendpsychologen, der Bundespsychotherapeutenkammer, der Bundesärztekammer. Eine der Lebenslügen der Cannabis-Befürworter ist die im Zuge der Liberalisierung angeblich erfolgende Entlastung der Polizei. Denn weder Anbau noch Transport oder Verkauf sind ohne mehr Polizeikapazität kontrollierbar.

Die Entkriminalisierung des Cannabis-Konsums bereitet zudem der Justiz Sorgen. Weil das Cannabis-Gesetz eine Art Amnestie-Regelung enthält, müssen Zigtausende Akten überprüft werden. Die Münchner Staatsanwaltschaften haben »mehrere tausend Verfahren« auf etwaige Haftentlassungen durchleuchtet. Baden-Württemberg erklärte, dass das Land bereits jetzt rund 19 000 Verfahren zur Prüfung an die Strafvollstreckungsbehörden übermittelt hat.[156] Kein Wort ansonsten davon, dass die deutsche Cannabis-Politik gegen das UN-Übereinkommen zur Drogenbekämpfung – die »Single Convention on Narcotic Drugs« – sowie die restriktiven Vorgaben der UN (von 1961, 1971, 1988) sowie der EU (von 2009) verstößt.

Auch die bagatellisierend »weich« genannten Drogen können indes sehr harte Folgen haben. Vor allem in den vulnerablen Zeiten der vorgeburtlichen Phase und der Pubertät sind dauerhafte Beeinträchtigungen der Hirnfunktion die Folge. Konkret: eine Intensivierung der Emotionen, Störung des Sozialverhaltens und der Aggressionskontrolle, Abhängigkeit, Angstzustände, Depressionen, Psychosen. Und: Die Freigabe von Cannabis wird von vielen Heranwachsenden als Bagatellisierung des Cannabiskonsums wahrgenommen werden.

Klima machen?

Und schließlich der ultimative deutsche (!) Machbarkeits- und Größenwahn. Die Deutschen, die 1 Prozent der Weltbevölkerung ausmachen und 2 Prozent des weltweiten CO_2-Ausstoßes produzieren, ruinieren ihre Wirtschaft, weil sie sich einbilden (sollen), damit das Klima zu retten. Dieser Wahn hat auch das Bundesverfassungsgericht (BVerG) erfasst. Im sog. Klimaschutzurteil vom 24. März 2021 heißt es: »Künftig können selbst gravierende Freiheitseinbußen zum Schutze des Klimas verhältnismäßig und verfassungsrechtlich gerechtfertigt sein … Entsprechend wird ein CO_2-relevanter Freiheitsgebrauch immer stärkeren, auch verfassungsrechtlich gebotenen Restriktionen ausgesetzt sein.«

Und dann erst diese Zufälle! Die maßgebliche Berichterstatterin in Karlsruhe, Richterin Gabriele Britz, ist verheiratet mit Bastian Bergerhoff. Letzterer ist ein bekannter Politiker der Grünen in Frankfurt/M. Bergerhoff veröffentlichte am 29. Dezember 2020 – also recht genau vier Monate vor dem BVerG-Beschluss – ein Positionspapier mit dem Titel »2021 – Jahr des Wandels«. Maßgebliche Passagen dieses Papiers tauchten dann »zufällig« wortgleich im Beschluss des Bundesverfassungsgerichts vom 24. März 2021 auf.[157]

Apropos Nachhaltigkeit: Um die giftigen Verbundstoffe der Wind- und Solarbranche kümmert sich keiner. Alles wird einfach weitergereicht an zig nachfolgende Generationen.

Aber man empört sich über die Kernkraft, weil die Endlagerung nicht geklärt sei. Und: Wer heute den Anblick wunderbarer Landschaften genießen möchte, der muss sich Bilder von Cézanne oder Caspar David Friedrich anschauen. Denn was einst wunderbare Natur- und Kulturlandschaften waren, sind heute durch Windräder verspargelte Flächen.

15. Pink-rosa Marxismus

Alles Gender und Trans – oder was? Man hat den Eindruck, die Menschheit, zumindest die westliche, habe keine anderen Probleme. Nicht so China, nicht die islamische Welt, nicht Russland, nicht Afrika. Hier aber im Westen geht es um ein anderes Menschen- und Familienbild eines pink-rosa Kulturmarxismus.

Was steckt dahinter? Es steckt dahinter der Größenwahn, sich über Natur und Biologie hinwegsetzen zu können und alles zu sozialen Konstrukten zu erklären, die man je nach Ideologie konstruiert oder je nach ideologischer Laune de(kon)struiert. Gendermenschen, vor allem Transsexuelle, scheinen, wie es Alain Finkielkraut formuliert, »die endgültigen Helden der Emanzipation« geworden zu sein.[158]

Die Grundthese der Genderisten lautet: »Gender« ist das »soziale Geschlecht« im Gegensatz zum biologischen Geschlecht (»Sex«). Letzteres mag zwar genetisch angelegt sein, aber es sei chirurgisch bzw. künstlich-hormonell veränderbar. Nach der Gender-Ideologie gibt es also keinen kausalen Zusammenhang zwischen biologischem und sozialem Geschlecht. Es heißt zudem: Die Heterosexualität sei ohnehin ein Repressionssystem. Daher sprechen Gender-Theoretiker auch von »Zwangsheterosexualität«.

Das Gender-Frauenbild ist geprägt von Simone de Beauvoir und ihrem feministischen Klassiker »Das andere Geschlecht« (1949, deutsch 1951). Dort erklärt sie: »Man kommt nicht als Frau zur Welt, man wird es.« Die zentrale Figur in der Gender-Szene heute ist die US-»Philosophin« Judith Butler (*1965). Ihre Grundthese: Das Geschlecht werde durch Sprache und Erziehung erzeugt, nicht durch die Natur, nicht durch ein X- oder Y-Chromosom, nicht von einem Schöpfergott geschaffen. Butlers Bücher werden in einschlägigen Kreisen wie Katechismen behandelt, etwa ihr Buch »Das Unbehagen der Geschlechter« von 1991. Schlagzeilen hat Butler ab 2023 indes eher mit ihrem offenen Antisemitismus und ihrer Israelfeindlichkeit gemacht.

Das Männerbild dieser beiden Frauen scheint dann aber doch von einer biologistischen Betrachtungsweise beeinflusst: Männer hätten einfach ein falsches Chromosom, das für die Produktion von Testosteron verantwortlich sei. Testosteron aber bedeute Terror, Tyrannei, Tod und Teufel. Ohne Testosteron hätte es angeblich nie Kriege, nie Umweltverschmutzung, nie einen Klimawandel, nie Sexismus, nie Kolonialismus, nie soziale Ausbeutung gegeben. Nun, ohne den »alten, weißen Mann« gäbe es auch keine großen Errungenschaften etwa in Technik, Medizin, Philosophie, Literatur, Musik, bildender Kunst, die der ganzen Welt und all ihren Kulturen zugutekamen.

Traditionelle männliche Werte werden dämonisiert. Mittlerweile ist von »toxic masculinity« (giftiger Männlichkeit) die Rede. Das männliche Geschlecht ist das missachtete, von dem wenig übrigblieb.[159] Mit massiven Auswirkungen auch auf die Vorstellung von Väterlichkeit. Betroffen sind also auch die Väter. Man braucht sie ja eigentlich nur als Samenspender in einer dann vaterlosen Gesellschaft; teilweise haben sie sich selbst zu androgynen Karikaturen und damit für manch archaisch geprägte Zugewanderte zur leichten Beute machen lassen.

Seit der Pekinger »Weltfrauenkonferenz« von 1995 ist »Gender« Teil der Arbeit der UNO, seit dem »Amsterdamer Vertrag« von 1999 auch Teil der Arbeit der EU. Die EU möchte zum Beispiel gerne die Bezeichnungen »Parent 1/Elter 1« und »Parent 2/Elter 2« haben – statt »Mutter« und »Vater«. In Spanien sollte es laut einem Gesetz einer sozialistischen Regierung nicht mehr Vater und Mutter heißen, sondern »progenitor A« und »progenitor B«. Von einer Art Staatsgenderismus kann man sprechen, weil mittlerweile auch der Staat geschlechtliche Konstruktionen anbietet. Siehe das »Selbstbestimmungsgesetz«! Die Bundeszentrale für politische Bildung hält schon seit Jahren ein »LSBTIQ-Lexikon«

mit mehr als 60 geschlechtlichen Identitäten parat. (LSBTIQ+ = Lesben, Schwule, Bisexuelle, Transgender, Intersexuelle und queere Menschen.)[160]

Wehe, jemand tickt anders. Das Sportgericht des Deutschen Fußball-Bundes (DFB) hat den Verein Bayer 04 Leverkusen am 30. Januar 2024 zu einer Geldstrafe von 18 000 Euro verurteilt. Grund war ein Spruchband, das Fans des Vereins am 25. November 2023 bei einem Auswärtsspiel bei Werder Bremen gezeigt hatten. Darauf war zu lesen: »Es gibt viele Musikrichtungen, aber nur 2 Geschlechter«. Der Verein akzeptierte das Urteil. Am 3. Februar 2024 hatten die Fans des Drittligisten Dynamo Dresden sich ein Beispiel an den Leverkusen-Anhängern genommen. Beim Auswärtsspiel gegen den FC Ingolstadt war auf einem Transparent zu lesen: »Es gibt nur einen lächerlichen DFB … und zwei Geschlechter!« Der *Tagesspiegel* schreibt am 6. Februar 2024 erbost: »Es ist nicht das erste Mal, dass Fans des sächsischen Vereins durch Queerfeindlichkeit auffallen. Bereits im vergangenen Jahr stand auf einem Banner: Stoppt LGBTQ-Propaganda!«. Damals dauerte es zwei Tage, bis der Verein sich öffentlich entschuldigte.

Gender-, Queer- und Trans-»Pädagogik«

Sogar Gender-»Pädagogik« hat längst Fuß gefasst – sehr intensiv in Berlin. Dort hat der Schulsenat 2011 einen »Medienkoffer« als Teil der Initiative »Selbstbestimmung und Akzeptanz sexueller Vielfalt« erstellen lassen. Diese Initiative war 2009 einstimmig von allen (!) Fraktionen des Abgeordnetenhauses beschlossen worden. Konzipiert wurde der Koffer von »Queerformat«, einem Verbund von Vereinen, die über »lesbische, schwule, bisexuelle und Transgender-Lebensweisen« aufklären wollen. In einer Handreichung für Lehrer finden sich Unterrichtsbeispiele, in denen Heranwachsende pantomimisch »Orgasmus«, »Porno« oder »Sado-Maso« darstellen sollen. Und in Rollenspielen sollen sie ein Coming-out üben, zum Beispiel, um der Familie ihre Homosexualität zu beichten.

Seit 2017 gibt es für Berliner Kitas eine 140 Seiten starke amtliche Handreichung mit dem Titel: »Murat spielt Prinzessin, Alex hat zwei Mütter und Sophie heißt jetzt Ben.« Der Untertitel verrät, wohin die Reise geht: »Sexuelle und geschlechtliche Vielfalt als Themen frühkindlicher Inklusionspädagogik.« Verantwortlich zeichnet unter anderem »QUEERFORMAT«. Es folgen die Kapitel »Geschlechtervielfalt: Von der Zweigeschlechtlichkeit zur Vervielfältigung von Geschlecht«; »Papi, Papa und ich! Zur Situation von Kindern aus Regenbogenfamilien«; »Ich bin nicht Emil, ich bin Charlotte.«

Apropos »Murat«: Was wohl seine türkischen Eltern davon halten? Regelmäßig, so etwa in München, lässt man Männer als Dragqueens im Kindergarten auftreten – das ist ein Mann, der sich im Habitus als Frau ausstattet. Polemik am Rande: Aber man will Kindern aus »anti-rassistischen« Gründen verbieten, sich als Indianer zu verkleiden.

Eine gigantische Verirrung

Zweigeschlechtlichkeit ist nun einmal die Basis der Fortpflanzung. Sie ist das Resultat von mehr als einer Milliarde Jahren Evolution. Dennoch fing bereits in den Nullerjahren ein »wissenschaftlich« verbrämter Gender-Rummel an: Mit Dissertationen, Studien und Buchtiteln wie »Doing Gender im Chemieunterricht«, »De-Gendering informatischer Artefakte: Grundlagen einer kritisch-feministischen Technikgestaltung«, »Undoing Gender in der Schule«, »Wissen und Geschlecht: Zur Problematik der Reifizierung der Zweigeschlechtlichkeit in der feministischen Schulkritik«. Dazu jede Menge »Gender«-Professuren, von weit über 200 ist die Rede. Wobei man die Zahl nicht genau erfassen kann, denn diese Professuren sind ja oft anders benannt. Wie zum Beispiel die der

Professorin für »Soziale Arbeit« der Universität Bielefeld, Barbara Theissen, die vom evangelischen *Sonntagsblatt* am 6. Mai 2022 als »Gender-Expertin« mit der Aussage zitiert wird: »Der Muttertag befördert überholte Geschlechter-Stereotype.«

Aber alles ist ein Problem von Minderheiten, das zum allgemeinen Problem befördert werden soll. Eine Umfrage des Bundesinnenministeriums vom Oktober 2020 unter den 16 deutschen Ländern ergab: 394-mal wurde der Eintrag »divers« gewählt, 1191-mal wurde ein Wechsel männlich zu weiblich bzw. weiblich zu männlich registriert. Die Rentenversicherung berichtet 2020 von 644 »divers«-Einträgen. Operative Geschlechtsanpassungen gab es im Jahr 2005: 419; im Jahr 2021: 2598: In der Mehrzahl zwischen dem 20. und 30. Lebensjahr; zu zwei Dritteln Transfrauen, zu einem Drittel Transmänner.[161] Laut »LGBT+ Pride 2021 Global Survey« von »Ipsos« benennt sich 1 Prozent der Erwachsenen »transgender«, »non-binary/conforming/gender fluid«. Bei Personen, die vor 1965 geboren wurden, sind es deutlich weniger; unter 1981 bis 1996 Geborenen 2 Prozent; unter 1997 und später Geborenen 4 Prozent.[162] Laut im Juni 2024 veröffentlichtem »Zensus 2022« führen 969 Personen den Eintrag »divers«; das sind 0,001522 Prozent der Bevölkerung.[163]

Hinter allem steht eine einflussreiche Lobby: die World Professional Association für Transgender Health (WPATH). In Deutschland gibt es zahlreiche entsprechende Gruppierungen. Im Vorfeld der Bundestagsentscheidung vom 12. April 2024 haben unter insgesamt 54 Organisationen im Juni 2023 bei der Bundesregierung 20 aus dem Spektrum von LSBTIQ+ eine Stellungnahme zum Selbstbestimmungsgesetz abgegeben. »Staatlicherseits« angeführt werden sie vom Staatssekretär im Bundesfamilienministerium Sven Lehmann (Grüne); er ist der erste »Queerbeauftragte« der Bundesregierung. Bekannt wurde er mit dem Post: »Welches Geschlecht ein Mensch hat, kann kein Arzt von außen attestieren.«[164] Die *Zeit* assistiert am 26. Januar 2022 online: Die

Vorstellung, Geschlecht habe irgendetwas mit dem Körper zu tun, ist »die Ideenwelt eines Sechstklässlers«.[165]

Das Bundesministerium für Familie, Senioren, Frauen und Jugend (BMFSFJ) ist verlinkt mit der Website »Regenbogenportal«.[166] Dort kann man 26 Seiten lesen zum Thema »Geschlechtliche und sexuelle Vielfalt«. Stand 10. Juli 2023 findet sich auf Seite 10 der Satz: »Für ältere Kinder besteht die Möglichkeit der Gabe von sogenannten Pubertätsblockern.« Das sei allerdings »unumkehrbar«. Diese Werbung stammt aus der Regierungszeit von Merkel/Giffey und Co. Apropos Giffey: Sie postete am 8. März 2022 auf Facebook, zu diesem Zeitpunkt Berlins »Regierende«, den Satz: »Die SPD setzt sich für die Gleichstellung aller Frauen ein – unabhängig ihres sozialen Hintergrunds, ihres Geschlechts (sic!), der sexuellen oder geschlechtlichen Identität …«

Die LSBTIQ+-Lobby diffundiert mittlerweile in alle Bereiche der Gesellschaft hinein: in die »Leit«-Medien samt ARD/ZDF/DLF, in die Kirchen, in die Universitäten, in Schulen und Kindergärten, in die linken Parteien. Nein, nicht nur in die linken Parteien: Die »queere« Ideologie hat sich auch in den vordersten Rängen der CDU festgesetzt. Der Verband Lesben und Schwule in der Union (LSU) ist ein 1998 gegründeter Verein, der seit dem 9. September 2022 den Status einer Sonderorganisation der CDU hat. CDU-Vizevorsitzende Karin Prien am 27. März 2024 auf X dazu: »Die Kategorien Mann und Frau bilden eine Art Rahmen, innerhalb dessen vielfältige Ausprägungen von Geschlechtlichkeit möglich sind – sowohl genetisch, anatomisch und hormonell als auch psychologisch und sozial.«

Auch sonst zeigt man sich als Unionist gerne auf »queeren« Veranstaltungen und mit »queeren« Protagonisten. NRW-Ministerpräsident Hendrik Wüst (CDU) positionierte sich am 3. Juli 2022 in der vordersten Reihe hinter einer Regenbogenfarbe zur Eröffnung der »ColognePride« des Kölner Christopher Street Day (CSD): freudestrahlend vereint mit Claudia Roth (Grüne) und dem Queer-Beauftragten der Bundesregierung Sven Lehmann (Grüne).

Wüsts Parteifreund und Landeschef-Kollege Kai Wegner, Regierender Berliner Bürgermeister, posiert am 22. Juli 2023 beim Berlin-CSD. Bei dieser Gelegenheit kündigt er an: »Meine feste Zusage für diesen Berliner Senat ist: Wir wollen den Artikel 3 des Grundgesetzes ändern. Da muss die sexuelle Identität mit rein. Das ist mein Versprechen.« Und Wegner versicherte: »Wir werden das gemeinsam mit euch auch hinbekommen.«[167]

Im Berliner CDU/SPD-Koalitionsvertrag 2023–2026 vom 26. April 2023 (Titel: »Für Berlin das Beste«, 136 Seiten) ist dann zu lesen: »Die Koalition wird die Weiterentwicklung der Initiative ›Berlin tritt ein für Selbstbestimmung und Akzeptanz geschlechtlicher und sexueller Vielfalt' (IGSV) unter Beteiligung der LSBTIQ+-Communitys im Jahr 2023 abschließen und anschließend finanziell stärken. Struktur- und Projektförderungen sollen stärker intersektionale Aspekte berücksichtigen.«

Insgesamt 340 Projekte etwa folgender Art (Auswahl) sind vorgesehen: Mitarbeiter in den Verwaltungen sollen den CSD oder das »Lesbisch-schwule Stadtfest« besuchen, »um das Land Berlin als diversitysensiblen Arbeitgeber zu präsentieren«. Ein jährlich wiederkehrender »Pride Office Day« ist geplant. Die Berliner Polizeibehörde verpflichtet sich, mehr Aus- und Fortbildungen durchzuführen zum Thema »LSBTIQ+ und Vielfalt«. Reformiert werden soll das Abstammungsrecht, »so dass die Belange von LSBTIQ+ Menschen und insbesondere die Rechte von lesbischen und schwulen Paaren sowie trans und nicht-binären Menschen vor allem in Zusammenhang mit Elternschaft gestärkt werden«. Die Gaststättenverordnung soll gegebenenfalls »erforderliche Anpassungen« vornehmen, »um die Einrichtung von Sanitärräumen für alle Geschlechter zu fördern«.

In Berlin soll ein »queeres Black, Indigenous and People of Colour (BIPoC) Zentrum« entstehen, »wo Ressourcen gebündelt und Awareness-Trainings angeboten werden«. Die Abschiebungen will die Senatsverwaltung für Inneres bei »schutzbedürftigen LSBTIQ+ Geflüchteten« im Zweifel aussetzen. In Schulen sollen ausgedachte Vornamen und Geschlechtszugehörigkeiten nicht nur von Lehrern, sondern auch auf Zeugnissen akzeptiert werden.

Lehrern wird die Biologie der Zweigeschlechtlichkeit untersagt, denn sog. LSBTIQ+-Themen sind künftig für sie in der pädagogischen Ausbildung verpflichtend. Damit das funktioniert, sollen in Schulen »Kontaktpersonen« (Polit-Kommissare?) installiert werden, die für »LSBTIQ+ Themen und Mehrfachdiskriminierung sensibilisiert« sind. Und wörtlich: »Die Koalition wird eine:n »Queer-Beauftragte:n der Landesregierung Berlin für die Akzeptanz sexueller und geschlechtlicher Vielfalt« schaffen. Die 12 Bezirke benennen jeweils eine Person als Queerbeauftragte:n als Vollzeitstelle.« Vorausgegangen war im Mai 2023 bereits die Ankündigung des Senats, in der Nähe des Berliner Alexanderplatzes 72 Mietwohnungen samt Kulturzentrum und Kiez-Café für lesbische Frauen zu bauen.[168]

Der Trans-Hype

Ab 1. November 2024 ist es ohne große Umstände gesetzlich möglich, das eigene Geschlecht je nach Wunsch amtlich neu definieren zu lassen. »Man« kann sich etwa als Mann zur Frau erklären, einen weiblichen Vornamen annehmen und umgekehrt. Das Ganze kann man im Standesamt durch Selbstaussage festlegen, pro Jahr allerdings »nur« einmal. Seit 12. April 2024 gibt es dafür das »Selbstbestimmungsgesetz«. Es wurde vom Bundestag mit der Mehrheit der »Ampel«-Koalition in dritter Lesung verabschiedet. Das Gesetzgebungsverfahren war am 28. November 2023 von der Farce einer 90-Minuten-Anhörung flankiert worden. 11 Experten waren zugegen: Sechs Professoren aus den Bereichen Psychiatrie, Psychologie, Jura saßen zusammen mit NGO-Vertretern (Institut für Menschenrechte, Bundesverband Trans*, Transgender Europe, Frauenrat). In voller Länge heißt das Gesetz nun so: Gesetz über die Selbstbestimmung in Bezug auf den Geschlechtseintrag (SBGG).

Eine ausführliche Darstellung der Historie des Gesetzes, beginnend 1978 mit einem Urteil des Bundesverfassungsgerichts, und des Gesetzgebungsverfahrens von 2023/2024 findet sich im Netz.[169] Die wesentlichen neuen Bestimmungen sind folgende: Es ist jetzt möglich, dass jede Person – anders als nach dem Gesetz von 1980 – ohne Vorlage eines ärztlichen Attests standesamtlich ihren Geschlechtseintrag und ihren Vornamen ändern kann. Für Minderjährige bis 14 Jahre sollen die Sorgeberechtigten die Änderungserklärung abgeben. Jugendliche ab 14 Jahren sollen die Erklärung selbst abgeben können, allerdings mit Zustimmung der Eltern. In Fällen, die innerhalb einer Familie strittig sind, kann das Familiengericht entscheiden, was im Interesse des Kindeswohls ist.

Um sicherzustellen, dass hinter der gewünschten Änderung eine ernsthafte Entscheidung steht, ist eine einjährige Sperrfrist vorgesehen. Es kann ein Bußgeld verhängt werden, wenn jemand die Änderung des Geschlechtseintrags von transgeschlechtlichen, nichtbinären oder intergeschlechtlichen Personen gegen deren Willen offenbart (»dead naming«; sogenanntes Offenbarungsverbot). Das Bußgeld kann bis 10 000 Euro gehen.

Fachliche Expertise in den Wind geschlagen

Ein Syndrom namens »Genderdysphorie« bzw. »Genderinkongruenz« greift um sich. Fachsprachlich heißt es: »Rapid Onset Gender Dysphoria«. Das meint: Ein Mensch fühlt sich in einem falschen Körper. Es ist daraus eine Art »Trans-Hype« geworden. Selten bis gar nicht ist allerdings die Rede davon, dass ein Zurück nach einer Geschlechtsumwandlung (»De- oder Retransition«) sehr schwierig ist.

Bereits am 6. September 2019 hat eine hochkarätige Fachärztin in der *FAZ* den Begriff »Transgender-Hype« geprägt und kritisch durchleuchtet. Es ist Annette Richter-Unruh, Fachärztin an der Ruhrklinik Bochum. In ihrer Klinik hatte sie 2006 drei entsprechende Patienten, 2019 bereits 200, vor allem Mädchen und Frauen. Es ist von langen Wartelisten und exponentiell steigenden Zahlen die Rede. Auch in anderen westlichen Ländern: Binnen zehn Jahren gab es in Schweden eine Zunahme um 1500 Prozent, in Großbritannien um 4000 Prozent.

Alexander Korte ist Facharzt für Kinder- und Jugendpsychiatrie und Psychotherapie am LMU-Klinikum München. Seit 2004 behandelt er Jugendliche mit Geschlechtsdysphorie. Korte hat im gleichen Jahr wie Annette Richter-Unruh in *EMMA* vom 17. Dezember 2019 ebenfalls vor einem regelrechten »Trans-Hype« gewarnt. Er fragt: Wird nicht-rollenkonformes Verhalten einfach wegoperiert? Vor allem Mädchen sprengen zunehmend nicht ihre Geschlechterrolle, sondern wechseln sie einfach.[170]

Anfang Juni 2022 hat Korte vor einem öffentlich-rechtlichen, indoktrinierenden »Gender-Hype« gewarnt. Er hatte dies zusammen mit Co-Autoren in einem Gastartikel am 1. Juni 2022 in der Springer-Zeitung *Welt* veröffentlicht. Der Titel war mit Blick auf die Transgender-Ideologie: »Wie ARD und ZDF unsere Kinder indoktrinieren.«[171] Springer-Vorstandschef Döpfner schlug am 3. Juni 2022 zurück und diskreditierte Kortes Beitrag öffentlich als »intolerant und ressentimentgeladen«. Man darf vermuten, dass Döpfner dies mit Rücksicht auf die mächtige US-Gender-Lobby tat; er wollte das US-Politmagazin »Publico« kaufen und sah diese Pläne wohl gefährdet.

Korte sagt konkret über das »Selbstbestimmungsgesetz«: »Besonders problematisch sind … die vorgesehenen Regelungen bei Minderjährigen … Wer, wenn nicht ein/e Facharzt/-ärztin für Kinder-/Jugend-Psychiatrie, soll die Bewertung vornehmen, ob die Änderung der Angaben zum Geschlecht und der

Vornamen dem Kindeswohl entspricht (oder diesem zuwiderläuft), und ob Elternrechte ausreichend berücksichtigt werden und Jugendliche mit vollendetem 14. Lebensjahr regelhaft in der Lage sind, Bedeutung, Tragweite und Folgen einer solchen Entscheidung einschätzen zu können … Wir wissen aus Langzeitstudien, dass sich die Selbstdiagnose ›trans‹ im Entwicklungsverlauf vieler Kinder/Jugendlicher nachträglich als Fehleinschätzung herausstellt.«

Die Fachleute sehen in Sachen »Genderdysphorie« zudem eine Art sozialer »Ansteckung« via Social Media – ähnlich wie bei Anorexie (»Magersucht«). Es dürfte klar sein, dass junge, in der Pubertät nun einmal oft verunsicherte Menschen dann »googeln«, um Auswege zu finden. Sie finden dann mehr als 40 000 Videos, die zu »Transition« allein auf Youtube kursieren.

Das mediale Drumherum

Die Öffentlich-Rechtlichen zogen bei »trans« mit: Der WDR mit der »Sendung mit der Maus« etwa. Dort erklärt eine Katja (vormals Erik), was es bedeutet, »trans« zu sein. Katja wurde als Mann geboren. Doch schon früh merkte sie, dass sie sich mit ihrem biologischen Geschlecht nicht identifizieren kann: »Man wird geboren mit männlichen Geschlechtsorganen, also mit einem Penis, und weiß aber tief im Inneren, das ist man nicht. Ich bin eine Frau«, erklärt Katja.[172] ZDF »Logo« zeigte am 9. Oktober 2021 den Transgender-Jungen Tim. Im Vorspann heißt es: »Der 13-jährige Tim ist transgender. Er wurde mit dem Körper eines Mädchens geboren, fühlt sich aber als Junge.« (In der ZDF-Mediathek nicht mehr aufrufbar.)

Um »nicht-binäre« Menschen geht es ZDFneo im Mai 2022 in einer sechsteiligen »Instant-Dramaserie«. Die Vorankündigung las sich so: »›Becoming Charlie‹ erzählt von Charlies Suche nach Identität. Charlie fühlt sich weder als Frau noch als Mann. Doch was ist Charlie dann?« (In der ZDF-Mediathek ebenfalls nicht mehr aufrufbar).

Neu geschaffene Probleme

Dieses »Selbstbestimmungsgesetz« ist Murks. Allein schon, weil sich Männer qua Sprechakt zu Frauen erklären können und dann Zugang zu allen Bereichen, die zum Schutz von Frauen und Mädchen geschaffen wurden, hätten: Frauenhäuser, öffentliche Toiletten, Frauenumkleiden und -duschen in Schulen und Sportstätten, Frauengefängnisse, Zimmer für Frauen in Krankenhäusern und Pflegeeinrichtungen sowie separierte Bereiche für Frauen und Mädchen in Unterkünften für Geflüchtete.

Die TERF-Gruppe (Trans-Exclusionary Radical Feminists), also die Gruppe der trans-ausschließenden radikalen Feministinnen, will das keinesfalls. Die Leidtragenden sind ansonsten Betreiber von Fitnessstudios, Saunen usw. Ungeklärt ist die Wertung von sportlichen Leistungen von Transfrauen (also »biologischen« Männern) in Wettkämpfen. Starten sie in der Männer- oder in der Frauenklasse bzw. in welcher Mannschaft?

Ungeklärt ist, wie man verhindern kann, dass Straffällige einfach ihren Namen ändern, um leichter einer Strafverfolgung zu entgehen. Unklar ist, wie mit Transmännern/Transfrauen bei der Einberufung in die Bundeswehr im Spannungs- und Verteidigungsfall umzugehen ist. Ungeklärt ist, wie Gleichstellungspolitik und Frauen-/Mädchenförderprogramme mit Transfrauen umgehen. Kann man mit Transfrauen die Frauenquote pushen? Unklar ist, wie die Schulen mit Kindern bzw. deren Klassen umgehen, wenn es zu einer »Transition« kommt. Unklar ist, ob Schulen (dritte) Toiletten und Umkleidungsräume schaffen müssen. Unklar ist, welchem Sportunterricht Trans-Kinder zugewiesen werden.

Entmündigung und Konfusion von Eltern?

Vor allem Paragraph 3 des SBGG ist problematisch. Denn: Lehnen Eltern einen Geschlechtswandel eines Kindes zwischen

14 und 18 Jahren gegen dessen Wunsch ab, sind Standesämter verpflichtet, das dem Familiengericht zu melden. Vor diesem Gericht müssen die Eltern dann nachweisen, dass der Geschlechtswandel gegen das »Kindeswohl« steht. Das läuft auf eine Beweislastumkehr hinaus: Eltern müssen vor Gericht nun nachweisen, dass ihr Widerspruch begründet ist.

Noch weiter geht die Regelung für Kinder zwischen fünf und 14. »Bei der Ablehnung eines Wunsches nach Änderung des Geschlechtseintrags und der Vornamen müssen das Kindeswohl und der Entwicklungsstand des Kindes im Zentrum stehen«, heißt es im Gesetz. Widersprechen Eltern dem Wunsch nach einem Geschlechtswandel vor Vollendung des 14. Lebensjahrs, werden sie zum Fall fürs Gericht: »Das Familiengericht kann jederzeit von Amts wegen oder auf Anregung der Beteiligten (des Minderjährigen, der Eltern) wie auch Dritter (dem Jugendamt, Beratungsstellen, Vertrauenspersonen) tätig werden.« Damit eröffnet das Gesetz queeren Interessengruppen die Möglichkeit, Kinder zu ermutigen, ihre Eltern vor Gericht zu bringen. Und nicht nur das: Widersetzen sich Eltern dem Geschlechtswandel etwa eines achtjährigen Kindes, kann das Gericht einen »Ergänzungspfleger« bestellen.

Internationale Entwicklungen

In Großbritannien und in den USA hat sich das Syndrom »Genderdysphorie« zum Teil verfünfzigfacht. Eine unrühmliche Rolle in Großbritannien spielte über Jahre hinweg die 1920 gegründete »Tavistock-Klinik« in London. Dort war ein »Gender Identity Development Service« (GIDS) als pädiatrische Abteilung eingerichtet worden. Diese Klinik wurde schier zum Tempel für die Trans-Lobby. Dort wurden Pubertätsblocker zum Teil bei Kindern eingesetzt, die noch keine zehn Jahre alt waren, chirurgische Eingriffe wurden am Fließband vorgenommen.

Im Frühjahr 2023 wurde Tavistock vom National Health Service (NHS) geschlossen.[173] Bis dahin boomte das »Geschäft«. Hatte es 2010 dorthin noch 138 Überweisungen durch Ärzte gegeben, waren es 2020 bereits 2383, 2021 mehr als 5000: Insgesamt wurden in Tavistock geschätzt rund 19 000 Geschlechtsumwandlungen vorgenommen. Viele Betroffene klagen jetzt vor Gericht.[174] Die englische Gesundheitsbehörde National Health Service NHS hat den Einsatz von Pubertätsblockern bei sogenannten »Transkindern« verboten. Begründung: Über die langfristigen Wirkungen ist viel zu wenig bekannt.[175]

In Deutschland gibt es über 60 auf »Transmedizin« spezialisierte Kliniken, vier sind Universitätskliniken. Bezeichnend: In einigen Kliniken rangiert die Transmedizin unter »Plastisch-Ästhetische Chirurgie«. In München zum Beispiel in den Dr.-Lubos-Kliniken mit 60 Ärzten. Die Klinik wirbt mit dem Slogan »Schritt für Schritt zum wahren Ich«.

16. Grenzenlosigkeit

Grenzen zu haben bzw. zu kennen hat mit Identität zu tun. Das ist eine anthropologische Grundbefindlichkeit. Entgrenzung dagegen ist ein Albtraum, weil vertraute Distanzen und Räume verschwinden. Der Mensch definiert sich eben auch dadurch, dass er weiß und spürt, was nicht zu ihm gehört. Identität heißt insofern, sich »definieren« (lat. »finis« = Grenze) und von anderen unterscheiden zu können. Fehlende Grenzziehungen führen zu Identitätskrisen.

Für den Medien- und Kulturwissenschaftler Frank Böckelmann ist Grenzenlosigkeit und Weltoffenheit eine »Emanzipation ins Leere«. Scharfsinnig kommt Böckelmann zu dem Urteil: »Statt alle Welt auf das Gebot der Nächstenliebe zu verpflichten, lieben wir unsere Nächsten wie uns selbst, also zunächst einmal gar nicht ...« Folge: All die wohlklingenden Losungen leiten uns in ein Dasein ohne Herkunft, Heimat, Nachkommenschaft und Transzendenz.[176]

Gegen all diese Grundsätze sind Grenzenlosigkeit und Entgrenzung angesagt. Man will und soll die Grenzen des Möglichen und des Erkennens überschreiten. Übrigens auch als Entgrenzung der Zweigeschlechtlichkeit (siehe dazu das vorige Kapitel 15). Jetzt heißt es »No Borders!« »No Nations!« Das gilt vor allem für die Deutschen, deren Charakter Immanuel Kant in diesem Zusammenhang 1786 so beschreibt: »Der Deutsche ... ist an sein Vaterland nicht leidenschaftlich gefesselt ... Er hat keinen Nationalstolz; hängt gleich als Kosmopolit auch nicht an seiner Heimat. In dieser aber ist er gastfreier gegen Fremde als irgend eine Nation.«[177]

Wobei man vergisst, dass es in einer grenzenlosen »One World« kein Exil und kein Asyl mehr gibt. Und dass man dann nicht mehr auswandern kann.

Der Philosoph und Ex-SPD-Kulturstaatsminister Julian Nida-Rümelin betont, dass es »zum kollektiven Selbstbestimmungsrecht einer Bürgerschaft, die sich in einem Staat organisiert hat, gehört, zu entscheiden, ob sie kulturelle, soziale und ökonomische Veränderungen akzeptiert oder nicht. Es gibt keine moralischen Gründe, die sie zwingen könnte, dieses Selbstbestimmungsrecht aufzugeben.« Mit anderen Worten: Es ist unhaltbar, die Lebensplanung von Migranten höher zu bewerten als das Selbstbestimmungsrecht der Einheimischen.[178]

Wer kommt, wer darf, wer soll?

Gewiss ist die Weltgeschichte auch eine Geschichte der Einwanderung. Aber die »Migration« nach Europa und im Besonderen nach Deutschland läuft seit einigen Jahren völlig aus dem Ruder. Wer kommt in Europa an? Es sind die vitalsten jungen Männer, die obendrein viel Geld aufbringen konnten, die Schleuserdienste zu bezahlen, und die dann Familiennachzug fordern. Und mit denen Analphabetismus und Gewaltbereitschaft importiert wird.

Viele dieser »Flüchtlinge« verschleiern ihre Identität auch. Im Jahr 2020 gab es in Deutschland 416 000 »Flüchtlinge« mit dem Geburtsdatum 1. Januar. Eine medizinische Altersbestimmung hinsichtlich der Frage der Strafmündigkeit vor oder nach dem 18. Geburtstag wie auch eine Auswertung der Mobiltelefone hinsichtlich der Herkunft gibt es nicht, weil das gegen Datenschutz und Persönlichkeitsrechte verstieße. Dass die Terroristen, die am 13. November 2015 im Pariser Bataclan-Theater 129 Menschen ermordeten, über »poröse Grenzen« eingereist waren, scheint vergessen.

Den deutschen und europäischen Arbeitsmarkt sollen die »Zugewanderten« angeblich bereichern. Würden sie das wirklich können, dann würden sie in ihren Herkunftsländern fehlen. Und EU und Deutschland würden sich eines Kolonialismus 2.0 schuldig machen. Massenauswanderung aus Afrika und dem westlichen Asien hilft den Herkunftsländern keineswegs bei der Lösung ihrer Probleme. Für die Ankunftsländer aber wird die Zuwanderung, wenn sie in der Dimension von Millionenstädten stattfindet, bedrohlich und destabilisierend.

Der Migrationsdruck hat mit dem »Youth bulge« (»Jugendüberschuss«) zu tun. So nannte der Wirtschaftswissenschaftler und Soziologe Gunnar Heinsohn dieses Phänomen, der davon überzeugt war, Kriege würden in der Regel nur von kinderreichen Ländern geführt.[179] Er hat daraus einen »Kriegsindex« errechnet, und zwar als Relation zwischen 55- und 59-jährigen Männern kurz vor der Rente und 15- bis 19-Jährigen. Deutschland hat einen Kriegsindex von 0,66: Auf 1000 alte folgen 666 junge Männer. Der Kriegsindex im Gazastreifen ist zehnmal so hoch. Auf 1000 alte folgen über 6000 junge Männer. In Afghanistan ist es genauso. In Nigeria (derzeit mit 206 Millionen Menschen, 2050 vermutlich mit 400 Millionen) liegt der Kriegsindex bei fünf.

Aber »wir« meinen, mit ein paar Mittelmeerbooten würden wir dieses Problem lösen. Hintergrund: In den zentralafrikanischen Staaten stellen die 0- bis 14-Jährigen einen Bevölkerungsanteil von 40 bis 43 Prozent. In den EU-Staaten macht diese Altersgruppe 15,2 Prozent aus, in Deutschland gar nur 12,8. Von daher verwundert es nicht, dass in den Subsahara-Ländern laut Gallup-Befragung 39 Prozent gerne ihre Länder dauerhaft verlassen möchten.

Das Zuwanderungschaos hatte in Deutschland am 4./5. September 2015 mit der totalen Grenzöffnung durch Merkel begonnen. Womit sie implizit der AfD einen gewaltigen Schub an Wählerstimmen brachte. Die deutschen Grenzen wurden nicht geschlossen, sie standen sperrangelweit offen, und tun es bis heute. Merkels Begründung in einem Interview vom 7. Oktober 2015: 3000 Kilometer deutscher Grenzen könne man nicht schützen.

Dabei waren in den Tagen nach dem 5. September 2015 sämtliche Einheiten der Bundespolizei bereits in Alarmbereitschaft versetzt und 21 Hundertschaften mit Bussen aus ganz Deutschland an die deutsch-österreichische Grenze gebracht worden, um am 13. September 2015 die deutsche Grenze wieder zu schließen. Die Bundespolizei durfte aber nicht eingreifen. Die langfristigen Folgen sind bekannt: In der Summe halten sich derzeit weit über zwei Millionen »Schutzsuchende« in Deutschland auf. Einen echten Asylgrund haben nur wenige Prozent. Flüchtlinge aus der Ukraine nicht mitgerechnet.

Von der »Ampel« wird der Missbrauch des Asylrechts mittlerweile weitgehend mitgemacht. Mitte Mai 2022 schickte sich Innen- und Heimat-Ministerin Faeser an, »Heimat« umzudeuten: »Heimat« für »alle Menschen, egal, woher sie kommen, was sie glauben, wen sie lieben.« Dann kam ein neues Chancen-Aufenthaltsrecht samt Erleichterungen bei der Fachkräfteeinwanderung. Es wurde zudem der Familiennachzug erleichtert, indem für nachziehende Angehörige das Erfordernis eines Sprachnachweises entfällt.

Die »Ampel« hat ein neues »Staatsangehörigkeitsrecht« auf den Weg gebracht, das am 27. Juni 2024 in Kraft trat. Es wird die Einbürgerung hier lebender Ausländer weiter erleichtern. Nun wird die normale Frist auf fünf Jahre verkürzt werden, bei »besonderen Integrationsleistungen« auf nur drei Jahre. Kein Hindernis dürfte der Einbürgerungstest sein. Ausreichend sind 17 richtige Antworten auf insgesamt 33 Fragen, die zufällig aus einem Korpus von 300 Fragen ausgewählt wurden, der online zugänglich ist. Dabei gab es bereits 2023 insgesamt 200 100 Einbürgerungen: Das ist ein Plus an 31 000 gegenüber 2022. Von den 200 000 »Neubürgern« 2023 sind 75 000 Syrer, davon wiederum zwei Drittel Männer. Mittlerweile wirbt die »Ampel«-Regierung sogar in arabischer Sprache für den deutschen Pass. Nicht ganz zu Unrecht macht das Wort von einer Verramschung des deutschen Passes die Runde.

Grenzenlosigkeit à la UNO und EU

Ende 2018 verspricht der »Migrationspakt« der UNO Migration als Quelle des Wohlstands, der Innovation und der nachhaltigen Entwicklung; er klammert allerdings den entscheidenden Grund für Migrationsströme, nämlich die anhaltende Bevölkerungsexplosion in Afrika sowie im Nahen und Mittleren Osten, völlig aus. Zur Unterzeichnung des Paktes ist die damalige Kanzlerin Merkel im Dezember 2018 extra nach Marrakesch geflogen. Humanitäre Beweggründe sollen ihre Motive für dieses Handeln und für deren rechtswidrige Grenzöffnung vom Spätsommer 2015 gewesen sein, gar ihr »Eingesperrtsein« bis 1989 in der DDR.

Am 26. März 2019 verabschiedet das EU-Parlament (EP) die Entschließung »Grundrechte von Menschen afrikanischer Abstammung«. Es wird suggeriert, hier gehe es um »Afro-Europäer«, »afrikanische Europäer«, »schwarze Europäer«, »Menschen afro-karibischer Herkunft« oder »Schwarze karibischer Herkunft«, »die in Europa geboren wurden oder Staatsbürger bzw. Einwohner europäischer Staaten sind«. Mitnichten! Denn in Punkt 23 des Maßnahmenkataloges heißt es: Das EP »fordert die Kommission und die Mitgliedstaaten auf, unter Berücksichtigung der bestehenden Rechtsvorschriften und Verfahren dafür zu sorgen, dass Migranten, Flüchtlinge und Asylbewerber auf sicherem und legalem Wege in die EU einreisen können«.

All das geht an den Problemen vorbei. Hauptproblem ist die Bevölkerungsexplosion in Afrika. Über Jahrzehnte hinweg waren daran die Kirchen nicht unschuldig. Jetzt ist es der Islam, der die Bevölkerungsexplosion antreibt. In Afrika könnten es 2050 2,5 Milliarden (derzeit 1,5 Milliarden) Menschen sein. Zum Vergleich: Die EU hat nach dem Brexit 446,0 Millionen Einwohner.[180]

17. Selbstverachtung, Anti-Patriotismus und Hypertoleranz

Die Verachtung der eigenen Kultur, gar der Hass auf sie, wurde zum westlichen (Schuld-)Kult und zu einer Art Erbsünde. »Unsere immerwährende Schuld bestätige uns heute!« Das soll offenbar ins Nachtgebet eingehen. Vergangenheitsbewältigung und »Aufarbeitung« nehmen dabei den Charakter einer Ersatzreligion an.

Dieser westliche Masochismus hat ideologische Väter. Aus der Sicht von Jean-Paul Sartre habe sich der Europäer dadurch zum Menschen machen können, dass er Sklaven und Monstren hervorbrachte. Folge: »Die ganze Welt hasst uns, und wir haben es verdient: Dies ist die feste Überzeugung der meisten Europäer, zumindest im Westen.« Diesen Satz schrieb der französische Philosoph Pascal Bruckner in seinem 2008 auf Deutsch erschienenen Buch »Der Schuldkomplex – Vom Nutzen und Nachteil der Geschichte für Europa«.[181] Bruckner schrieb weiter: Die Paradoxie des ewig sich schuldig fühlenden Europa bestehe darin, dass es genauso arrogant sei wie das einstige imperiale Europa, da es sich auf kindische Weise rühme, für alle Leiden der Menschheit verantwortlich zu sein. Europa, so Bruckner, sei eben geprägt von der »Eitelkeit des Selbsthasses«. Selbst der damalige Joseph Kardinal Ratzinger sprach 2000 vom »Selbsthass des Abendlandes«.

In Deutschland potenzieren sich zwei Arten von Sündenstolz, Schuldkult und Masochismus: das Leiden an der deutschen Schuld der Jahre 1933 bis 1945 und generell das Leiden am »Weißsein«. Ohne »Reductio ad Hitlerum« geht nahezu nichts. Schnell ist die Nazi-Keule da. Dezent zurückhaltend bleibt man allerdings gegenüber den Nachfahren der Großtäter des kommunistischen Terrors. Man will sich ja keine »Relativierung« europäischer oder deutscher Schuld vorhalten lassen.

Am 3. Juli 2014 sprach der am 7. Februar 2024 mit 99 Jahren verstorbene Publizist Alfred Grosser vor dem Bundestag vom »deutschen Masochismus«. Grossers Anliegen war immer der Kampf gegen die Kollektivschuldlüge. Ihr hat er 2017 ein Buch gewidmet, gleichsam sein Vermächtnis: »Le Mensch. Die Ethik der Identitäten«. Grosser war am 1. Februar 1925 in Frankfurt/Main geboren worden. Seine Eltern wanderten bald nach 1933 nach Frankreich aus. Dort war Grosser Professor für Politikwissenschaft.

Der Philosoph Hermann Lübbe schrieb 2001 ähnlich: »Die deutsche Zivilbußfertigkeit … bläht sich gelegentlich sogar pharisäisch zu einigem Pflichterfüllungsstolz auf und macht geneigt, Subjekte geringer ausgeprägter Schuldbekenntnisfreudigkeit zu tadeln.« Lübbe machte deutlich: »Schuldeingeständnisse sind naheliegenderweise nur sinnvoll, wenn das Subjekt der Taten, für die es sich zu entschuldigen gilt, real existent gewesen und geblieben ist. Komplementär dazu gilt für den Entschuldigungsadressaten dasselbe.«[182]

Anti-Patriotismus

Als kollektive Selbstverachtung tritt der typisch deutsche Anti-Patriotismus auf den Plan. Man meint sich an Nietzsche erinnert: »Gut deutsch sein heißt sich entdeutschen.«[183] Dabei sollte Liebe zum eigenen Land, Vaterlandsliebe, ebenso natürlich und normal sein wie die Liebe zu der Sprache, in der man aufwächst: der Muttersprache. Normal darf das in Deutschland aber offenbar nicht sein, selbst wenn die Liebe zum eigenen Land, zum eigenen Volk und zur Heimat in den meisten deutschen Ländern Verfassungsrang hat, ja sogar Gebot ist: »Die Jugend ist … in der Liebe zu Volk und Heimat … zu erziehen« (Baden-Württemberg). »Die Schüler sind … in der Liebe zur bayerischen Heimat und zum deutschen Volk … zu erziehen« (Bayern). »Die

Jugend soll erzogen werden … in Liebe zu Volk und Heimat …« (Nordrhein-Westfalen). »Die Schule hat … zur Liebe zu Volk und Heimat … zu erziehen« (Rheinland-Pfalz). »Die Jugend ist … in der Liebe zu Heimat, Volk und Vaterland … zu erziehen« (Verfassung Saarland).

In der Noch-DDR hatten Hunderttausende mit dem Begriff »Volk« kein Problem. Sie skandierten: »Wir sind das Volk!«, und später: »Wir sind ein Volk!« In Berlin-Kreuzberg und in Frankfurt/Main aber fanden sich zum Wiedervereinigungstag am 3. Oktober 1990 Sprüche wie »Deutschland verrecke!« oder »Nie wieder Deutschland!« Jutta Ditfurth (Bündnis 90/Die Grünen) fand – im *Neuen Deutschland* vom 12. Oktober 1991 – Deutschland »zum Kotzen«. Wieder andere stänkern gegen die Nationalhymne. Gegen die dritte Strophe einer Nationalhymne, in deren Namen es zur friedlichen Revolution in der DDR kam und die eine friedliche ist – im Gegensatz zu manch anderen Nationalhymnen, in denen Blut fließt. Umso abwegiger war der Versuch der linken Lehrergewerkschaft GEW, die deutsche Nationalhymne in einem Pamphlet zu Beginn der Fußball-WM 2006 als »furchtbares Loblied« zu diskreditieren.

»Deutschland verschwindet jeden Tag immer mehr, und das finde ich einfach großartig« (Jürgen Trittin, *FAS* vom 2. Januar 2005). Zu diesem Zeitpunkt ist er Bundesumweltminister (1998–2005). Im Mai 1990 demonstrierte die damalige Europaabgeordnete Claudia Roth unter dem Motto »Nie wieder Deutschland!« in Frankfurt/Main gegen die deutsche Wiedervereinigung. Roth trug diese Parole mit mehreren prominenten Parteikolleginnen an der Spitze des Zuges vor sich her.[184]

2015 marschierte dieselbe Roth, nunmehr Vizepräsidentin des Deutschen Bundestages, bei einer Demonstration in Hannover gegen die AfD hinter einem Block vermummter Linksradikaler her, die »Deutschland, du mieses Stück Scheiße« und »Deutschland verrecke« skandierten.[185] Anstalten, die Randalierer zu stellen, machte sie nicht. Im April 2024 initiierte Roth, die Ex-Zwei-Semester-Studentin und mittlerweile Staatsministerin für Kultur und Medien (Kultur – sic!), das »Bundesinstitut für Kultur und Geschichte der Deutschen im östlichen Europa (BKGE)« solle zukünftig nur noch »Bundesinstitut für Kultur und Geschichte im östlichen Europa« heißen. Der Passus »der Deutschen« soll gestrichen werden.[186]

Im Jahr 2010 schrieb Robert Habeck, damals noch nicht Vizekanzler, sondern Fraktionsvorsitzender von BÜNDNIS 90/DIE GRÜNEN im schleswig-holsteinischen Landtag, in seinem Buch mit dem Titel »Patriotismus. Ein linkes Plädoyer«: »Patriotismus, Vaterlandsliebe also, fand ich stets zum Kotzen. Ich wusste mit Deutschland nichts anzufangen und weiß es bis heute nicht.«[187] Deutsche Symbole wie die Schwarz-Rot-Gold-Flagge werden mittlerweile egalisiert mit der Regenbogenflagge, die eine Bundesministerin Faeser (SPD), aber auch Ministerpräsidenten wie Söder (CSU) an Staatskanzleien aufziehen lassen. Rhetorische Frage: In welchem anderen Land der Welt können solche Zeitgenossen in Regierungsämter kommen?

Dem Widerwillen, deutsch zu sein, begegnet man auf Schritt und Tritt bereits in der Sprache: Die deutsche Sprache wird mehr und mehr denglifiziert. 7000 Anglizismen[188] sind im Umlauf, darunter Pseudoanglizismen wie »Handy«, »Public Viewing«, »Shooting Star«, »Oldtimer«, die kein Engländer und kein Amerikaner versteht. Die Deutsche Welle als steuerfinanzierter Auslandssender, zu dessen gesetzlichem Programmauftrag auch die Verbreitung der deutschen Sprache gehört, sendet seit Anfang 2024 nicht mehr in der Sprache Deutschlands.[189]

Hypertoleranz oder schon Toleranzdelir?

Die (Selbst-)Diabolisierung der Deutschen, oktroyiert von »deutscher« Regierungs- und Medien-Elite, geht einher mit Hypertoleranz für alles Andere und für Fremde(s). Diesbezüglich hat kaum ein Begriff eine solche Karriere hingelegt wie das Wort »Toleranz«. Angesagt sind: »Zeichen setzen für Toleranz und Vielfalt!« Dazu gibt es Gratiskonzerte diverser Linksrock-Gröler »Gegen Intoleranz!« Toleranz gegenüber allem, was es gibt – außer es ist nicht-links: Toleranz gegenüber allen anderen Hautfarben, gegenüber allen weltanschaulichen Überzeugungen, Religionen bzw. Konfessionen (außer dem Christentum, wegen Kreuzzügen und so), gegenüber allen sexuellen Orientierungen. Bündnisse für Toleranz« werden gegründet, die Evangelische Akademie Tutzing vergibt einen »Toleranz-Preis«.

Im Stil der »repressiven Toleranz« der 68er und eines Herbert Marcuse wird eine Toleranz für (fast) alles und alle eingefordert. Auch Totaltoleranz gegenüber Intoleranz. Zugleich wird für das mediale Schaufenster – etwa gegen zunehmende Kriminalität – großspurig »Nulltoleranz« verkündet, an die ohnehin kaum jemand glaubt. Denn schnell wird diese Nulltoleranz relativiert, wenn vor Gericht »gutachtlich« festgestellt wird, dass ein Täter »traumatisiert« und/oder »psychiatrisch auffällig« ist.

Hypertoleranz scheint gegenüber bestimmten Tätern Pflicht zu sein. Im Täter-/Opfer-Ranking gibt es ohnehin Täter erster Klasse (weiße) und Opfer erster Klasse (nichtweiße), dementsprechend Opfer zweiter (weiße) und Täter zweiter Klasse (nichtweiße). Die einzigen, die keinerlei Toleranz erfahren dürfen, sind die DWEM (dead white european men), zum Beispiel Columbus oder Immanuel Kant bzw. allgemein »PPPP« (pale, patriarchal, penis people).

Warum all die Toleranz, zumal der oder das zu Tolerierende sich nicht reziprok verhält, die entgegengebrachte Toleranz vielmehr als Schwäche auslegt? Ja, Hypertoleranz ist ein Zeichen von Schwäche, ein Symptom schwach ausgeprägter Wir-Identität und ein Zeichen von Orientierungsverlust. Wenn nämlich alles »gleich gültig« (auseinandergeschrieben) und gleichermaßen zu tolerieren ist, dann wird es über kurz oder lang »gleichgültig« (zusammengeschrieben).

Konsequenz? Derjenige, der tolerant sein soll, kann und darf sich nicht immer nur zurückzunehmen. Er kann es ablehnen, die Last (Toleranz kommt von »tolus« = lateinisch Last) anderer Überzeugungen mitzutragen. Jedenfalls war es nichts als lächerliche Anbiederung, wenn die damalige Kanzlerin Merkel in einem Anflug von Courage im Juli 2016 Muslime um Toleranz für den Schweinefleischkonsum der Deutschen bat.

Toleranz gedeiht nur auf Gegenseitigkeit, nicht auf der Basis eines Kotaus vor einer Programmatik, die mit dem Grundgesetz und dem westlichen Wertekosmos nichts zu tun hat. Denn Hypertoleranz wird schnell zum Trojanischen Pferd, das »Feinde« im Sinne Poppers importiert. Popper hatte auf diese Gefahr im Zusammenhang mit Totalitarismen hingewiesen. In seinem Werk »Die offene Gesellschaft und ihre Feinde« schrieb er: Uneingeschränkte Toleranz führe zum Verschwinden der Toleranz. Das heißt: Dann wird Intoleranz zur Pflicht. Das hat mit Nichtduldung von Intoleranz zu tun. Begegnen sich nämlich Toleranz und Intoleranz, siegt immer die Intoleranz. Thomas Mann wird hier im »Zauberberg« noch deutlicher: »Toleranz wird zum Verbrechen, wenn sie dem Bösen gilt.«

Nein, der anerzogene »deutsche«, sich ständig selbst reflektierende, Nabelschau betreibende Volkscharakter ist hypochondrisch. Der deutsche Michel weiß auch oft nicht mehr, wo er hingehört. Der Bamberger Soziologe Ulrich Beck beschrieb ihn einmal als einen Menschen, der von Beziehung zu Beziehung, von Therapie zu Therapie, von Urlaubsort zu Urlaubsort, von Job zu Job, von Umschulung zu Umschulung, schließlich zum Fasten und zum Joggen eilt. Wörtlich: »Besessen von dem Ziel der Selbsterfüllung reißen sie sich selbst aus der Erde heraus, um nachzusehen, ob ihre eigenen Wurzeln auch wirklich gesund sind.«[190] Heute kommt hinzu, dass der deutsche Michel voller Scham sein soll: Flugscham, Einfamilienhaus-Scham, Fleisch-Scham, Verbrenner-Scham soll er leben und vorbildlich vorleben.

Das Problem dabei? Masochisten locken Sadisten an.

18. Infantilismus und Verwöhnung allenthalben

Platon sagte 375 Jahre v. Chr. in seiner »Politeia«: »Wenn sich Väter daran gewöhnen, ihre Kinder einfach gewähren und laufen zu lassen, wie sie wollen, und sich vor ihren erwachsenen Kindern geradezu fürchten; wenn Söhne schon sein wollen wie die Väter …, sich nichts mehr sagen lassen wollen, um ja recht erwachsen und selbstständig zu erscheinen …; wenn es überhaupt schon so weit ist, dass sich die Jüngeren den Älteren gleichstellen, ja gegen sie aufgetreten sind mit Wort und Tat, die älteren sich aber unter die Jungen stellen und sich ihnen gefällig zu machen versuchen, indem sie ihre Albernheiten und Ungehörigkeiten übersehen oder gar daran teilnehmen …; wenn sie aufsässig werden und es schließlich nicht mehr ertragen können, wenn man nur ein klein wenig Unterordnung von ihnen verlangt; wenn sie am Ende dann auch die Gesetze verachten, weil sie niemand und nichts mehr als Herrn über sich anerkennen wollen, so ist das der schöne und jugendfrohe Anfang der Tyrannis.«

Gut ein halbes Jahrtausend früher hieß es bei Salomon: »Weh dir Land, des König ein Kind ist.« Dennoch werden im Westen der Welt viele der immer wenigeren Kinder behandelt wie Könige, Prinzen oder Paschas. Pascal Bruckner (1996) spricht von einem »Imperialismus des Kleinkinds«. Wir erleben damit in vielen Familien eine Pervertierung der Rollen, ja eine Umkehrung des Machtgefälles: Das Kind übernimmt das Kommando. Für Pascal Bruckner kommt damit ein eigenartiger Kreislauf zustande: »Wir äffen unsere Kinder nach, und sie kopieren uns.«[191]

Es gibt auch immer mehr Familien, in denen die Kinder Entscheider sind. Die Marketingstrategen wissen das. Bei ihnen heißen die Kinder »Markendurchsetzer«. Dieser Trend kommt einer Egalisierung von Eltern und Kindern gleich. Getoppt wird diese

Egalisierung, wenn Kinder wie Ehepartner behandelt werden und die Beziehung eines Kindes zu einem Elternteil zumal in Zeiten serieller Monogamie die beständigste Beziehung ist.

Von einer Egalisierung von Eltern und Kind zeugt auch der Jugendwahn eines Teils der heutigen Elterngeneration. Eltern scheint es ein Bedürfnis zu sein, sich auf das Styling ihrer Kinder einzustellen, wahrscheinlich um als ihre Freunde gelten zu können. All dies wurde mitbeeinflusst von den 1968ern, die die Elternrolle verweigerten und darauf bestanden, großer Bruder, große Schwester, bester Freund ihrer Kinder zu sein. Es ist dies ein Stück elterlicher Infantilismus. Johan Huizinga spricht von einem kollektiven »Puerilismus«. In einer fortschreitend infantilisierten Welt ist es damit schier unmöglich, erwachsen zu werden, es regredieren nämlich die Eltern. Jugend ist dann nicht mehr eine Lebensphase, sondern ein Dauerzustand, eine »immerwährende große Harmonie ewiger Infantilität«.[192]

Viele Eltern leben und fördern diesen Tanz um das goldene Selbst. Das Kind wird zum Statussymbol, zur Visitenkarte, zum Prestigeobjekt. Das hat mit Projektionen zu tun: Das Kind soll werden, was ich nicht geworden bin: »Es soll es mal besser haben.« Umgekehrt aber kommt auch schnell eine narzisstische Kränkung zum Vorschein: »Es kann doch nicht sein, dass *wir* in Mathe wieder eine Fünf kassiert haben, *wir* haben doch so viel miteinander geübt.« Solche Sätze mit dem Plural »wir« kommen in Gesprächen von Eltern mit Lehrern gar nicht selten aus Elternmund. Das Umgekehrte gilt in gleichem Maße, wenn eine Leistung des Kindes und implizit der Beitrag der Eltern dazu glorifiziert werden: »*Wir* haben eine Eins in Latein geschafft.« »*Wir* sind beim letzten Turnturnier Regionalmeister geworden.« Dann wird das Kind zum Trophäenkind (»Trophy Kid«).[193]

Im Endeffekt werden die Kindheits- und Jugendphase immer mehr verlängert, junge Menschen werden aufgrund zum Teil sehr langer Bildungszeiten immer später selbstständig. Zugleich wird im Jugendstrafrecht Nachsicht wegen »Unreife« geübt und über 18 bis hin zu 21 Jahren wird das Jugendstrafrecht angewendet. Parallel dazu wird das Wahlalter gesenkt. Zuletzt auf 16 bei der Wahl zum EU-Parlament 2024. Dahinter steckt ein Populismus, der als Jugendfreundlichkeit verkauft wird. Wer aber den Wahlakt infantilisiert, der degradiert ihn zum Kinderspiel, zum Spiel- und Lernfeld. Wählen zu dürfen kann schließlich keine erzieherische Maßnahme der politischen Bildung sein. Das Wahlrecht soll nicht zur Reife hinführen, sondern das Wahlrecht setzt diese voraus.

Auch offiziell entfernen sich Politik, Medien, Kirchen und Gesellschaft immer weiter von erwachsener Rationalität. Siehe allein die oft in »leichter Sprache« verfassten Sprachanleitungen von Kommunen, Ministerien und Senatskanzleien, die dem Bürger vorschreiben, was er wie sagen darf. Selbst manche Gesetze atmen den Geist der Infantilisierung: das »Gute-Kita-Gesetz«, das »Starke-Familien-Gesetz« oder das »Arbeit-von-morgen-Gesetz«. Und wahrscheinlich ist es nicht einmal Zufall, dass ein Kinderbuchautor namens Robert Habeck zum Vorsitzenden der »Grünen«, ja im Dezember 2021 gar Vizekanzler wurde.

Zugleich werden junge Erwachsene bis hinein ins dritte Lebensjahrzehnt in Watte gepackt, »gepampert« – mit gesenkten Bildungsansprüchen und immer besseren Noten. Als »bumerang kids« kehren sie ohnehin selbst mit 28 Jahren gerne ins »Hotel Mama« zurück. Europaweit sind es sehr viele im Alter zwischen 25 und 34, die noch bei den Eltern leben – junge Männer häufiger als junge Frauen. Im EU-Durchschnitt 34 Prozent der Männer und 21 Prozent der Frauen.

Seltsam: Während die Globalisierung immer mehr Lebensbereiche erfasst, werden Zöglinge zu Nesthockern. Immer häufiger ist statt »weiter Welt« das kleine Nest angesagt. Und Eltern klammern gerne, haben sie doch im Schnitt in Deutschland nur 1,36 Kinder. Da ist der Trennungsschmerz heftiger, als wenn man ihn vor Jahrzehnten mit drei oder vier Kindern mehrere Male verschmerzen musste und allmählich Übung darin gewann oder durchaus aus finanziellen Gründen zufrieden war, wenn die Kinder flügge geworden waren.

Heute aber haben wir die paradoxe Situation, dass so manche Eltern ihr Kind bis zum Geht-nicht-Mehr »pushen« und »tunen«, damit es im globalisierten Haifischbecken bestehen kann. Gleichzeitig schirmen sie ihre Kinder von dieser Welt ab. Und am Ende ist der Nachwuchs noch in einem Alter von zu Hause abhängig, in dem seine eigenen Eltern und Großeltern selbst schon Kinder hatten. Die Adoleszenz zieht sich damit oft bis zum 35. Geburtstag hin. Das sind 20 Jahre. Früher dauerte sie längstens sieben bis acht Jahre. Psychotherapeuten haben dafür den Begriff »Peter-Pan-Syndrom« geprägt nach dem Protagonisten der ab 1902 erschienenen Kindergeschichten von James Matthew Barrie. Das im »Neverland« lebende Kind will nie erwachsen werden, denn dort erfüllen sich die Dinge bereits, wenn man nur daran glaubt. Dort sind ewige Kindlichkeit und Sorglosigkeit angesagt.

Auf das ökodiktatorische Gehabe einer die Schule schwänzenden, autistisch auffälligen, heranwachsenden Schwedin hören schließlich die Mächtigen oder vermeintlich Mächtigen in Davos, New York und Rom, vergleichen sie mit einem Propheten, mit Jesus usw. Herrschende verfielen in innere Habachtstellung und in zerknirschte Duldungsstarre. Vor Gretas »I want you to panic« erzitterten die Großen der Welt. Man hört heraus: »Wenn ihr nicht werdet wie die Kinder!«, »Kinder an die Macht!« Mittlerweile hat »Greta« allerdings ein wenig an Sympathien verloren, weil sie sich in die Riege der Israelhasser eingereiht hat.

Vergessen scheint Norbert Elias mit seinem 1980 erschienenen Aufsatz »Zivilisierung der Eltern«. Elias ist der Überzeugung, dass viele Probleme heute mit dem schwindenden Machtunterschied zwischen Eltern und Kindern zu tun haben. Siehe die um sich greifende Unsitte des Duzens! Das »Coole«, das »Lockere«, die Lässigkeit wird als »Authentizität« geadelt. Was früher als kindisch galt, ist heute »in« – etwa ein grenzenloser Mitteilungs-, Zeige- und Spieldrang. Das Jugendgefühl (»one age«) soll sich ausdehnen. Der auf Äußerlichkeiten fixierte Jugendwahn, der sogenannte Post-Adoleszente in Beauty Farms, Fitness-Studios und zu Plastischen Chirurgen treibt, kommt hinzu.-

Wozu außerdem auch erwachsen werden, wenn man als Kind bzw. als Jugendlicher schon alles kann und darf? Wozu eigenverantwortlich werden, wenn all das, was allzuständige Eltern für einen geleistet haben, eines Tages von »Vater Staat« geleistet werden kann? Von einem paternalistischen Staat nämlich, der wie ein omnipotenter Vater eine allmächtige Sozialagentur und als Nanny-Staat Garant für die Erfüllung von Vollkasko-Ansprüchen sein soll. Kaschiert wird diese gefährliche Entwicklung mit Lebenslügen. Etwa mit dem Bedauern ob des angeblichen »Verschwindens der Kindheit« – ein Schlagwort, das dem gleichnamigen Buchtitel von Neill Postman entspricht, das aber bewusst falsch verstanden wird. Denn Postman kritisierte darin die Entgrenzung von Kindheit durch eine Vermischung der Sphären des Kindlichen und des Erwachsenen. Die US-Kolumnistin Diana West veröffentlichte 2007 ein Buch mit dem Titel »The Death of the Grown-up« (Der Tod des Erwachsenen), in dem sie den Niedergang der westlichen Zivilisation auf die permanenten Jugendrevolutionen der letzten zwei Generationen zurückführt.

Wer arbeitet noch?

Wie in einem Schlaraffenland scheint es im wohlfahrtsstaatlichen Westen zuzugehen. Weniger als 5 Prozent seiner Lebenszeit arbeitet der Deutsche, zudem arbeitet er immer weniger. Im OECD-Durchschnitt arbeiten Menschen im Jahr 1216 Stunden, Neuseeländer, Tschechen, Australier, Polen, US-Amerikaner sogar 1300 Stunden und noch mehr. Die Deutschen bringen es nur auf 1031 Stunden, ähnlich die Franzosen mit 1030 Stunden. Werden die Deutschen gar noch arbeitsscheuer? Seit Ende 2023 wird lebhaft über eine Viertagewoche (bei vollem Lohnausgleich) debattiert. Es wird behauptet, in dieser verkürzten Zeit würde effektiver und ohne Leistungsverlust gegenüber der Fünftagewoche gearbeitet. Man fragt sich dann allerdings: Was und wie effektiv wird denn in der Fünftagewoche gearbeitet?[194]

Weitaus mehr Zeit verbringt man mit Ablenkung und Amüsement. »Panem et circenses« (»Brot und Spiele«) hieß das im alten Rom. Heute nennt man es einen kollektiven Freizeitpark. »Wenn ein Volk sich von Trivialitäten ablenken lässt, … wenn aus Bürgern Zuschauer werden und ihre öffentlichen Angelegenheiten zur Varieténummer herunterkommen, dann ist die Nation in Gefahr – das Absterben der Kultur wird zur realen Bedrohung.« Das schreibt Neil Postman 1990 in seinem vielfach missverstandenen Buch »Wir amüsieren uns zu Tode«.

Für Freud, den großen Erklärer des Triebhaften, bedeutete Enkulturation, also Hineinwachsen in eine Kultur, allerdings: Wo Es ist, muss Ich werden! Das heißt: Wo das Irrationale und das Lustprinzip herrschen, müssen das Rationale und das Realitätsprinzip die Herrschaft übernehmen. In seiner Schrift »Das Unbehagen in der Kultur« (1930) artikuliert Freud zwar das Unbehagen des Menschen an der Notwendigkeit des Triebaufschubs; zugleich aber wendet er sich gegen den Glauben, »wir wären viel glücklicher, wenn wir sie (die Kultur, JK) aufgeben und in primitive Verhältnisse zurückfinden würden«.

Interessant ist auch, dass Freud die Fähigkeit zur Sublimierung, also zur Erhöhung des Lustvollen, als Voraussetzung für jede kulturelle Leistung ansieht. Marcuse sah das umgekehrt: Wo Ich ist, soll Es werden. Das heißt: Das Lustprinzip soll das Realitätsprinzip dominieren. Er wollte ein »Jenseits des Realitätsprinzips« – angelehnt an Freuds Schrift »Jenseits des Lustprinzips«. Folge: Entgegen dem Lustprinzip stecken wir schließlich mittendrin in einer »Not der Notlosigkeit« (Begriff von Heidegger). Unser Problem ist die (vermeintliche) Problemlosigkeit.

Kein Verzicht auf Verzicht

Ein Buch des französischen Philosophen Pascal Bruckner aus dem Jahr 2004 trägt exakt diesen Titel. Bruckner kritisiert darin »die Utopie, auf das Verzichten verzichten zu können«. Er meint damit zunächst die Erwachsenenwelt. Seine Sorge gilt aber auch einer Generation von jungen Erwachsenen, die alles erhalten hat, aber nichts erobern musste und die ihr Erbe sozusagen verfrühstückt. Bruckner wörtlich: »Unser Wohlstand im Westen heute beruht auf dem Opfer früherer Generationen, die nicht denselben Lebensstandard und nicht die Früchte einer solchen technischen Entwicklung genießen konnten.«[195]

Verwöhnte Kinder können sich zudem über und auf nichts freuen. Verwöhnung kann man auch durchaus als Variante der Verwahrlosung betrachten, denn verwöhnte Kinder zeigen nicht selten dieselben Symptome von Verwahrlosung, die auch vernachlässigte Kinder kennzeichnen. Das ist eine Verwahrlosung bei gleichzeitiger materieller Übergratifizierung. Verwöhnung kann zudem zu einer gefährlichen Droge werden, weil sie Suchtcharakter entfalten kann. Das Kind braucht schließlich eine immer höhere Dosis an Verwöhnung.

Suchtexperten sind gar der Meinung, dass sich bei verwöhnten Kindern eine erhöhte Bereitschaft für Alkohol-, Medikamenten- und Drogenmissbrauch entwickeln kann. Verwöhnte Kinder neigen zudem oft zu dissozialen Haltungen und Handlungsweisen. Denn Verwöhnung, Verschonung und Überbehütung schränken den sozialen Aktionsradius der Kinder ein und führen damit oft zu sozialer Isolation. Andere Kinder mögen keine verwöhnten Kinder.

Verwöhnung von ganz oben

Manchmal kommt die Verwöhnung sogar von ziemlich weit oben. Verantwortlich? Vater Staat! Schulpolitik und Schulpädagogik sind längst auf dem Verwöhntrip. Schule soll schließlich Spaß machen sowie mit guten Noten, niedrigen Quoten an Sitzenbleibern, gar mit der Abschaffung von Sitzenbleiben und Noten verwöhnen.[196] Die Hochschulen setzen eine solche Kuschelpolitik mit ihrer Inflation guter und sehr guter Noten fort (siehe die beiden Kapitel 8 und 9 in diesem Buch zu Schule und Universität).

Berufstätige schwärmen außer von einer Viertagewoche bei vollem Lohnausgleich von einem noch früheren Eintritt ins Rentenalter. Millionen (darunter zwei Drittel Nicht-Deutsche) leben von einem »Bürgergeld«, weil es sich damit oft bequemer leben lässt als mit der Maloche in einem 40-Stunden-Job. Die »woke« Jugend verlangt nach einem 60000-Euro-Grunderbe für jeden 18-Jährigen.

Klar ist, wo solche – womöglich gar realisierte – Visionen, adressiert an Staat und Gesellschaft, enden: in einer fürsorglichen Entmündigung, einem Verführen zur Bequemlichkeit, einer Erosion von Eigeninitiative und Eigenverantwortung, einer durch den Wohlfahrtsstaat antrainierten Trägheit oder gar einer erlernten Hilflosigkeit. Vor allem aber erodiert der Sozialstaat mit jeder Expansion. Denn je mehr Sozialstaat, desto weniger Sozialstaatsmoral.

Es ginge stattdessen um ein Menschenbild, das dem Individuum die Vernunftfähigkeit zutraut, sein Leben in Freiheit und Eigenverantwortung zu meistern, das Verantwortung nicht kollektiviert bzw. Menschen nicht leiten möchte wie eine Herde von Schafen. Entsprechend den Prinzipien der Christlichen Soziallehre müsste deshalb dem Prinzip »Subsidiarität« wieder Geltung verschafft werden. Das heißt: Die Hilfe des intervenierenden Staates ist erst dann angezeigt, wenn die Eigenverantwortung überfordert ist. Sonst mutiert der Staat Schritt für Schritt zum Vormund seiner – einen neuen Untertanengeist pflegenden – Bürger.

Vollkasko-Sicherheit wollen sie, ihr tägliches Brot und ansonsten ihre Ruhe. Fjodor M. Dostojewskij hat darauf im Kapitel »Der Großinquisitor« seines Romans »Die Brüder Karamasow« aufmerksam gemacht. Dort sagt der Großinquisitor zu dem von ihm gefangen genommenen Jesus: »Nichts ist jemals dem Menschen und der menschlichen Gesellschaft unerträglicher gewesen als die Freiheit.« Nach seiner Auffassung lautet die Erwartung der Menschen gegenüber den Regierenden: »Knechtet uns lieber, aber macht uns satt!« Die Folgen sind verheerend, sie bleiben allerdings oft lange verborgen, weil ein ausufernder Sozialstaat noch mehr an der Verschuldung zu Lasten nachfolgender Generationen dreht.

19. Humanitarismus und Universalismus

»Seid umschlungen Millionen! Diesen Kuss der ganzen Welt!« Das sind Kernverse in Friedrich Schillers »Ode an die Freude« aus dem Jahr 1785. Schiller war da gerade erst 26 Jahre alt, wollte später allerdings ungern an diese Ode erinnert werden. Es ist dies eine Ode, die mit höchstem Pathos das Ideal »einer« Menschheit zelebriert. Heute würde man sagen: Hier zelebriert Schiller einen Humanitarismus, Kosmopolitismus, Universalismus, Globalismus, Inter- und Transnationalismus, Philanthropismus. Ludwig van Beethoven hat diese Ode rund 40 Jahre später (1824) im 4. Satz seiner 9. Sinfonie vertont. Heute ist diese Melodie die Eurohymne – die Melodie, nicht der Text. Das ist vielleicht gut so, denn Schillers Träume sind ja schön, aber eben doch nicht von dieser Welt.

»Humanitär« klingt immer gut. Vor allem am deutschen Humanitarismus soll die Welt genesen. Allerdings dürfte Carl Schmitt (in »Der Begriff des Politischen« von 1932) Recht behalten, wenn er sagt: »Wer Menschheit sagt, will betrügen.« Vor allem, weil Humanitaristen von einem altsozialistischen Internationalismus geprägt scheinen. Letzterer ist aber zu einer Zeit entstanden, in der die Erde von 1,5 Milliarden und nicht von acht Milliarden Menschen bevölkert war.

Vor diesem Hintergrund sind die Menschenrechte kaum mehr als »Substitute sakralen Heils«.[197] Die Realität wird hier geflissentlich verdrängt, sie wird konterkariert vom Gegenentwurf der »Kairoer Erklärung« von 1990. Damals beschlossen die Mitgliedsstaaten der Organisation der Islamischen Konferenz, dass die Scharia die alleinige Grundlage der Menschenrechte sein könne.

Der Westen indes erklärt alle »Verdammten der Erde« (Frantz Fanon 1961) zum schutz- und hilfebedürftigen Ideal und zur

Bereicherung. Es wird damit aber gegen einen Grundsatz verstoßen, den der berühmte Publizist Sebastian Haffner (1907–1999) wiederholt ausgesprochen und zu Papier gebracht hat. Bei einem Vortrag im NDR von 1966 sagte er unter dem Titel »Politik und Vernunft«: Es gehe beim Regierungshandeln um *raison d'Etat*, um Staatsvernunft. Haffner wörtlich: »Große Staatsmänner und Staatsdenker haben diese Staatsvernunft ja sogar ganz bewusst höher gestellt als Moral, Humanität und Gewissen.« Und: »Das oberste Vernunftgebot heißt Selbsterhaltung.«

Wie wenn Haffner den Herbst 2015 der offenen deutschen Grenzen vorausgeahnt hätte, fügte er an: »Auch die Demokratie ist gegen dämonische Unvernunft im politischen Bereich nicht gefeit.« Das gilt mehr und mehr für die pseudo-demokratische EU und eine fortschreitend postdemokratische Bundesrepublik. Bereits Kant hat solche Moral abgelehnt. Sie stehe im Widerspruch zum kategorischen Imperativ, der den Sinn des Lebens in der Tat, nicht im Nachgeben gegenüber weichen Stimmungen sieht.

Die Flamme der »reinen Gesinnung« reicht auch hier nicht, wie Max Weber sie in seiner Rede »Politik als Beruf« vom 25. Januar 1919 benannt hatte. Weber hatte kritisiert, dass sich Gesinnungsethiker – im Gegensatz zu den realistischen und umsichtigen Verantwortungsethikern – nur für ebendiese Flamme zuständig fühlten. Arnold Gehlen wurde 1969 noch konkreter[198]. Er wendete sich gegen eine Ethik aus »einem Guss«, zum Beispiel einen quasi-religiösen Humanitarismus und eine »masseneudaimonistische Gesinnungsmoral« (»Masseneudaimonismus« als eine Art globale Massenglückseligkeit).

Aber der Mensch, gerade auch der Intellektuelle des 21. Jahrhunderts, scheint es einfacher haben zu wollen. »Man hat Lust an der Empörung«, wie es der Publizist Alexander Grau formuliert.[199] Er glaubt, mit einem quasi unfehlbaren Moralismus bewältige man Kontingenz, also Unwägbarkeit und Unberechenbares. Man projiziert sein angebliches Gutsein ostentativ nach außen, um dann umso ungestörter den eigenen Wohlstand leben zu können. Moralismus ein Wohlstandsphänomen? Vielleicht, denn Moralisten müssen sich nicht um Bertolt Brechts Spruch aus der »Dreigroschenoper« grämen: »Erst kommt das Fressen, dann kommt die Moral.« Da sich Moralisten in der Regel nicht um das »Fressen« kümmern müssen, kommt gleich die Moral. Insofern ist es Heuchelei – frei nach Helmut Qualtinger: »So manch moralisches Bekenntnis ist der Heiligenschein der Scheinheiligen.«

Dabei ist es nur – wie Hermann Lübbe 1987 schreibt – »gnaden- und skrupellose Gewissheit«, die nicht mehr zwischen Freund und Feind unterscheidet. Wobei »die Intensität in der Demonstration solcher Gesinnung komplementär zu den Schwierigkeiten, die es macht, wächst«.[200] Mit anderen Worten: Der Idealismus wächst mit der Entfernung zum Problem. Gegen Moralismus hat man weder mit Fakten noch mit Ironie eine Chance, denn Moralisten hebeln Fakten durch Moralisieren aus.

Dennoch wird damit Politik gemacht. Mit Abermilliarden an weitestgehend fruchtloser Entwicklungshilfe – und kaum rentabler, sondern allenfalls das eigene Gewissen beruhigender Aufnahme von Millionen von Flüchtlingen. Indes gilt: »Das eigene Land in nicht geringen Teilen auf dem Altar des Moralismus zu opfern … ist keine Politik.« Denn, so der Publizist Michael Lüders: »Moralismus ist das Schwert der Unvernunft.«[201]

20. Anti-Rassismus und Kolonialismus-Buße

In regierungsamtlicher Betrachtung ist Deutschland voller Rassismus. Die Bundesregierung hat dazu im Januar 2023 den 104 Seiten starken »13. Lagebericht Rassismus in Deutschland« aufgelegt – mit vielerlei aktionistischen Empfehlungen.[202] 2017 gab es seitens des Merkel-Kabinetts bereits einen 144 Seiten starken »Nationalen Aktionsplan gegen Rassismus«.

Auch die EU mischt mit: Am 26. März 2019 verabschiedete das EU-Parlament seine Entschließung »Die Grundrechte von Menschen afrikanischer Abstammung«. Demnach sollen die Mitgliedstaaten rassistische Voreingenommenheit in ihren Strafrechts-, Bildungs- und Sozialsystemen überwachen und entsprechend proaktive Maßnahmen ergreifen. Sie sollen die Geschichte der Menschen afrikanischer Abstammung in die Lehrpläne aufnehmen und die Themen Kolonialismus und Sklaverei umfassend darstellen. Begründet werden die insgesamt 28 Maßnahmen mit der (historisch wohl kaum belegbaren) Behauptung, dass »Menschen afrikanischer Abstammung im Laufe der Geschichte erheblich zum Aufbau der europäischen Gesellschaft beigetragen hatten.«

Die EU legte dann im September 2020 einen Aktionsplan für die Jahre bis 2025 vor. Seit 17. Mai 2021 gibt es mit der Finnin Michaela Moua eine EU-Rassismusbeauftragte.[203] Im Mai 2022 verabschiedete das EU-Parlament mit großer Mehrheit den »Initiativbericht zur Rolle von Kultur, Bildung, Medien und Sport bei der Bekämpfung von Rassismus«.[204] Wo es Rasse ja eigentlich gar nicht gibt?[205]

Klingt alles gut. Wenn aber der Vorsitzende der Afrikanischen Union (AU), Moussa Faki Mahamat, Anfang 2020 Toleranz für die strafrechtliche Verfolgung von Homosexuellen in 34 von 54 afrikanischen Ländern verlangt (in Mauretanien, im Sudan, in Teilen

Nigerias und Somalias droht sogar die Todesstrafe, in arabischen Ländern ohnehin), meinte Kommissionspräsidentin von der Leyen, die EU werde die Unterschiede deutlich machen, aber auch akzeptieren (sic!): »Wir versuchen zu überzeugen, aber wir erkennen an, dass es unterschiedliche Positionen gibt.« Hier werden Kultursensibilität und Toleranz zur Farce.

Zweck des Ganzen: Die europäischen Völker sollen antirassistisch geläutert werden. Sollte das Volk das nicht für notwendig halten, wird die Schimäre des »strukturellen Rassismus« erfunden. Oder es wird Religion zur Rasse erklärt. Beispiel: der »antimuslimische Rassismus«. Und wenn es um Gelder für Programme gegen Rassismus geht, dann bricht unter bestimmten NGOs Goldgräberstimmung aus.

Eines freilich ist offiziell klar: Rassismus gegen Weiße gibt es nicht. Rassismus ist schließlich die offenbar genetisch angelegte weiße Erbsünde schlechthin. Weiße Identität ist also per se rassistisch. Rassismus gegen Deutsche darf indes sein. Sie dürfen als Weißbrote oder Kartoffeln bezeichnet werden. Letzteres ließ Ferda Ataman über die »Almans« in einem *Spiegel*-Beitrag vom Januar 2020 vom Stapel.[206]

Solche Sensibilitäten werden belohnt: Seit 12. Juli 2022 ist Ataman »Unabhängige (sic!) Bundesbeauftragte für Antidiskriminierung«. Als solche sammelt sie »Denunziationen«. Früher war sie mal Redenschreiberin bei Armin Laschet, dem damaligen NRW-Integrationsminister, späteren NRW-Ministerpräsidenten sowie 2021 Kanzlerkandidaten der CDU. Laschet gratulierte ihr am 15. Juni 2022 »aus vollem Herzen«. Jetzt, so Laschet, könne sie sich »optimal einsetzen für Vielfalt in unserem Land«.[207]

»Cultural Appropriation«

Der Anti-Rassismus verbietet die »Aneignung« (cultural appropriation) von Leistungen Nicht-Weißer. In den USA wird seit den

1980er-Jahren darüber leidenschaftlich diskutiert; seit nämlich schwarze Musiker sich dagegen auflehnten, dass die weiße Mehrheitsgesellschaft sich über mehr als 100 Jahre hinweg einen von schwarzen Menschen geprägten Stil nach dem anderen einverleibt habe, um dann weiße Musiker als dessen Erfinder auszugeben.

Das zieht über den Teich und über Jahrzehnte hinweg Kreise. Im März 2021 wurde in Hannover eine Musikerin von einem Konzert der »Fridays for Future«-Bewegung ausgeladen, weil sie Dreadlocks trug. Ein Jahr zuvor war es bei einem Parteitag der Berliner Grünen zu einem Eklat gekommen, weil eine Politikerin auf die Frage, was sie als Kind werden wollte, antwortete: »Indianerhäuptling«. Die Sequenz wurde aus dem Parteitagsvideo herausgeschnitten, und die Politikerin musste sich für ihre »unsensible« und »kolonialistische« Ausdrucksweise entschuldigen.

Also Schluss mit Rastalocken, denn wenn ein weißer Sänger respektive eine weiße Musikerin mit solcher Haartracht auftritt, dann fühlen sich Konzertbesucher auf Twitter und Co. »unwohl«. Und bitte auch keinen Auftritt von Rentnerinnen mit Sombreros auf der Bundesgartenschau 2023 in Mannheim!

Ein wenig »appropriation«-Satire

Du darfst zwar als Mann gesetzlich garantiert und im jährlichen Wechsel sagen: Ich bin jetzt eine Frau. Aber du darfst dich oder deine Kinder nicht in Indianerkleider stecken oder im Garten ein Indianerzelt aufstellen. Und dass sich von den drei Sternsingern Caspar, Melchior und Balthasar (repräsentativ für die damals bekannten Erdteile Europa, Asien und Afrika) einer davon schwarz anmalt: UNDENKBAR! »Black Facing« – rassistisch!

Kritisch beäugt werden mittlerweile auch Mokassin, Batikdrucke, Kimonos, Kegelhüte, Turbane, sofern sie von Weißen verwendet werden. Nur mit der Kufiya, dem Palästinensertuch ist es etwas anderes. Dieses zu tragen heißt angeblich, ein Zeichen zu setzen gegen die Unterdrückung des »palästinensischen Volkes« durch Weiße und im Besonderen durch Israel.

Schluss also auch mit Südfrüchten, exotischen Gewürzen, Kaffee, Kakao, Tee usw. Das sind überseeische Kolonialwaren. Achtung, verehrte Handelskette EDEKA (EDEKA = Einkaufsgenossenschaft für Kolonialwaren)! Schluss sollte konsequenterweise auch sein mit Tätowierungen und mit Piercing. Erste Tätowierungen gab es vor rund 5300 Jahren in Ägypten. Ein erstes Piercing bei Ureinwohnern Afrikas, Amerikas und Asiens. Schluss sollte auch sein mit Kanu- und Kajaksport, sind diese Bootstypen doch Erfindungen von Eskimos (pardon: Inuit) bzw. kanadischen Ureinwohnern.

Ansonsten und umgekehrt ist kulturelle Aneignung seit Jahrhunderten gang und gäbe: Nicht-Weiße profitieren zu Milliarden von den technischen, wissenschaftlichen und medizinischen Errungenschaften des weißen Westens. Aber das steht auf einem anderen Blatt.

Antikolonialismus

Seit Frantz Fanon (1925–1961) im Jahr seines frühen Todes das Buch »Die Verdammten dieser Erde« als Manifest des Antikolonialismus geschrieben und Jean-Paul Sartre das Vorwort beigetragen hatte, gilt: Der westliche Wohlstand sei der Wohlstand der Dritten Welt, und Europa eine Schöpfung der Dritten Welt. Franon hat sich mit dem Titel seines Buches den ersten Vers des Kampfliedes der sozialistischen Arbeiterbewegung »Die Internationale« zu eigen gemacht: »Wacht auf, Verdammte dieser Erde« (1871, vertont 1888).

Bis hinein in die expandierende Kolonialismus-Forschung wird dieses Narrativ gepflegt. Damit aber wird der Blick dafür verstellt, dass die Ursachen des Rückstands zumeist in Afrika selbst zu suchen sind. Weiße Kolonialherren wurden durch schwarze

Kolonialherren ersetzt. Folge: Mit Beginn der Unabhängigkeit in den 1960er-Jahren hatten Nigeria, der Kongo oder Ghana bessere Entwicklungsdaten als etwa Südkorea. Oder nehmen wir konkrete Zahlen: 1960 betrug der Anteil Afrikas am Welthandel (ohne Südafrika) 9 Prozent, heute sind es 1,6 Prozent. Nigeria etwa gehörte einst zu den 48 reichsten Ländern der Welt; heute zu den 25 ärmsten.

Kolonialismus also nur ein »weißes« Verbrechen? Einschließlich Sklaverei? Man will nicht wahrhaben, dass der Anteil der muslimischen Welt an der Sklaverei den der westlichen erheblich übertraf. Die koloniale Vergangenheit des Osmanischen Reiches wird verdrängt. Egon Flaig ist einer, der die historischen Fakten aufdeckte und dazu das Standardwerk »Weltgeschichte der Sklaverei« geschrieben hat. Darin wörtlich: »Als die Muslime ihr Weltreich eroberten, errichteten sie das größte und langlebigste sklavistische System der Weltgeschichte … Es wurden weit mehr subsaharische Afrikaner in die Kernländer des Islam verschleppt als über den Atlantik in die europäischen Kolonien, mindestens 17 Mio. gegen 12 Mio. … Insgesamt ergibt das mehr als 53 Millionen versklavte Menschen im Laufe von 1300 Jahren … Völkerrechtlich verboten wurde die Sklaverei in der Berliner Kongo-Akte von 1885 und durch die Antisklaverei-Akte der Brüsseler Konferenz (1889/90) … Ohnehin wehrten sich insbesondere die islamischen Eliten heftig und kriegerisch gegen die Zumutung, ohne Sklaven auszukommen.«[208]

Und noch heute werden nach Schätzungen der UNO jedes Jahr etwa 200 000 Kindersklaven verschachert. Meist sind sie Eigentum reicher muslimischer Familien. Geleugnet wird laut Flaig auch, dass die weltweite Abschaffung der Sklaverei eine westliche Errungenschaft ist, dass der hautfarbige Rassismus eine arabische Kreation ist und dass es Sklaverei dort schon lange vor dem transatlantischen Sklavenhandel gab. Flaig[209] und sein Kollege Leonhard Harding[210] sind sich zudem einig, dass etwa 29 Millionen Menschen aus Afrika verschleppt wurden: 12 Millionen im transatlantischen Sklavenhandel, 9 Millionen im Transsahara-Sklavenhandel, 8 Millionen über die Swahili-Küste und das Rote Meer. 17 Millionen gehen also auf das Konto muslimischer Sklavenhändler. Es sollte außerdem klar sein, dass Afrika vor der Kolonisation alles andere als ein humanes Paradies war, es war geprägt von Willkür, Kriegen, Sklaverei.

Antikolonialismus grotesk

Im antikolonialistischen Säuberungsfuror müssen sogar Namen dran glauben. »Eskimo« heißt jetzt »Inuit«, denn angeblich heißt »Eskimo« übersetzt »Rohfleischesser«, was wiederum umstritten ist, denn es könnte auch »Schneeschuhflechter« heißen. Vor allem geht es dem »Mohr« an den Kragen: Mohrenstraße, Hotel zu den drei Mohren, Mohrenapotheke. In Deutschland gibt es (noch?) 100 Mohren-Apotheken. Darüber ist eine Rassismus-Debatte ausgebrochen. Der Rassismus-Vorwurf kam etwa von der Kommunalen Ausländervertretung in Frankfurt. Der Sarotti-Mohr wurde bereits 2004 zum Sarotti-Magier bzw. »Magier der Sinne« gebleicht. Der Mohrenkopf wurde zum »Schokokuss« oder »Schaumkuss«.

Und schließlich die Öffentlich-Rechtlichen: Kinderlieder werden vom ZDF de-kolonialisiert: »Drei Chinesen mit dem Kontrabass …«; »Wer hat die Kokosnuss geklaut …« Solche Lieder würden »antirassistische Ressentiments« fördern. Die Säuberungswelle hat auch Kinderbücher erreicht: In »Pippi Langstrumpf« wurde aus dem »Negerkönig« ein »Südseekönig«. Und die Wirtschaft macht engagiert mit und benennt Produkte »antirassistisch« um (siehe Beispiele in Kapitel 28, »Wokeismus – der neue Totalitarismus«). Verlage und Firmen beschäftigen »Sensitivity Reader«, damit ja nichts schiefläuft. Es geht auch »professoral«: Prof. Susan Arndt von der Uni Bayreuth macht sich stark für eine »dekolonisierte« Sprache[211] (siehe Beispiele im Kapitel 26, »Sprach- und Denkregime«). Professorenschaft in der »Bildungsnation« Deutschland!

Kaum anders der Lehrstuhl für Paläobiologie der Uni Erlangen. Die Mitarbeiterin Emma Dunne führte eine Studie über »ethische Fragen und das Erbe des Kolonialismus in der paläontologischen Forschung« durch. »Ergebnis«: Von den 1500 Namen der im ehemaligen Deutsch-Ostafrika gefundenen Dinosaurierfossilen seien 89 (= 6 Prozent) »rassistisch oder sexistisch« belastet (die Mehrzahl der Namen ist männlich), in »(neo-)kolonialem Kontext« entstanden, nach deutschen oder »kontroversen Personen, aber nicht nach afrikanischen Expeditionsteilnehmern benannt«.[212]

Ausgeblendet: der Nutzen der Kolonisation

Gerne wird verdrängt, dass die Kolonisierung, zum Beispiel in Folge der christlichen Mission, Zivilisation nach Afrika brachte. Man sollte nicht vergessen, was prominente Afrikaner über die Kolonisation sagen. Zum Beispiel der 1945 in Guinea geborene Robert Kardinal Sarah. Der Bischof, der gelegentlich als der erste schwarze Papst »gehandelt« wurde, beschreibt die »Früchte der Kolonisation durch den Westen«: »Die Kolonisatoren brachten viele lebendige, durch das Christentum geadelte Traditionen ihrer Vorfahren mit. Ihre Auffassung von der Würde des Menschen, seinen Rechten und Werten war etwas absolut Neues … Ich bekenne mich gerne dazu, Kind einer konstruktiven Kolonisation zu sein.«[213]

Der Franzose Philippe Nemo fragt rhetorisch: Hat die Kolonialisierung Afrikas die europäischen Länder nicht mehr gekostet, als sie ihnen gebracht hat?[214] Der US-Politologe Bruce Gilley vertritt als Grundthese: Der Kolonialismus hat Afrika am Ende mehr Vorteile als Nachteile gebracht. Die Kolonialmächte sind in den jeweiligen Ländern auf breite Zustimmung gestoßen.

Beispiel: Deutsch-Südwest- und Deutsch-Ostafrika, Kamerun, Togo, Neu-Guinea, Deutsch-Samoa und Kiautschou. Deutsche brachten nach Namibia: Straßen, Bahnlinien, Häfen, Kliniken, Schulen, Verwaltung. Ab 1902 eröffneten sie 99 öffentliche und 1800 Missionarsschulen in Deutsch-Ostafrika. Dort verboten sie 1896 die Elefantenwilderei.[215]

Über die Herero und Nama schreibt Gilley: Die meisten Angehörigen der beiden Völker starben im Kampf oder verdursteten auf der Flucht in die Nachbarkolonien, nachdem sie zuvor Hunderte deutsche Siedler umgebracht und deren Farmen zerstört hatten. Herero und Nama bekämpften sich auch gegenseitig, bis die Kolonialmacht dem ein Ende setzte. Gilley widerlegt damit das Narrativ vom »Völkermord«.

Generalleutnant Lothar von Trotha wurde übrigens von Berlin aus gemaßregelt und schließlich abberufen. Zu Kamerun und Togo schreibt Gilley: Dort wurden die arabisch-islamischen Sklavenhändler vertrieben, es kam zu einer wirtschaftlichen Blüte, Bildung und Gesundheitsfürsorge begannen zu gedeihen. Über die Südsee hält Gilley fest: Die Deutschen rotteten den Kannibalismus aus.

Nicht zu vergessen: Die mächtigste aktuelle Kolonialmacht in Afrika ist heute China. China baut dort Fabriken, Häfen, Flughäfen, Staudämme, Schulen, Krankenhäuser, Straßen, Eisenbahnlinien (etwa von Mombasa nach Nairobi), rüstet afrikanische Armeen aus. Alles selbstlos? Nein, China bekommt dafür privilegierten Zugang zu Rohstoffen.

»Afrikas Heilung muss aus dem Inneren kommen«

Der erfahrene Ex-Diplomat Volker Seitz hat ein erhellendes Buch geschrieben: »Afrika wird armregiert oder Wie man Afrika wirklich helfen kann.«[216] Seitz war von 1965 bis 2008 in diplomatischen Spitzenfunktionen tätig, zuletzt als Botschafter in Kamerun. Er lässt nichts Gutes an der Entwicklungshilfepolitik. Geld sei immer eher zu viel als zu wenig dagewesen, vor allem sei die Hilfe von außen zu wenig Hilfe zur Selbsthilfe gewesen. So ist es eben beim Helfersyndrom, bei dem der Helfer manchmal mehr an sich selbst als an Hilfsbedürftige denkt.

Der Ex-Botschafter bestätigt: Es geht heute denjenigen Ländern Afrikas am schlechtesten, die am meisten Entwicklungsmilliarden bezogen haben. Denn es seien kleptokratische Herrscher am Werk, man müsse davon ausgehen, dass 40 Prozent der Staatseinnahmen der Korruption zum Opfer fallen. Korrupte Regierungen haben sogar einst blühende Länder heruntergewirtschaftet: das frühere Rhodesien oder nach dem Ende der Apartheid Südafrika.

Riesige Probleme sieht Seitz in den intransparenten Strukturen der »Helferindustrie«, die Katastrophen-Marketing betreiben würden und selber davon profitierten. Ärgerlich sei deren endloser Konferenz- und Reisezirkus. Seitz nimmt die UNO nicht aus: »Längst ist die UNO ein Teil des Entwicklungsproblems.« Vor allem nennt Seitz Bedingungen, an die Entwicklungshilfe (derzeit jährlich aus Deutschland rund 33 Milliarden Euro) zu binden sei: Investitionen in Bildung, Etablierung von Rechtsstaatlichkeit und Eigentumsrechten, Ausbau der Infrastruktur und des Gesundheitswesens, stabile Versorgung mit Wasser und Elektrizität. Maßnahmen der Geburtenkontrolle qua Bildung muss man hinzufügen.

Seitz nimmt nach wie vor kein Blatt vor den Mund. Im Mai 2024 hat er der Bundesregierung aufgrund deren Besserwisserei einen »neokolonialen Totalschaden« vorgeworfen.[217] Ein anderer erfahrener Diplomat sagt sogar: Die humanitäre Hilfe sei längst fester Bestandteil der Kriegsmaschinerie geworden. Der Mann, der das öffentlich sagt, Jürgen Weerth, weiß es, er war ebenfalls deutscher Botschafter in verschiedenen afrikanischen Ländern.[218]

Axelle Kabou (*1955 in Kamerun) verfasste ein Buch mit dem Titel: »Weder arm noch ohnmächtig. Eine Streitschrift gegen schwarze Eliten und weiße Helfer«.[219] Sie wendet sich gegen das Urteil, der Westen sei an allem schuld. Axelle Kabou musste in Frankreich untertauchen; ihr Aufenthaltsort ist verborgen. Im Vorwort schreibt sie: »Zu Beginn der sechziger Jahre, nachdem die afrikanischen Länder die Unabhängigkeit erhalten oder erkämpft hatten, war der Kontinent voll Optimismus, die Welt voller Goodwill Afrika gegenüber … Damals konnte sich Afrika selbst ernähren und sogar Nahrungsmittelüberschüsse exportieren. Die politische Situation verschlechterte sich allerdings sehr bald. In den allermeisten Ländern verwandelten sich die Helden der Unabhängigkeit in Diktatoren, denen mehr am eigenen Wohlergehen und dem ihrer Clans gelegen war als am Fortschritt des ganzen Volkes. Einparteiensysteme und Militärregime wurden die Regel, von den demokratischen Strukturen blieb nur die Staffage.«

Asfa-Wossen Asserate, ein hochgebildeter Mann äthiopischer Herkunft und einer der renommiertesten Afrikakenner, fordert mit Nachdruck, die herkömmliche Entwicklungspolitik radikal zu ändern. Nur so könne eine anschwellende Massenflucht von Afrika nach Europa noch gestoppt werden. Vor allem müsse Europa darauf setzen, dass Afrika endlich gut regiert werde, so Asserate: »Viel zu oft erreichen die Entwicklungsgelder nicht diejenigen, für die sie bestimmt sind. In den Händen der herrschenden Kleptokraten wird das Geld zum Instrument des Machterhalts und liefert das Schmiermittel für die grassierende Korruption.« Europa müsse eine Zusammenarbeit mit Regierungen beenden, die sich nicht um das Wohl ihrer Landsleute scherten, Menschenrechte mit Füßen träten und vor allem auf das eigene Wohl bedacht seien – ohne Politik vorzuschreiben.[220]

Was sollen da so dümmlich-plumpe Sprüche einer deutschen Entwicklungsministerin Svenja Schulze (SPD)? Mitte April 2024 hatte sie in der ARD gesagt, die Kritik an der Entwicklungshilfe sei »voller Lügen und vielfach rechtsradikal«. Welche »Lügen« sie meint, sagt sie nicht. Ihre eigenen Lügen bzw. Verirrungen, zum Beispiel, dass sie in Perus 15-Millionen-Hauptstadt Lima für 300 Millionen Euro Fahrradwege bauen lässt, um das Klima zu retten?

Aber auch sonst ist man in Afrika nicht immer erbaut von deutscher Besserwisserei. Der Präsident von Botswana, Mokgweetsi Masisi, wehrt sich schlagfertig gegen deutsche Politiker, die ihm erklären, wie das Leben in seinem Land zu funktionieren hat. Er hat deshalb den – nicht ganz ernst gemeinten – Vorschlag gemacht, Deutschland 20 000 Elefanten zu schenken, weil Umweltministerin Lemke (Grüne) sich für die Verschärfung des EU-Rechts einsetzte, um die Einfuhr von Jagdtrophäen zu reduzieren oder gar zu verbieten. Das empfinden die Botswaner (auch die Namibier) als »einseitiges, widerrechtliches und neokolonialistisches Verhalten«.

Afrika ist reich – nur eben zu reich an Kindern

Afrika ist reich, es verfügt über günstige Klimazonen und fast zwei Drittel der weltweit landwirtschaftlich nutzbaren Böden. Aus Afrika kommen mehr als 50 Prozent des Goldes, 90 Prozent des Kobalts, 50 Prozent der Phosphate, 60 Prozent des Kaffees. Afrika ist reich an Wasserkraftressourcen, die nur zu wenigen Prozenten genutzt werden. Nigeria etwa verfügt über die größten Rohölreserven der Welt, vor 25 Jahren gehörte es zu den 50 reichsten Ländern der Welt, heute zu den 25 ärmsten.

Man übersieht aber, dass in Afrika derzeit 1,3 Milliarden Menschen leben, also in etwa so viel wie jeweils in Indien oder in China. Zum Vergleich: Die Europäische Union hat 512,4 Millionen Einwohner, nach dem Brexit sind es 446,0 Millionen. Deutschland hat 83,5 Millionen, Frankreich 67,5 Millionen. Wir wollen zudem nicht wahrhaben, wie Afrikas Bevölkerung explodiert. 1913 hatte Afrika rund 130 Millionen Bewohner. Damals entsprach das in etwa der Bevölkerung von Deutschland und Frankreich zusammen (120 Millionen). Nun prognostiziert die UN, dass sich die Bevölkerung Afrikas bis 2050 auf 2,5 Milliarden und bis 2100 auf fast 4,5 Milliarden erhöhen wird. Das heißt: Afrika wächst jährlich um 40 Millionen Menschen, monatlich um 3,3 Millionen, wöchentlich um 770 000 und täglich um 110 000. Das ist einmal pro Monat Berlin; einmal wöchentlich Frankfurt; täglich in etwa Erlangen.

Hilft Zuwanderung? Nein, es ist keine Hilfe für Afrika, wenn »weiße« Länder Fachkräfte aus afrikanischen Ländern anwerben. Das ist Kolonialismus 2.0. Man muss bedenken, dass die Qualifizierten dort gebraucht werden, um ihr Heimatland (wieder) aufzubauen. Zumal es nicht die Ärmsten aus den Herkunftsländern sind, die sich die Schleuserdienste für mehrere Tausend Dollar leisten können. Es darf in Afrika keinen »Braindrain« seiner ohnehin viel zu wenigen Ärzte und Ingenieure geben.

21. Der naive Pazifismus

Die Deutschen wollen/sollen seit 1945 ein vorbildlich pazifistisches Land sein. »Nie wieder!«, hieß es – nicht nur was den Nationalsozialismus, sondern auch was deutsche Soldaten betraf. Die »Wiederbewaffnung« mit der Gründung der Bundeswehr 1955 und der Beitritt zur Nato waren im linken Lager höchst umstritten. Auf dem Höhepunkt des Ost-West-Hochrüstens gingen in den Jahren 1981 bis 1983 Hunderttausende gegen die Stationierung von US-Raketen in Deutschland auf die Straße. Es waren auch Demonstrationen gegen einen SPD-Kanzler Helmut Schmidt (bis 1. Oktober 1982) und seinen unmittelbaren CDU-Nachfolger Helmut Kohl (ab 1. Oktober 1982), die beide den sog. Nato-Doppelbeschluss mittrugen. Beide haben damit maßgeblich dazu beigetragen, dass der »Eiserne Vorhang« verschwand und es rund ein Jahrzehnt später zum Beitritt der vormaligen DDR zur Bundesrepublik kam. Kohl war es dann, der die Gunst der Stunde 1989/90 dafür konsequent nutzte. Heute, 2022 und folgende, wäre das schier undenkbar: wegen »Ampel« und wegen Putin.

Angesagt war 1981/82 auch »Soldaten sind Mörder«! Kurt Tucholsky hatte diesen Satz am 4. August 1931 in der *Weltbühne* geschrieben. Der verantwortliche Redakteur Carl von Ossietzky (gegen den Willen der Nationalsozialisten Träger des Friedensnobelpreises 1935) wurde schließlich 1932 wegen »Beleidigung der Reichswehr« angeklagt, aber freigesprochen, weil das Gericht in dem Zitat keine konkreten Personen angegriffen sah. Noch zu Beginn der 1990er-Jahre kam es vor deutschen Gerichten zu Prozessen im Zusammenhang mit »Soldaten sind Mörder«. Im November 1995 bekräftigte das Bundesverfassungsgericht (BVerfG), die Verwendung des Tucholsky-Zitats sei so lange vom Grundrecht auf freie Meinungsäußerung gedeckt, wie es sich um eine allgemeinpolitische Aussage handele.

Deutsche Friedenssehnsucht und Entwaffnung werden aber keinen Krieg bannen. Und dass der von 1981 bis 1989 amtierende US-Präsident Reagan mit der von ihm und den Nato-Ländern beschlossenen Raketenbewaffnung die Sowjetunion in die Knie zwang und einen ersten großen Stein aus der Berliner Mauer herausbrach, will man gar nicht wissen.

Immer noch geistern der Bibel-Spruch »Schwerter zu Pflugscharen« (verwendet ab 1980 in der Friedensbewegung der DDR) und die Forderung »Raus aus der Nato!« durch das linke Lager. Es schien eine »feindlose Demokratie« obsiegt zu haben. Ein Zusammenschluss aus linken, auch kirchlichen Verbänden verlieh im Jahr 2013 den »Aachener Friedenspreis« an »Schulen ohne Bundeswehr«, also an Schulen, die den Jugendoffizieren den Zugang verwehrten.

Deutschland tut sich zudem schwer mit soldatischen Helden und mit Gefallenen. Ihre Denkmäler und Gedenkstätten werden geschändet, oder sie verschwinden versteckt irgendwo auf dem Gelände des Bendlerblocks bzw. »jwd« (»janz weit draußen«) als »Wald der Erinnerung« für die Soldaten, die für die Bundeswehr gefallen sind, auf dem Gelände der Henning-von-Tresckow-Kaserne in Potsdam.

Attrappenarmee

Wenn die Bundeswehr Ende 2025 ihren 70. Geburtstag begeht, dann hat sie drei Phasen hinter sich: 1955 bis 1989/1990 die Phase des Aufbaus und der Verteidigung Deutschlands in Zeiten des Kalten Krieges; ab 1990 die Integration von Teilen der Nationalen Volksarmee (NVA) der DDR und die Nutzung der »Friedensdividende« durch Verkleinerung von 495 000 auf 183 000 »Mann«; vermehrte Auslandseinsätze mit bis zu 10 000 Soldaten im Jahr 2002; ab 2022 Rückbesinnung auf die Bündnis- und Landesverteidigung. Es wird aber lange dauern, bis die Bundeswehr trotz »Sondervermögen« das wird, was Kanzler Olaf Scholz (SPD) am 27. Februar 2022 in seiner »Zeitenwende«-Rede vollmundig ankündigte, nämlich die Bundeswehr zur »am besten ausgestatteten Streitkraft in Europa« zu machen.

Wie stand die Bundeswehr vor dieser »Zeitenwende« da? Die Einsatzbereitschaft der 69 Hauptwaffensysteme war Ende 2020 schlichtweg defizitär. Bei Hubschraubern waren nur 40 Prozent einsatzbereit, beim Eurofighter 66 Prozent, beim A400M 43 Prozent. Ende 2022 stellte sich heraus, dass 18 Puma-Schützenpanzer nach einem Manöver nicht mehr einsatzfähig waren und damit nicht für die Schnelle Eingreiftruppe der Nato zur Verfügung stehen konnten.

Die Ursachen dieser Defizite und Verirrungen liegen weit zurück, sie haben viel mit 16 Jahren Merkel-Regierung zu tun. Man hatte sich drei Jahrzehnte lang der Illusion der »Friedensdividende« hingegeben und abgespeckt. Aus einer Bundeswehr mit rund 495 000 (1989) wurde eine Armee mit knapp mehr als 180 000 Soldaten (bei gleichbleibend mehr als zweihundert Generalen/Admiralen); aus 3125 Leopard-Kampfpanzern des Jahres 1990 wurden zuletzt 312 (2022).

Dabei war Deutschland eine führende Panzerschmiede. Zwischen 1964 und 1984 wurden 4700 »Leo 1« gebaut. Bis zu 2437 Stück hatte die Bundeswehr. Ab 1978 wurden 3600 »Leo 2« hergestellt. Die Bundeswehr hatte davon 1990 insgesamt 2125 Stück. Verkauft wurde der »Leo« an 19 Länder. Seit Russlands Überfall auf die Ukraine ist Deutschland als Panzerbauer wieder gefragt, wenngleich die Produktionskapazitäten erst hochgefahren werden müssen. Immerhin hat Tschechien 76 »Leo 2«, Version 2A8 bestellt; sie sollen zwischen 2027 und 2030 ausgeliefert werden. Italien, Litauen, Schweden und die Niederlande stehen als Interessenten ebenfalls an. Wie sehr Deutschland als vormalige Panzerschmiede freilich ins Hintertreffen geraten war, lässt sich daran ablesen, dass das Nato-Mitglied Polen zusammen mit Hyundai (Südkorea) bereits eintausend Panzer baut.

All die Defizite sind die Folgen einer strategischen Zäsur, die Verteidigungsminister Peter Struck (SPD) eingeleitet hatte. Ab 2003 war man auf »out of area«-Einsätze fixiert. Wie blank die Bundeswehr dastand, erwies sich aber gerade dort. Es musste Material aus allen Standorten zusammengesammelt werden, um etwa das deutsche Afghanistan-Kontingent hinreichend auszustatten.

2011 wurde von einem Merkel-Kabinett die Wehrpflicht ausgesetzt. Jeder halbwegs Kundige wusste, dass die Bundeswehr damit aus der Gesellschaft und aus der Öffentlichkeit verschwinden, vor allem aber, dass die Bundeswehr ab sofort erhebliche Nachwuchsprobleme haben würde. Seit 2024 werden nun Überlegungen angestellt, um die Wehrpflicht mit neuen Modellen à la Schweden wieder einzuführen.

Die Bundeswehr verschwand aber nicht nur aus den Familien und der Öffentlichkeit, sie verschwand weitgehend auch aus der Politik. Zwei simple Belege: Im schwarz-roten Koalitionsvertrag für die Legislaturperiode 2018 bis 2021 wurde die Bundeswehr auf drei von 177 Seiten versteckt. Im »Ampel«-Koalitionsvertrag vom Dezember 2021 macht die Bundeswehr von 144 Seiten nur eineinhalb Seiten aus.

Dann setzte Merkel der Bundeswehr von 2013 bis 2019 auch noch eine Politikerin vor, die vor allem mit Inkompetenz und mangelndem Verständnis für die Truppe glänzte: Ursula von der Leyen (CDU), die ihr Unwesen danach als von niemandem gewählte Präsidentin der EU-Kommission treiben konnte. In Erinnerung ist sie eigentlich nur geblieben mit dem Kauf von Schwangerenuniformen und dem Plan der Einrichtung von Kitas in Kasernen. Nach einer kurzen, weniger als zweieinhalb Jahre währenden Amtszeit von Verteidigungsministerin Annegret Kramp-Karrenbauer (CDU) folgte als Ministerin vom 8. Dezember 2021 bis 16. Januar 2023 die SPD-Quotenfrau Christine Lambrecht, von der kaum mehr in Erinnerung bleibt als Bilder vom

Mitflug ihres Sohnes in den Urlaub in einem Bundeswehrhubschrauber und von ihrem Auftritt in Stöckelschuhen im Sand von Mali.

Auch 2014 mit dem Aufbrechen der Ukraine-Krise gab es kein Erwachen. Die Bundeswehr war zur Landes- und Bündnisverteidigung längst nicht mehr in der Lage. Man wollte nicht einmal mehr kundtun, was wirklich los war. Mitte Dezember 2022 wurde der »16. Bericht zu Rüstungsangelegenheiten« vorgelegt. Dann sollte es diesen bislang halbjährlich erschienenen »Bericht über die materielle Einsatzbereitschaft« nicht mehr geben.

Am Tag nach dem Überfall Russlands auf die Ukraine schrieb der oberste Heeresgeneral, Generalleutnant und Heeresinspekteur Alfons Mais, wörtlich auf »LinkedIn«: »Ich hätte in meinem 41. Dienstjahr im Frieden nicht geglaubt, noch einen Krieg erleben zu müssen. Und die Bundeswehr, das Heer, das ich führen darf, steht mehr oder weniger blank da … Die Optionen, die wir der Politik zur Unterstützung des Bündnisses anbieten können, sind extrem limitiert … Wir haben es alle kommen sehen und waren nicht in der Lage, mit unseren Argumenten durchzudringen, die Folgerungen aus der Krim-Annexion zu ziehen und umzusetzen. Das fühlt sich nicht gut an! Ich bin angefressen!«

Und wie sieht es seither aus? Der reguläre Wehretat wurde von 50,4 Milliarden (2022) auf 50,1 Milliarden für 2023 gekürzt. 2024 sind es 52 Milliarden. Das allein würde nur 1,22 Prozent des Bruttoinlandsprodukts (BIP) entsprechen. Dazu kommen 2024 19 Milliarden aus dem Sondervermögen (entsprechend 0,45 Prozent des BIP), ferner 7,5 Milliarden für Ukraine-Hilfen und 7,0 Milliarden für »sonstige verteidigungsrelevante Ausgaben«. Das ergibt für 2024 insgesamt 85,5 Milliarden – entsprechend 2,01 Prozent des BIP und damit gerade eben die 2-Prozent-Nato-Vorgabe. Rechenkünste?[221] Anders gerechnet: Zum Nato-Zwei-Prozent-Ziel fehlen jährlich gut 30 Milliarden, wenn es nur um den regulären Haushalt geht. Die Lücke kann auf Dauer nicht mit den

100 Milliarden geschlossen werden. Denn diese wären bei Erfüllung des 2-Prozent-Ziels spätestens 2026 aufgebraucht. Zumal Inflation und Schuldzinsen an den 100 Milliarden nagen. Das heißt, von den 100 Milliarden könnten nur noch 80 Milliarden da sein. Zur Erinnerung: In Zeiten des Kalten Krieges gab die Bundesrepublik 3,5 BIP-Prozent für Verteidigung aus.

In kaum einem anderen Land der Welt ist auch der Unwille so groß, gegebenenfalls für das eigene Land zu kämpfen, wie in Deutschland. Eine Studie des Gallup-Instituts aus dem Jahr 2015 belegt dies: In 68 Ländern wurde einer jeweils repräsentativen Stichprobe die Frage gestellt: »Wären Sie bereit, für Ihr Land zu kämpfen?« Deutschland liegt mit 18 Prozent auf Platz 66, knapp hinter Österreich (21 Prozent) und Italien (20 Prozent). Das zeigt sich auch darin, dass nach dem Überfall Russlands auf die Ukraine zahlreiche Zeit- und Berufssoldaten den »Kriegsdienst« verweigerten und aus der Bundeswehr ausschieden.

Vor diesen Hintergründen sei zumal nach Russlands Überfall auf die Ukraine daran erinnert, was über Jahrtausende galt: Si vis pacem, para bellum (frei übersetzt: Wenn du den Frieden willst, rüste dich für einen möglichen Krieg). Der vormalige Sozialist George Orwell meinte 1942: Pazifismus sei ein Luxus, den sich nur Leute leisten können, deren Sicherheit garantiert ist – »entweder durch genügend Kanonen oder durch genügend Entfernung vom Kriegsschauplatz«.

22. Die Multikulti- und Asyl-Doktrin

Zwei Zitate vorweg: »Der Multikulturalismus steht seinem Wesen nach in Opposition zur europäischen Zivilisation ... Er ist also im Grunde eine antiwestliche Ideologie.« (Samuel Huntington 2006).[222] »Die Formel vom Multikulturalismus ist so absurd wie ein Spiel, in dem jeder Spieler vorgibt, nach seinen eigenen Regeln zu spielen« (Philippe Nemo 2005).[223] Das verdrängte Kernproblem der »Multi«-Kulti-Visionäre ist überhaupt: Sie tun so, als würde »Multikulti« bestens gelingen, wenn die Mehrheitsgesellschaft nur hinreichend bereit sei, »Neubürger« zu integrieren. Damit »Multikulti« aber überhaupt halbwegs funktionieren kann, müssen sich »Neubürger« assimilieren, das heißt anpassen. Nicht umgekehrt. Sonst gewinnen Zuwanderer den Eindruck, man könne herrschende Gesetze und Normen ignorieren, und man könne Parallelgesellschaften errichten.

Ideologischer Zweck der Akzeptanz jeglicher kulturellen Identität von Minderheiten ist es im Grunde, den Nationalstaat aus den Angeln zu heben. Dahinter stecken ein Universalismus (siehe das Kapitel 19, »Humanitarismus und Universalismus«) und die Vorstellung, alle Kulturen seien im Grunde eine einzige Kultur mit Varianten der Weltzivilisation. Das Dulden aller möglichen Varianten kultureller Ausprägungen als gleich gültig (gleichgültig?) wäre nicht Ausdruck des Respekts, sondern Ausdruck eines egalitären Nihilismus.

Man mag das eine als »liberal« und »pluralistisch« etikettierte, gebotene Kultursensibilität oder eine Idealisierung des Fremden nennen, es ist aber nichts anderes als Kulturrelativismus, ja Kulturnihilismus, wenn die Mehrheitsgesellschaft alles Mögliche außerhalb von Rechtsstaat und Menschenrechten duldet, etwa Genitalbeschneidungen und Kinderehen. Solche Duldung endet in einer Atomisierung eines Gemeinwesens, es befördert einen

Tribalismus, in dem sich Stämme (lat. Tribus = Stamm) ihre je eigenen Normen geben. Die Bereitschaft einer Volksgruppe, die eigenen Traditionen und Normen höher zu bewerten als die einer Fremdgruppe, sind aber notwendige Voraussetzung für deren Fortbestand.

Die Realitäten sind andere. Ruud Koopmans, gebürtiger Niederländer, seit 2007 Direktor der Abteilung Migration, Integration, Transnationalisierung am Berliner Wissenschaftszentrum (WZB), Professor für Soziologie und Migrationsforschung an der Humboldt-Universität zu Berlin, sagt, dass Multikulturalität zur Gefahr wird: »Kulturellen Minderheiten, unterstützt durch eine kosmopolitische Elite, deren Forderungen auf normativen Rechtsgrundsätzen beruhen, stehen kulturelle Mehrheiten gegenüber, die keine legitime Anerkennung ihrer kulturellen Ansprüche und Identitäten finden und sich deshalb auf die populistische Macht der Überzahl stützen.«[224]

Koopmans sagt auch: Die europäische Asylpolitik kostet mehr Menschenleben, als sie rettet (im Mittelmeer und in der Sahara); nur die Stärksten schaffen es nach Europa; die Erstaufnahmeländer werden im Stich gelassen, die Sozialsysteme kollabieren; die Aufnahmeländer leiden unter der Kriminalität junger Asylsuchender; es gibt nach wie vor zu viel Wirtschaftsflüchtlinge, weil die Anreize zu groß sind; das europäische Asylregime ist ein Spaltpilz für Europa, und es macht Europa erpressbar für Autokraten. Koopmans plädiert dafür, die Asylverfahren in Drittstaaten zu verlagern. Koopmans bekommt gottlob regelmäßig die Chance, seine Erkenntnisse öffentlich darzustellen, auch in den Öffentlich-Rechtlichen. Auch wenn er für letztere nur ein Feigenblatt sein mag, um für sich Ausgewogenheit zu reklamieren.[225]

Der Zug in Richtung Multikulti« scheint selbst qua Asylrecht abgefahren, auch wenn es kein Recht auf Einwanderung gibt. Das Aberwitzige dabei: Der Souverän war nie gefragt worden, ob er »Multikulti« und millionenfache, völlig ungeregelte Zuwanderung will, ob er die totale Aufweichung des Asylrechts als bedingungsloses Einfallstor für beliebig viele Zuwanderer möchte. In nackten Zahlen: Laut Bundesamt für Migration und Flüchtlinge (BAMF) stellten im Jahr 2023 insgesamt 329 120 Menschen einen Asylantrag in Deutschland. Das waren etwa 50 Prozent mehr Erstanträge als im Vorjahr. Das ist die Größenordnung von Großstädten wie Bielefeld oder Bonn.

Diese überbordenden Zahlen haben selbst viele vormals äußerst aufnahmebereite Kommunen maßlos überfordert. Ab 2018 hatten sich bis heute 321 Städte und Landkreise (Stand März 2024) als »sichere Häfen« angeboten.[226] Mittlerweile fiel ihnen dieses Angebot auf die Füße. Dass man solche Zahlen auch drastisch absenken kann, bewies jüngst Dänemark. Es hatte 2015 noch 20 000 Asylanträge zu verzeichnen, 2023 waren es nur noch 2000. Grund für den Rückgang: Dänemark hatte schnelle Rückführungen durchgeführt und nur Sachleistungen gewährt.

Die »bürgerlich« genannten politischen Kräfte, namentlich die CDU, mögen ja noch vor Jahren getönt haben: »Der Ansatz für Multikulti ist gescheitert, absolut gescheitert!« So die damalige Kanzlerin Merkel ganz forsch 2010 beim Parteitag der Jungen Union (JU). Das war fünf Jahre vor ihrer Grenzöffnungs-Politik. Danach bediente sie sich eines Tricks und stellte angeblich herausragende Beispiele von gelungener Integration heraus. Zum Beispiel den türkischstämmigen Fußballer Özil, der wenig später den türkischen Präsidenten Erdogan in Wort und Bild als »seinen« Präsidenten hofierte.

Multikulturalität sei eine Bereicherung, heißt es unisono. »Bereicherung« durch ausufernde Lasten für das Sozialsystem? Nein, für die Versorgung von Zugewanderten (Kriegsflüchtlinge, Asylbewerber usw.) gibt Deutschland derzeit pro Jahr rund 30 Milliarden Euro aus. Die wenigsten dieser Zugewanderten werden über kurz oder lang eine sozialversicherungspflichtige Beschäftigung haben, sodass diese Gelder nicht als Investitionen gelten können. Die Mehrzahl wird dem Sozialstaat zur Last fallen, weil sie mangels Qualifikation keine nennenswerte Beschäftigung haben.

Eine Forschergruppe um den Rentenexperten Professor Bernd Raffelhüschen (Universität Freiburg) hat gar prognostiziert: Zuwanderung wird überhaupt zu einem gigantischen Verlustgeschäft. Bei angenommen 300 000 Zuwanderern pro Jahr fallen langfristig 5,8 Billionen Euro Verluste an. 5,8 Billionen – das sind 5800-mal eine Milliarde. Zum Vergleich: Das deutsche Bruttoinlandsprodukt lag 2023 bei 4,1 Billionen Euro. Die Staatsverschuldung Deutschlands lag Ende 2023 bei mehr als 2,5 Billionen Euro. Davon entfallen auf den Bund rund 1,7 Billionen Euro Schulden, 600 Milliarden Euro betrug die Gesamtschuld der Länder. Hinzu kommen die Defizite der Gemeinden, die bei 151 Milliarden lagen.[227]

Von Bereicherung kann auch im Bildungssystem nicht die Rede sein, wo man doch weiß, dass die Niveauverluste im deutschen Bildungswesen außer durch eine ideologisch vernarrte Bildungspolitik auch mit überbordenden Anteilen nichtdeutscher Schüler in den Klassen zu tun haben. Es kommt hinzu: Eine Mehrheit muslimischer Schüler (67,8 Prozent) sagt in einer repräsentativen Erhebung des Kriminologischen Forschungsinstituts Niedersachsen (KFN): »Die Regeln des Korans sind mir wichtiger als die Gesetze in Deutschland.«[228] Da die meisten der Schüler, die so denken, auch die deutsche Sprache kaum beherrschen, regiert oft die Faust, weil eine verbale Konfliktklärung wegen Sprachdefiziten nicht möglich ist.

Gewiss keine Bereicherung findet auch im Bereich der inneren Sicherheit statt. Die Polizeiliche Kriminalstatistik (PKS) weist aus, dass der Anteil der Tatverdächtigen mit Migrationshintergrund mittlerweile 40 Prozent überstiegen hat (siehe das Kapitel 10, »Kapitulation vor zunehmender Kriminalität«). Die Frage bleibt dennoch: *Cui bono*? Wer profitiert von einer »multikulturellen Gesellschaft« und von »Bereicherungs«- und Fachkräftemangel-Gesängen der »Multikulturalismus«-Prediger? Der Geld- und der politische Hochadel, weil sich Teilkulturen und Minderheiten relativ leicht gegeneinander ausspielen lassen und die Bevölkerungsmehrheit ausgeschaltet werden kann? Oder zynisch gefragt: der Rechtstaat? Denn ein Heer an Anwälten findet hier sein Auskommen, zudem dürfte mittlerweile wohl die Hälfte der rund 2000 Verwaltungsrichter in Deutschland nur noch mit Asylverfahren befasst sein. Alles »Bereicherung«?

23. Islamophilie und 1001 Demutsgesten

Eine Meta-Phobie greift um sich: Islamophobie-Phobie. Das ist die Angst, als islamkritisch zu gelten. Mittlerweile hat man »Islamophobie« gar zum »antimuslimischen Rassismus« befördert, wie wenn eine Religion eine Rasse wäre. Dennoch haben viele Leute Angst, über radikalen Islam zu sprechen, Angst vor dem Vorwurf des Rassismus. Schließlich werden die kritischen Betrachter des Islam nicht wie eigentlich notwendige Brandmelder des aggressiven Islam, sondern wie Brandstifter behandelt. Denn der deutsche Michel, auch der professorale, hat sich in Sachen Islam längst zum Biedermann gewendet, der den Brandstifter voller Verständnis bei sich einnistet. So ist aus der Islamophobie-Phobie eine Islamophilie, eine (un)heimliche Liebe zum Islam geworden.

Darauf hinzuweisen, hat mit Islamophobie nichts zu tun, denn diese Kritik ist rational und begründet. Worum es im Islam geht, kann man in der in Deutschland nicht zur Kenntnis genommenen »Kairoer Erklärung der Menschenrechte« der »Organisation der Islamischen Konferenz« lesen – veröffentlicht 1990 von deren 56 Mitgliedsstaaten. In gezielter Abgrenzung zur »Allgemeinen Erklärung der Menschenrechte« der UNO von 1948 gelten Menschenrechte nach islamischer Lesart nur unter dem Vorbehalt der Vereinbarkeit mit der Scharia. Wie das in der Praxis aussieht, beweist alltäglich das Mullah-Regime im Iran. Dort wurden 834 Menschen allein im Jahr 2023 hingerichtet – nicht in erster Linie wegen Kapitalverbrechen gegen andere Menschen, sondern weil sie gegen den »Gottesstaat« demonstriert hatten oder schwul waren.

Der Islam ist nicht vereinbar mit dem Grundgesetz, auch nicht mit dem europäischen Wertekosmos. Deshalb kann sich der Islam nicht auf die Glaubens- und Religionsfreiheit berufen. Selbst wenn sich sogar namhafte »Christdemokraten« in eine unkritische Betrachtung des Islam hineinjagen ließen. Der damalige Bundesinnenminister Wolfgang Schäuble hatte anlässlich einer »Deutschen Islam Konferenz« am 28. September 2006 gesagt: »Der Islam ist Teil Deutschlands und Europas.« Der im Februar 2012 zurückgetretene Bundespräsident Christian Wulff hat zu den Feiern zum 3. Oktober 2010 in Bremen kundgetan, dass der Islam zu Deutschland gehöre. Am 4. September 2015 ließ Kanzlerin Merkel die Grenzen für Hunderttausende von muslimischen Flüchtlingen öffnen. Der damalige Bundesinnenminister Thomas de Maiziére schlug 2017 einen muslimischen Feiertag vor.

Merkel wies am 16. März 2018 eine Interview-Äußerung des CSU-Vorsitzenden Seehofer entschieden zurück. Dieser hatte der *Bild*-Zeitung gesagt: »Der Islam gehört nicht zu Deutschland.« Merkel belehrte ihren Innenminister: Deutschland sei zwar vor allem durch Christentum und Judentum geprägt. Aber inzwischen lebten vier Millionen Muslime in Deutschland, die auch ihre Religion ausübten. »Diese Muslime gehören auch zu Deutschland, und genauso gehört ihre Religion damit zu Deutschland, also auch der Islam«, sagte Merkel.

Der Kurzzeit-CDU-Chef und gescheiterte CDU-Kanzlerkandidat Armin Laschet ist seit Jahren für seine völlig unkritische Haltung gegenüber dem Islam bekannt. So richtig konnte (und wollte?) sich die von 2012 bis 2021 von Laschet geführte NRW-CDU nicht von den »Grauen Wölfen« distanzieren.[229] Vermutlich für all diese »Verdienste« hat Laschet im Februar 2024 die Ehrendoktorwürde der TED Universität Ankara erhalten.[230]

Es gibt keinen liberalen Islam

Wir müssen aufräumen mit dem Mythos vom toleranten Islam, es gab ihn nie, auch nicht in Spanien (711-1492). Allein die Schädelminarette mit Zehntausenden von abgeschlagenen Christenköpfen als Baumaterial sind Beweis gegen die Annahme des toleranten Islam. Michael Wolffsohn hat dazu in der *Welt* vom 13. Dezember 2017 das Notwendige geschrieben: »Kenntnislose aller Gesellschaftsgruppen sprechen gerne vom goldenen Zeitalter islamischer Toleranz im mittelalterlichen Spanien. Sie wissen nicht, dass diese Toleranz im späten 11. Jahrhundert fast ausnahmslos in fundamentalistische Intoleranz umschlug … Man bevorzugt eine Art Kuschel-Geschichte und -Theologie à la ›Islam bedeutet Frieden‹.«

Der Westen ist naiv, wenn er glaubt, es könne einen modernen, liberalen Islam geben. Es grenzt an Selbstüberschätzung zu meinen, die »Zivilgesellschaft« könne archaische Prägungen domestizieren. Bassam Tibi, geborener Syrer, Moslem und weltweit renommierter Orientalist, konnte sich zwar 2009 für die Idee eines aufgeklärten Euro-Islam erwärmen, siehe sein Buch »Euro-Islam: Die Lösung eines Zivilisationskonfliktes«. Mittlerweile hat Tibi von dieser Vision Abstand genommen. Für ihn ist die Idee eines Euro-Islam gescheitert. Er schreibt: Der Islam sei nicht reformierbar, er gehöre nicht in den Westen, weil er vom Antisemitismus und von einem frauenverachtenden Menschenbild geprägt sei. In einem Interview sagte er am 19. Januar 2017: Die Neuankömmlinge »lehnen europäische Werte ab, wollen aber in Europa leben«. Ihnen geht es um »Mission und Da'wa als Mittel der Islamisierung … Meine islamischen Mitbürger nehmen Deutschland nicht ernst, weil es keine Zähne zeigt.«[231]

Ein »aufgeklärter Islam« dürfte überhaupt eine »contradictio in se« sein. Imad Karim, Necla Kelek oder Hamed Abdel-Samad stehen für diese Auffassung. Auch Seyran Ates, die eine »liberale« Moschee in Berlin gründete und als »Preis« für diese Gründung ständig um ihr Leben fürchten muss. Wenn solche aufgeklärten Muslime eine islamische Aufklärung fordern, also die Trennung von Religion und Recht, werden sie freilich nicht nur von ihren eigenen Leuten attackiert, sondern in der deutschen Öffentlichkeit als Störenfriede behandelt.

Es gilt, was der Holocaust-Überlebende Ralph Giordano in der *FAZ* vom 3. Mai 2009 schrieb: Eine schleichende Islamisierung ganzer Gegenden in Deutschland sei keine Bereicherung für Deutschland, sondern Duckmäuserei. Ähnlich Samuel P. Huntington: Er schreibt von einer »Resurgenz des Islam«, einem Wiedererstarken des Islam ohne jede Reformation, so wie der Marxismus ohne jede Reform wiederauferstanden sei.[232]

1001 Demutsgesten

Es ist überfällig, dass sich Deutschland vom radikalen, politischen Islam distanziert – auch im Interesse der vielen aufgeklärten Muslime. Es wird Zeit, dass nicht drumherum geredet wird, wenn laut Polizeilicher Kriminalstatistik 2023 (PKS) der Anteil Tatverdächtiger ohne deutschen Pass auf mittlerweile 42 Prozent angestiegen ist. Zudem ist der Islamismus der wirkmächtigste Extremismus. Laut Generalbundesanwalt gab es 2023 476 Verfahren gegen Islamismus, 29 gegen Rechtsextremismus und 3 gegen Linksextremismus.[233]

Obendrein sind längst 1001 Duldungen angesagt. Nichts geschieht gegen Kinderehen, Genitalbeschneidungen, Ehrenmorde, Verwandtenehen, Zwangsehen, Vielehen, Pascha-Gehabe in den Schulen, Missachtung von Lehrerinnen, die Befreiung muslimischer Schülerinnen vom Schwimmunterricht. Hört man dazu etwas von den sonst so lautstarken Feministinnen in Staats- und Medienämtern? Alice Schwarzer ist hier eine Ausnahme. Asylbewerber dürfen ihre Zweitfrauen nach Deutschland holen, wiewohl Bigamie in Deutschland verboten ist. Allein in Berlin sind mehr als 100 Kinder verheiratet, und es geschieht nichts. Die vormalige Integrationsbeauftragte der Bundesregierung, seit Herbst 2021 Vizepräsidentin des Bundestags, Aydan Özoguz (SPD), argumentierte: Mit einer Annullierung der Kinderehen würden diese Kinder ihre Unterhalts- und Erbansprüche verlieren.

Weiter erleben wir: Ramadan-Fasten von Kindern, importierte Messerkriminalität, das Erschallen des Muezzinrufs über Lautsprecher. Demutsgesten sind es, wenn Weihnachtsmärkte in Lichtermärkte, das Osterfest in ein Hasenfest, der Martinsumzug in einen Lichterumzug umbenannt und Schweinefleisch aus Kantinen verbannt werden. Dass in vielen Schulen christliche Weihnachtslieder unerwünscht sind. Dass es keine Klassenfahrten und keine Klassenarbeiten im Ramadan geben soll. Dass Köln und Frankfurt zum Ramadan im März/April 2024 zentrale Einkaufsstraßen mit Lichterketten zu Bekenntnisräumen erklärten.[234] Dass in Schwimmbädern Zeiten ausgewiesen werden, in denen nur Musliminnen schwimmen dürfen. Dass auf Prospekten, mit denen in arabischer Sprache für eine Tour durch die Alpen geworben wird, die Gipfelkreuze wegretuschiert sind. Auf Friedhöfen sollen eigene Areale ausgewiesen werden, damit »Gläubige« nicht neben »Ungläubigen« zur letzten Ruhe kommen.

Es kommt selten vor, dass ein führender deutscher Politiker Klartext spricht. Mitte Mai 2024 hat NRW-Innenminister Herbert Reul (CDU) davor gewarnt, dass der Islamismus weiter auf dem Vormarsch sei. Islamistische Prediger würden junge Menschen mit Alltags-Tipps, die sie mit Hassbotschaften verknüpfen, ködern. In clever geschnittenen Videos verkünden Moderatoren antisemitische Botschaften, preisen den Jihad und rufen zur Gewalt gegen Juden auf. Besorgt schaut Reul in die Schulen, wo sich radikale Botschaften schnell verbreiten. Botschaften dort sind, Frauen seien Männern untergeordnet und hätten sich vollständig zu bedecken.[235]

Wieder und wieder schwenken Judenhasser PLO-Flaggen und verbrennen am Brandenburger Tor und in Neukölln israelische Flaggen. Verstärkt geschah dies nach dem 7. Oktober 2023, als Hamas-Killer über 1200 Juden abschlachteten und Israel anfing, sich mit harten militärischen Maßnahmen zu verteidigen. Bis hinein in die Hochschulen hieß es, Israel betreibe »Genozid«. Es solle von der Landkarte verschwinden: »From the River tot he sea, Palestina will be free!« Der Fluss ist der Jordan, das Meer ist das Mittelmeer – dort soll kein Platz mehr sein für Juden.[236] Sie bestätigen damit eine Bemerkung, die der Modeschöpfer Karl Lagerfeld im November 2017 in der französischen TV-Show »Salut les Terres« des Senders »Canal 8« getan hatte. Lagerfeld hatte die deutsche Politik vor dem fortschreitenden Antisemitismus unter Migranten gewarnt und gesagt: »Wir können nicht, selbst wenn Jahrzehnte zwischen den beiden Ereignissen liegen, Millionen Juden töten und Millionen ihrer schlimmsten Feinde ins Land holen.«

Für Thomas Mann (in »Betrachtungen eines Unpolitischen« von 1918) ist es eben typisch deutsch, sich dem Fremden willfährig zu unterwerfen. Tiefenpsychologisch betrachtet ist dies der unbewusste Mechanismus der »Identifikation mit dem Aggressor« – als Mechanismus zur Bewältigung von Angst und Ohnmachtsgefühlen. Man ahmt den Angreifer nach, weil man glaubt, dadurch die eigene Angst vor dem Angreifer bewältigen zu können. Diese Verwandlung der eigenen Person in ein gefürchtetes Objekt dient der Umwandlung der Angst in ein Sicherheitsgefühl. Sigmund Freuds Tochter, Anna Freud, hat diesen Mechanismus erstmals in ihrer kleinen Schrift »Das Ich und die Abwehrmechanismen« (1936) beschrieben. Oder in den Worten Ernst Jüngers: »Wo der Liberalismus seine äußersten Grenzen erreicht, schließt er den Mördern die Tür auf.« (so Jünger in den 1960er-Jahren in seinen Tagebüchern).

Hitler und der Islam

Eine besondere Beziehung zum Islam hatten schon die Nazi-Oberen. Hitler schätzte den »Mohammedanismus« – als Gegensatz zum »faden« Christentum. Mit dem »Mohammedanismus« hätten die Germanen längst die Welt erobert, nur das Christentum habe hier gebremst. Als die Nazis 1933 an die Macht kamen, suchten viele arabische Nationalisten ihre Nähe. Im Dritten Reich interessierte man sich ab 1937/38 für die Araber. Die rassistischen Passagen über Araber, die Hitler in »Mein Kampf« formuliert hat, wurden in den arabischsprachigen Ausgaben gestrichen. Nie wieder? Als die israelischen Soldaten im Oktober 2023 zur Selbstverteidigung in Gaza einmarschierten, fanden sie Hitler-Poster und Bildschirmschoner, die Hitler zeigten.

Immer wieder wird auch gesagt, die Greuel, die im Namen Allahs weltweit angestiftet würden, hätten nichts mit dem Islam zu tun. Diese Taten sind allerdings nicht unislamisch, sondern konsequent islamisch, wie Sabatina James darlegt.[237] Auch Elias Canetti hat den Islam als »Kriegsreligion« beschrieben.[238] Navid Kermani, Träger des Friedenspreises des Deutschen Buchhandels 2015, antwortete auf die Frage nach der Nähe zwischen Islam und Faschismus mit einem klaren »Ja!« Verdrängt wird auch gerne der arabische Ursprung der Sklaverei.[239]

Der Islam als linke Multikulti-Vision

Das Verhältnis der Linken zum Islam ist nicht einmal ambivalent. So richtig erwärmen können sich die Linken zwar für keine Religion. Hier aber hat die Toleranz der Linken gegenüber dem Islam mit ihrem latenten Antisemitismus zu tun. Bereits die 68er pflegten eine feindselige Haltung gegenüber Israel und zugleich viel Sympathie für die PLO. Vor allem aber ersetzen Muslime für die Linke mittlerweile die Position, die von den Marxisten einst den Proletariern, also den »Unterdrückten« zugedacht war.

Der Politikwissenschaftler Hendrik Hansen fragt nicht zu Unrecht, ob es eine »neue Querfront von Linksextremismus und Islamismus« gebe.[240] Hansen sieht zum Beispiel ein merkwürdiges antisemitisches Einvernehmen zwischen linken Theoretikern und Islamisten, etwa in der »BDS«-Bewegung, einer gegen Israel gerichteten Kampagne (BDS = Boycott, Divestment and Sanctions). Der Nahost-Experte Samuel Schirmbeck beschreibt eine »linke Tabuisierungskultur« samt Verzicht der Linken auf eine kritische Auseinandersetzung mit dem Islam.[241]

Der Islam/Islamismus (in der arabischen Sprache wird zwischen beidem nicht unterschieden) hat mit den großen politischen Totalitarismen (Kommunismus, Nationalsozialismus) viel gemein, er ist ebenso totalitär. Man vergleiche etwa Kommunismus und Islamismus: Beide haben expansive Absichten. Sie sind globale Befreiungs- und Erlösungslehren: hier die Befreiung der Welt von Ausbeutung, dort von den Ungläubigen. Sie versprechen Großes: hier kommunistische Gleichheit, dort muslimische Erfüllung. Beide erwarten das gehorsame Selbstopfer des Einzelnen zugunsten der Gemeinschaft. Hier geht es um Klassenkampf, dort um »Glaubenskampf«, hier um die »klassenlose Gesellschaft«, dort um »Dar al islam«. Beide sind geprägt von einem simplen Dualismus: hier Genossen und Gegner, dort Gläubige und Ungläubige. Nahezu identische Vergleiche bieten sich im Vergleich mit dem Faschismus und Nationalsozialismus an: das Führerprinzip (Prophet), die Gefolgstreue bis in den Tod, das Sendungsbewusstsein, das Hinarbeiten auf einen Endsieg und der Antisemitismus.

Für die Linke in Deutschland war sogar die islamische Revolution von 1978 im Iran ein Fortschritt – weil antiwestlich. Ein Wendepunkt in der Wahrnehmung des Islam mag der 11. September 2001 gewesen sein. Vorübergehend! Denn auf 9/11 folgten zahlreiche Terrorakte in Europa: am 2. November 2004 die Ermordung des seit 2002 wegen Morddrohungen unter Polizeischutz stehenden Filmemachers Theo van Gogh; er hatte zusammen mit der aus Somalia stammenden Frauenrechtlerin Ayaan Hirsi Ali den Film »Allah weiß es besser« und 2004 den Film »Submission« gedreht.

Die Linke sieht über Hunderte von muslimisch-islamischen Terroranschlägen hinweg. Es sind dies Leute, die nicht bereit sind, islamistische Terrorattacken (siehe Frankeich, siehe Breitscheidplatz in Berlin am 19. Dezember 2016 mit 13 Toten) mit dem Islam in Verbindung zu bringen, wie diejenigen Leute, die sich weigern, die Abermillionen Opfer des Stalinismus und des Maoismus mit dem Marxismus in Verbindung zu bringen.

Dystopische Ausblicke

Von zwei Dystopien, beide von französischen Autoren verfasst, soll zum Abschluss dieses Kapitels über Islamophilismus die Rede sein. Bewusst in der Absicht, zu prognostizieren, wie es eines Tages in Deutschland und Europa aussehen könnte.

Das eine Buch ist 1973 erschienen und 1985 erstmals sowie erneut 2015 ins Deutsche übersetzt worden. Es trägt den Titel »Das Heerlager der Heiligen« (»Le Camp des Saints«). Autor ist Jean Raspail (1925–2020). Das Buch ist eine Art prophetischer Roman, der in gewisser Weise die Jahre 2015 und folgende vorwegnimmt. Es geht um eine »Armada der letzten Chance«, bestehend aus einer Flotte von 100 verrosteten Schiffen, mit denen eine Million Hindus an einem Ostersonntag an der Südküste Frankreichs anlandet. Diese Flotte bildet die Vorhut weiterer Massen. Die französischen Massenmedien sind begeistert, das Volk wird eingelullt, es befindet sich in einem humanitären Taumel voller Selbstverachtung. Franzosen, die es sich leisten können, verlassen Südfrankreich, wo die Anlandung erwartet wird, und flüchten nach Nordfrankreich. In Südfrankreich herrscht bald Anarchie. Die Invasoren zerstören jahrhundertealte abendländische Kultur. In Paris bilden sich multikulturelle Komitees, und die Politik arrangiert sich schnell.

Das andere Buch erschien 2015. Geschrieben hat es Michel Houellebecq unter dem Titel »Unterwerfung« (»Soumission«). In den Handel kam der Roman am 7. Januar 2015 – am Tag, an dem zwei islamistische Täter die Redaktion des Satiremagazins Charlie

Hebdo überfallen und zwölf Menschen töteten, ehe sie zwei Tage später von Sicherheitskräften erschossen wurden. Der Autor entwirft hier eine Dystopie eines islamistischen Gottesstaates, der sich ab 2022 in Frankreich etablieren werde. Denn im fiktiven Jahr 2022 stehen Präsidentschaftswahlen an. Mohamed Ben Abbes von der Muslimbruderschaft erringt mit einem Bündnis aus sozialistischer Partei (PS) und Konservativen die Präsidentschaft gegen den rechten Front National (FN) unter Marine Le Pen. Als während des Wahlkampfes zwischen den politischen Lagern ein Bürgerkrieg ausbricht, schweigen die Medien. Abbes gewinnt schließlich und wirft die laizistische Verfassung über Bord; Theokratie, Scharia, Polygamie und Patriarchat halten Einzug.

Die zentrale Figur des Romans ist der Literaturwissenschaftler François. Von den neuen Machthabern erhält er das Angebot, wieder an der Hochschule zu lehren; Voraussetzung ist, dass er zum Islam konvertiert. Am Ende ist François Nutznießer der Entwicklung: Er bekommt mehr Gehalt als zuvor, und er kann die neue Unterwürfigkeit minderjähriger Gespielinnen genießen, indem er stets die attraktivsten Mädchen zugeführt bekommt.

24. Retro-Exorzismus und Geschichtspolitik

Der heldenhafte Kampf gegen das Gestern ernährt mittlerweile nicht wenige Politik-, Medien- und Kulturschaffende. Retro-Exorzisten könnte man sie nennen. Literatur- und Musikklassiker werden nicht nur auf »NS« durchleuchtet, sondern auf mögliche rassistische, islamophobe, misogyne, kolonialistische, transphobe oder homophobe Passagen. Dumm nur, dass diese Exorzisten nicht schon vor 100 oder 200 oder 300 Jahren den Schöpfern großer Werke auf die Finger klopfen konnten. Eine Art Inquisitionsbehörde ist daraus geworden.

Zentrales Anliegen etwa des Landesmusikrates NRW[242] ist es, ein Bewusstsein für diskriminierende Sprache in Opernlibretti zu wecken und eine Diskussion anzuregen, wie mit problematischen Inhalten von Opern umgegangen werden kann. Dafür hat man ein divers besetztes Team zusammengebracht. Auch vor Shakespeare, Schiller und Mozart gibt es kein Halten. Puccinis »Madame Butterfly« steht für die Bregenzer Festspiele auf dem Prüfstand. Allerdings ist eines erlaubt: Klassiker dürfen ins ordinär Pornografische »transformiert« werden.

Da tut sich ein riesiges Betätigungsfeld auf. Was ist mit Mozarts »Zauberflöte« und dem kalkweiß geschminkten, schwarzen Monostatos? Und mit des Priesters Sarastros Satz: »Ein Weib tut wenig – plaudert aber viel.« Das geht doch nicht, so gewisse Intendanten, weil ab hier ein zuvor gutgelauntes Publikum peinlich berührt sein könne. Die Redewendung »mores lehren« könnte womöglich ebenfalls verschwinden, wenn irgendein Schlaumeier damit »Mohr« assoziiert, auch wenn das lateinische »mores« nichts anderes heißt als »Sitten, Anstand«. Mozarts »Entführung aus dem Serail« dürfte ohnehin als Nächstes dran sein.

Und was ist mit Schillers »Die Verschwörung des Fiesco«, wo zu lesen steht: »Der Mohr hat seine Arbeit getan, er kann gehen.« Was ist mit dem »Zigeunerbaron«? Bereits am 21. Januar 2021 war der Bayerische Rundfunk in einer Sendung mit eben diesem Titel »Dem Toxischen auf der Spur«, zum Beispiel in Verdis »Otello« (weil Mohr), Mozarts »Zauberflöte« (siehe oben) und Bizets »Carmen« (weil Zigeunerin). Viele beliebte Opern, so die BR-Redakteurin, bräuchten schließlich einen rassismuskritischen Blick. Ansätze aus der Musikwissenschaft wie die US-amerikanische Blackness-Forschung würden neue Perspektiven eröffnen. Opern neu zu analysieren aus der Perspektive von schwarzen Menschen – das ist ein besonderes Anliegen von Naomi André, einer afroamerikanischen Musikwissenschaftlerin an der Universität von Michigan.[243]

Beispiel: Das »Otfried-Preußler-Gymnasium«

Angesagt ist vor allem NS-Aufarbeitung. Die Gemeinde Pullach am Südrand von München inklusive »Schulfamilie« wollte 2024 dem zehn Jahre zuvor so getauften »Otfried-Preußler-Gymnasium« den Namen entziehen. Warum? Weil die »Schulfamilie« in Otfried Preußler (1923–2013), selbst einst Lehrer und Rektor, einer der erfolgreichsten deutschen Kinder- und Jugendbuchautoren[244], den angeblichen Früh-Nazi Preußler entdeckt hatte.

Der in Reichenberg/Liberec geborene Preußler sei in einer naziaffinen Familie aufgewachsen. Mit 16 sei er HJ-Oberjungenschaftsführer, mit 17 Oberjungzugführer geworden. Mit 18 sei er in die NSDAP eingetreten. 1940 habe Preußler als 17-Jähriger drei in Briefform geschriebene Texte mit dem Titel »Lieber Soldat!« verfasst, die in der Zeitschrift *Kameraden. Sudetendeutsche Briefe an Wehr- und Werkmänner* erschienen seien. 1940/41 habe Preußler, noch minderjährig, mit »Erntelager Geyer« einen autobiografisch geprägten Jugendroman verfasst. Darin erzähle er von einer Gruppe von 10- bis 14-jährigen »Pimpfen« beim Ernteeinsatz auf dem Land.

Wie die meisten Angehörigen seines Jahrgangs hatte sich Preußler 1942 nach seinem Abitur in Reichenberg (heute: Liberec/Tschechien) zum Kriegsdienst gemeldet. Ab Frühjahr 1942 diente er, später als Leutnant, an der Ostfront als »Nationalsozialistischer Führungsoffizier«. 1944, während seines Einsatzes an der Ostfront, wurde ›Erntelager Geyer‹ veröffentlicht. Ende August 1944 kam Preußler für fünf Jahre in russische Gefangenschaft, aus der er mit 40 Kilogramm Körpergewicht 1949 entlassen wurde.

Das reicht für einen heldenhaften Exorzismus. Dass die Stadt Liberec Preußler zum Ehrenbürger machte? Egal! Dass Preußler vor allem in seinem Roman »Krabat« zum Widerstand gegen Zauberer und Hexer aufgerufen hatte? Egal! Zweierlei Maß: dass Jürgen Habermas 1944/45 Jungvolkführer und Günter Grass 1944 als 17-Jähriger bei der SS war ... Das ist etwas ganz anderes!

Preußlers Nachkommen haben dem unwürdigen Treiben im Oktober 2024 ein Ende bereitet: Sie haben der Schule ihrerseits den Namen entzogen.

In den Worten von Johannes Gross (1932–1999) kann man sagen: »Je länger das Dritte Reich tot ist, umso stärker wird der Widerstand gegen Hitler und die Seinen.« Angesagt sind eben: »Aufarbeitung«, »Nie wieder!« usw. Wenn ein paar senile »Reichsbürger« im Besitz von 100 (!) Waffen angeblich den Reichstag besetzen wollen und einen Staatsstreich planen, ist Feuer am Dach, in ARD/ZDF/*SZ*/*Zeit* und Co. ohnehin. Dann rücken 3500 Polizisten zu Razzien aus. Denn die paar Reichsbürger könnten ja 220 000 deutsche Polizisten und 180 000 deutsche Soldaten auf der Stelle überrumpeln. Wenn Besoffene auf Volksfesten oder in Bars widerliche NS-Sprüche loslassen, scheint der Leibhaftige nah zu sein. Statt sich mit realen Feinden im Innern abzugeben, flüchtet man sich in den Kampf gegen einen Feind von gestern.

Parallel dazu ein »A-Historismus«

Ansonsten greift außerhalb von »NS« ein historischer Analphabetismus um sich. Geschichte wird als Fessel empfunden. Das ist wohl ein maßgeblicher Grund, warum Geschichte bei Ideologen in keinem guten Ruf steht. Sie ist unbequem, weil sie Skepsis gegen Utopien zu vermitteln vermag. Darum hat der Archivar Winston Smith in George Orwells 1984er-Wahrheitsministerium die Aufgabe, Geschichte ständig umzuschreiben, damit sie sich den jeweils aktuellen politischen Wünschen fügt. Geschichtspolitik nennt man so etwas.

Solche Geschichtspolitik wirkt sich auf Schulpolitik aus. Welche Schwerpunkte hier curricular gesetzt werden, wie viele Stunden dieses Fach unterrichtet wird, ob es überhaupt ein eigenes Fach Geschichte oder nur integriert in Gemeinschaftskunde gibt, das ist eine Frage der Geschichtspolitik. Solche Politik ist mit am besten daran erkennbar, welche Inhalte und Themen besonders intensiv, welche nicht und welche nur sehr ausgedünnt vorkommen.

Besonders intensiv geht es curricular um den Holocaust. Hier wäre es aber wichtig, ein vernünftiges Maß zu finden und aufzupassen, dass die Schüler nicht die Jalousien herunterlassen. Paul Spiegel, der frühere Vorsitzende des Zentralrates, hat gelegentlich die Befürchtung einer »Überfütterung« mit NS-Themen geäußert. Was junge Leute über den 17. Juni 1953 oder über den 13. August 1961 wissen, fragt man am besten gar nicht.

Völlig unterbelichtet ist die Repräsentanz der Geschichte Mittelost- und Osteuropas in den Lehrplänen: die Ostsiedlung im 12./14./17. Jahrhundert; die Geschichte mittel- und osteuropäischer Staaten, z.B. Polens; die Vertreibung nach 1945; die Situation deutscher Volksgruppen und die Integration von Aussiedlern in Deutschland. Von »linken« Greueltaten will/soll man ansonsten nichts wissen, und seien sie noch so monströs gewesen: von den

40 Millionen Opfern eines Mao, von den 1,6 Millionen Toten der chinesischen Kulturrevolution, von den 1,5 Millionen Toten Pol Pots, von den insgesamt seit 1917 rund 100 Millionen Toten kommunistischer Diktaturen.

25. Die Links-Intelligenzia

Gibt es in Deutschland eine »Intelligenzia«? Ja, aber der »Geist« weht »links«. Da hatte Albert Camus schon 1957 recht: »Der Ort der Konformität ist heute die Linke.« So war es denn auch spätestens mit der »intellektuellen« (Neu-)Gründung der »BRD«. Federführend war die ab 1923 aufgebaute, 1933 in die USA ausgewanderte und 1951 in Frankfurt/Main wiedereröffnete »Frankfurter Schule«.[245] Es wurde daraus eine bundesdeutsche Quasi-Staatsideologie[246] und für Roger Scruton ein »neuer Götze des marxistischen Humanismus«.[247]

Ursprünglich war die »Schule« als Forschungsstätte für Marxismus, Sozialismus und die Probleme der Arbeiterbewegung begründet worden. Mit sozialwissenschaftlicher Hilfe sollten die gesellschaftlichen Verhältnisse einer eingehenden Kritik unterzogen werden. Dahinter verbarg sich die Enttäuschung der Linken, dass das Ziel der Errichtung des Sozialismus nach 1945 in den westlichen Besatzungszonen gescheitert war. Traumatisiert waren die Linken auch durch die »Westbindung«. Man war – inkl. SPD – erbost darüber, dass Adenauer die sog. Stalin-Note vom März 1952 mit dem Angebot einer deutschen Einheit auf neutraler Basis zurückgewiesen hatte.

Dennoch gaben und geben sich die Linken als Sinnproduzenten mit Monopolanspruch. Hier gilt, was Heinrich Heine (1797–1856) einst reimte: »Den Franzosen und Russen gehört das Land. / Das Meer gehört den Briten. / Wir aber besitzen im Luftreich des Traums / Die Herrschaft unbestritten.« Mit diesem »Luftreich« sind die Linken als bürgerlich getarnte Kulturmarxisten wirkmächtig geworden. Der Marsch durch die Institutionen (Politik, Medien, Kirchen, Bildungssystem, Justiz, NGOs) ist ihnen gelungen, der Marsch durch die Definitionen auch. Und zwar »nachhaltig« – hier hat dieses inflationär gebrauchte und oft mit

»nachdrücklich« verwechselte Wort seine Berechtigung (siehe das Kapitel 26, »Sprach- und Denkregime«). Denn, so Frank Böckelmann: »Der Jargon der Achtundsechziger scheint heute so widerspruchslos zu dominieren, dass er als Resultat einer Machtergreifung gar nicht mehr erkennbar ist.«[248] Die Konservativen haben den Kindern und Enkeln der 68er längst das Feld geräumt. Und so wabert durch das nicht-linke Lager ein diffuser Anti-Intellektualismus, weil dort – verkleidet hinter Pragmatismus – das Denken hinter dem Handeln rangiert.

Kulturmarxismus

Von Marx kommt die Linke nicht los. Die Opfer des Marxismus werden allenfalls als Kinderkrankheiten auf dem Weg zu einer wunderbaren Zukunft gesehen. Die Perspektive heißt: Beim nächsten Anlauf wird alles besser und richtig gemacht. Denn eigentlich sei ja der Sozialismus eine prächtige Idee, sie sei nur immer wieder fehlerhaft umgesetzt worden. Paradoxer- oder auch logischerweise erfuhr der Marxismus nach der Niederlage der Nazis weltweit einen Auftrieb für die Linke; das Zusammenbrechen des Sowjet-Kommunismus hatte aber keine Auswirkungen auf den anhaltenden Siegeszug der Linken: Sie wurde lebendiger denn je.

Und so wiederholt sich – in den Worten von Karl Marx – Geschichte als Farce: in den »Grundsätzen« der Grünen, im »Ampel«-Koalitionsvertrag vom Dezember 2021 usw. Marx ist wieder da, auch sehr sichtbar: Zu seinem zweihundertsten Geburtstag gab es am 5. Mai 2018 in Trier, seiner Geburtsstadt, einen Festakt. Es wurde eine 5,5 Meter hohe und 2,3 Tonnen schwere Marx-Bronzestatue enthüllt – ein Geschenk der Volksrepublik China. SPD-Ministerpräsidentin Marie-Luise Dreyer (SPD) lobte Marx als großen Denker, und der damalige EU-Kommissionspräsident Jean-Claude Juncker hielt die Festrede.

Die Stadt Trier hat das Geschenk angenommen, damit chinesische Touristen sich nicht mit dem Besuch von Marx' Geburtshaus begnügen müssen.

Jedenfalls ist der Marxismus lebendiger denn je. Wie eine Art Gnosis, wie eine übernatürliche Erkenntnis. Aber es geht nicht nur um Gnosis, sondern um real praktizierten Kulturmarxismus. Historisch gehen dessen Ideologie und Strategie auf Antonio Gramsci (1891–1937) zurück. Gramsci war Abgeordneter, 1919 Begründer der Zeitschrift *L'Ordine Nuovo*, 1921 Mitgründer der Kommunistischen Partei Italiens. 1926 wurde er trotz Immunität verhaftet und 1927 zu 20 Jahren Kerkerhaft verurteilt. Dort schrieb Gramsci 2848 Seiten Tagebuch, veröffentlicht als 32 Bände »Gefängnishefte«. Gesundheitlich angeschlagen starb er 1937 kurz nach seiner Freilassung.

Gramsci gab in seinen »Gefängnisheften« als Ziel an, die kulturelle und politische Hegemonie zu erringen, vor allem in den Bildungsanstalten, in Kulturszenen und in den Medien. Gramscis Ansatz ist ein ähnlicher wie Trotzkis Taktik des »Entrismus«. Trotzki (1879–1949) meint damit das Eindringen in eine Organisation, zum Beispiel in die Arbeiterbewegung. Notfalls als »Überwinterungs-Entrismus« auf einem »Langen Marsch« im Sinne Mao Zedongs.

Als eine Art »Kulturguerilla« sind die Neo-Marxisten international denn auch in alle möglichen Institutionen metastasiert – bis hinein in UN, WHO usw. Die kulturmarxistisch solchermaßen ausgerichtete »Zivilgesellschaft« hat in Form der »non-governmental organizations« (NGO) mittlerweile ihre halbstaatliche Institutionalisierung erfahren. Sie müssten also »semi-governmental organizations« (SGO) genannt werden. Nach wie vor begeistert von Gramscis Kulturmarxismus ist die Rosa-Luxemburg-Stiftung, die der Partei »Die Linke« nahesteht. Sie schwärmt von Antonio Gramsci als produktivem Vordenker der Zivilgesellschaft.[249]

Konstruktivismus – Marxismus im neuen Gewand

Linke Regierungstreue attackieren gerne alle möglichen Kritiker verirrter linker Politik als »Leugner«. Kritiker der Klimapolitik werden zu Klimaleugnern, Kritiker der Coronapolitik werden zu Coronaleugnern, Kritiker des Asylmissbrauchs zu Leugnern von »Fluchtursachen«. Dass diese Linken selbst die größten Leugner sind, nämlich die Leugner von Realitäten, ficht sie nicht an. Denn für sie ist Realität eine Konstruktion im Kopf des Menschen. Von daher kommt die Ideologie des »Konstruktivismus«, der ja selbst eine Konstruktion ist.

Das Grundaxiom des Konstruktivismus lautet: Wahrnehmung ist kein Abbild von Realität, sondern Realität stellt sich immer als Konstruktion aus Sinnesreizen dar, vermengt mit Gedächtnisinhalten. Objektive Realität gibt es nicht, nach dem Verständnis des neomarxistischen Konstruktivismus prägt das Bewusstsein das Sein.

Dem kann man manipulativ nachhelfen – qua Indoktrination, genannt »Bildung«. Letzteres ist umso wirksamer, je mehr es zuvor gelungen ist, Gewissheiten zu Ungewissheiten zu erklären, das heißt: sie zu »dekonstruieren«. Frei nach Mephisto in Fausts Studierzimmer: »Ich bin der Geist, der stets verneint! Und das mit Recht; denn alles, was entsteht, ist wert, dass es zugrunde geht …«

Dabei spielt es keine Rolle, was »richtig« oder »falsch« ist, sondern was als »gut« oder »böse« zu gelten hat. »Framing«, Einbettung in »Deutungsraster« und konstruierte »Narrative« nennt sich das.[250] Wer anders tickt, der ist eben ein »Leugner«, ein »Antidemokrat«, ein »Rechter«, ein »Reaktionär«, der in den sozialen Tod getrieben und damit unschädlich gemacht wird. Oder er gilt als »Verschwörungstheoretiker«.

In der Psychoanalyse würde man so etwas einen klaren Fall von Projektion nennen. Denn das Gerede über alle möglichen Verschwörungstheorien ist selbst eine konspirativ anmutende

(Meta-)Verschwörungstheorie – bevorzugt verbreitet von »Faktenfindern«, die selbst (Er-)Finder sind.

Und wie tickt die »intellektuelle Elite«?

Mit kritischer Selbstreflexion hat sie wenig am Hut. Deshalb muss man daran erinnern, was großartige Köpfe »Intellektuellen« ins Stammbuch geschrieben haben: Für Max Weber sind die Intellektuellen Gesinnungs-»Intellektuelle«, keine Verantwortungs-Intellektuelle. Weber spricht denn auch von einer »spezifischen Intellektuellenweltflucht«. Auf die »unzweifelhafte Anziehungskraft« totaler Herrschaft auf die geistige und künstlerische Elite hatte Hannah Arendt in »Elemente und Ursprünge totaler Herrschaft« (deutsch 1950) hingewiesen. Nach Einschätzung von Karl Heinz Bohrer pflegen die meisten Intellektuellen ein konform feindseliges Verhältnis gegen den Westen und eine Parteinahme für die erklärten Feinde des Westens. Bohrer spricht gar von »tyrannophilen Intellektuellen«.[251]

Einer, der sich schon in den 1950er-Jahren sehr kritisch mit den Intellektuellen befasst hat, ist Karl Mannheim.[252] Er machte den Begriff »freischwebende Intellektuelle« bekannt, den er von Alfred Weber übernommen hatte. Mannheim schreibt davon, dass die Intellektuellen wie Schamanen auf der Seite des Weltgeistes stünden, dass sie über die Massenmedien oft bloße Lieferanten maßgeschneiderter Ideologien seien, dass sie sich als »Virtuosen der Empathie« gäben und aus allgegenwärtiger Empathie leicht ein seichter Intellektualismus werde. Kurt Sontheimer schrieb 1976 über das »Elend unserer Intellektuellen«, denen man nicht mit Liberalität und Toleranz, sondern im Interesse einer als frei verstandenen Gesellschaft mit unmissverständlicher Gegenpositionierung begegnen müsse.[253]

Dabei überleben Intellektuelle vor allem deshalb, weil sie im Dienst der politischen Elite oder zumindest deren Medien stehen. Das gilt auch für Neoavantgardekünstler, wie Tom Sora 2024 schreibt.[254] Laut Sora handle es sich oft um »eine ganze Abteilung sehr gut bezahlter neoavantgardistischer Professoren der Künste, die zusätzlich mit regelmäßigen, großzügig honorierten staatlichen Kunstaufträgen versorgt wurden, ihre Studenten in Kunstakademien oder Musikhochschulen ständig zur Bekämpfung des ›Systems‹ animierten«. Die zynische Ausnutzung dieser Situation zeuge, so Sora, von der Doppelmoral staatlich gesponserter Revolutionäre.

Was die linke Elite bewegt, ist fast schon monomanisch unterkomplex. Es geht ihnen um den Ekel am Bestehenden und am »System«, das es zu revolutionieren gelte. Es geht ihnen um den verächtlichen »Tatsachenfetischismus« (Ernst Bloch, 1885–1977). Georg Lukács schreibt dazu: »Wenn sich die Fakten weigern, die ›totale‹ Theorie des Marxismus zu unterstützen, so ist es umso schlimmer für die Tatsachen.«[255] Es gibt auch nichts Widerwärtigeres für einen selbsternannten Intellektuellen, als in einem Land zu leben, das wohlhabend und friedlich ist.

Ferner geht es um Internationalisierung und De-Nationalisierung. Jürgen Habermas, der sich selbst als gelungenes Produkt der »Re-Education« bezeichnet, spricht den Deutschen wegen der »Singularität« des Dritten Reiches jedes Recht auf »eine konventionelle Form ihrer nationalen Identität« ab. Ernst Nolte konterte im »Historikerstreit« 1986/87: Habermas sei einer der folgenreichsten Zerstörer sowohl der geistigen Freiheit als auch des Politischen geworden und ein politischer Abenteurer.

Eines haben Intellektuelle stets: Schlechte Laune gilt als »Elite«-Merkmal. Also ist die Intelligenzia eine weitestgehend humor- und (selbst-)ironiefreie Szene. Humor aber wäre auch für Intellektuelle ein souveränes, sich selbst relativierendes und zugleich demütiges Hinsehenkönnen auf die Unvollkommenheit und die Schwächen seiner selbst, ohne dass einem ein Zacken aus der Krone fällt. Das macht Distanz zu sich und Kritik an sich selbst möglich. Humor hat auch mit Nachdenklichkeit und Ernst, also mit Intellektualität zu tun. Insofern hat Humor einen eigenen Ernst.

Süffisanz, Spott, Sarkasmus, Zynismus, Hohn, Nihilismus – all das dominiert bei den »Intellektuellen«. Aber das sind destruktive Haltungen, die nichts mit Humor zu tun haben. Dass der Humor sogar intellektuell förderlich ist, sei nicht ganz vergessen. Jedenfalls schulen der humorvolle Umgang miteinander und der spielerische Wortwechsel die Fähigkeit des Querdenkens – ebenso wie der Witz sprachgeschichtlich mit Wissen zu tun hat: »Witz« kommt nämlich von »Wissen«. Im Wort »gewitzt« und im Ausdruck »jemand hat Witz« hat sich diese Bedeutung erhalten.

Wie wäre es mit konservativen Intellektuellen?

Nichts wäre also im Interesse der Pluralität intellektueller Eliten notwendiger als ein konservativ-liberaler Gegenbegriff zu »linken« Vorstellungen von Elite. Denn konservativ-liberales Denken orientiert sich stärker am Konkreten als am Denkbaren, es will nicht verändern um der Veränderung willen, sondern es will kontrolliert zum Zwecke der Verbesserung der Umstände verändern. Konservativ-liberales Denken ist auch nicht geprägt von einem euphorischen Radikalismus, sondern von einem Skeptizismus gegenüber allen Visionen einer Perfektibilität des Menschen und seiner Gesellschaften. Skeptiker ist einer ja deshalb, weil er nicht um die eine Wahrheit zu wissen glaubt, sondern weil er um verschiedene Wahrheiten des Menschseins und um die Unvollkommenheit des Menschen im Diesseits weiß.

Schwierig, konservativ-liberale Elite zu finden, ist es aber deshalb, weil konservativ-liberale Intellektuelle selbst bei konservativ-liberalen Regierungen weniger beliebt sind als progressive Intellektuelle bei den ihnen wohlgesonnenen Regierungen. Nein, Demokratie braucht die – durchaus kritische – Sympathie Intellektueller, aber nicht deren klammheimliche Genugtuung ob (angeblich?) gesellschaftlicher Missstände.

26. Sprach- und Denkregime

In George Orwells Roman »1984« sagt der am Wörterbuch der »Neusprache« arbeitende Sprachwissenschaftler Syme zu Winston Smith: »Wir geben der Neusprache ihren letzten Schliff … Wir merzen jeden Tag Worte aus – massenhaft zu Hunderten … Siehst du denn nicht, dass die Neusprache kein anderes Ziel hat, als die Reichweite der Gedanken zu verkürzen? … Es ist lediglich eine Frage der Wirklichkeitskontrolle …Die Revolution ist vollzogen, wenn die Sprache geschaffen ist … Es wird überhaupt kein Denken mehr geben.«

Hätte Orwell im Jahr 1948 die Begriffe »political correctness« und »wokeness« bereits gehabt und würde er heute noch leben, er würde den Beamten Syme das Gleiche mit Blick auf die Lage im Westen der Welt, im Besonderen in Deutschland sagen lassen. Dabei sind die Methoden des Big Brothers des Jahres 1948, als Orwell »1984« schrieb, heute aufgrund der medialen Möglichkeiten sogar weiter perfektioniert.

Die real praktizierte öffentliche Sprache in Deutschland (und im Westen der Welt) ist zu einem Gängelband des Denkens, Wahrnehmens und Fühlens geworden. Von einem Sprach- und Wahrheitsregime kann man mit Fug und Recht sprechen.[256] Es geht um Deutungs- und soziale Sanktionsregime, um oktroyierte »Wahrheiten« (eigentlich »Falsch«-heiten), an die der brave Untertan glauben soll.

Es geht um oktroyierten Moralismus. Die Schweigespirale tut ein Übriges: Man neigt dazu, nichts zu sagen, wenn man annimmt, dass man sich damit außerhalb des Mainstreams stellt. Die Folge ist, dass sich »veröffentlichte« Meinung durchsetzt. Das Volk wird – wie im Nazi-Deutschland und in der DDR – wieder ein Volk von Flüsterern.

Längst sind bestimmte Dinge in diesem Lande nicht mehr verbalisierbar, also bald auch nicht mehr denkbar. Zum Beispiel durch bestimmte Narrative, die zur Staatsraison erhoben wurden: »Willkommenskultur«, »Gender«, »Klimawandel«, »Islam als Teil Deutschlands« usw. Durch politische Vorgaben und eilfertige mediale Verbreitung entsteht ein verzerrtes Abbild der Realität. Als »Goldstandard«-Assoziationen gelten NS-Vergleiche. Dass solche Abbilder wirken, hat auch mit dem sinkenden Bildungsniveau und mit einem fortschreitenden historischen Analphabetismus zu tun.

Einhegung des Denkens durch Einhegung der Sprache, Einhegung der Diskurse – das ist das, was der linke französische Philosoph und Poststrukturalist Michel Foucault (1926–1984) in seiner Antrittsvorlesung vom 2. Dezember 1970 am Collège de France unter dem Titel »Die Ordnung des Diskurses« empfahl. Ein Diskurs, so meinte er, müsse eingehegt werden durch »Verknappung der sprechenden Subjekte«. Klar: Sprachverbote verhindern Diskurse und Auseinandersetzungen. Deutschlands Staatsphilosoph Nummer 1, Jürgen Habermas, der Erfinder der Mogelpackung des »herrschaftsfreien Diskurses«, nennt es »Dethematisierung« unliebsamer, vor allem »rechter« Themen.

Apportierjournalismus

Viele Journalisten der Mainstreampresse praktizieren schließlich im Schlepptau der Regierenden ein suggestives und selektives »wording«, also eine einseitig tendenziöse Wortwahl. »Framing« (englisch: Rahmen) heißt das neuhochdeutsch. Das bedeutet: Man »umrahmt« einen bestimmten Sachverhalt, man stellt ihn in einen anderen Kontext. Man koppelt einen positiven oder neutralen Sachverhalt immer wieder mit negativen oder zumindest anrüchigen Assoziationen, und schon ist der Empfänger der Assoziation, der Bürger Normalo, volkspädagogisch auf Linie.

Die ARD ließ sich »Framing« sogar »professoral« empfehlen. 2017 hatte die ARD dazu bei der »Kommunikationswissenschaftlerin« Elisabeth Wehling eine Arbeit in Auftrag gegeben. Heraus kam, bis 2019 unter Verschluss gehalten, das Papier »Framing Manual – Unser gemeinsamer, freier Rundfunk ARD« – 120 000 Euro teuer. Die Absicht war klar, etwa mit folgendem Satz: »Fakten sind also zentral. Aber (sic! – JK), sie werden in einer öffentlichen Auseinandersetzung erst zu guter Munition (sic! – JK), wo ihre moralische Dringlichkeit kommuniziert wird.« Oder es geschieht gezielt das Gegenteil: »Ideen, über die nicht geredet wird, haben keine Überlebenschance in der Demokratie«, weiß, beziehungsweise hofft, Wehling.

Der Zweck ist klar. Der politisch Missliebige soll diskreditiert, ja verdächtigt werden. Zugleich sollen bestimmte Begriffe tabuisiert werden (etwa »Rasse« oder »Volk«), es soll ein linkes Agenda-Setting stattfinden. Sodann gibt es da einen schrägen Begriff, hier eine negative Etikettierung oder gewisse Assoziationen: »umstritten«, »rechts«, »Leugner«, »Rechter«, »von gestern«, »reaktionär«, »rückwärtsgewandt«, »Brandstifter«, »erzkonservativ«, »Leugner«, »Verschwörungstheoretiker«.

Hinzu kommen die Pathologisierung und Psychiatrisierung Andersdenkender als islamophob, homophob, transphob, xenophob. Auf der anderen Seite, auf der Sympathieskala, gibt es Euphemismen für vermeintliche Sympathieträger: Merkel, die »uneitle, nüchterne Naturwissenschaftlerin«; der »nachdenkliche« Wirtschaftsminister Habeck; die »mutige Außenministerin« Baerbock; der »besonnene« Kanzler Scholz.

Vergleichbare Hochwertwörter gibt es in allen totalitären Systemen: Im Nationalsozialismus Volk, Rasse, Reich; in der DDR: Spione als Botschafter des Friedens, beschlagnahmtes Vermögen wurde zum Volkseigentum, die Mauer zum Antifaschistischen Schutzwall, leere Regale wurden zur Bedarfsunterdeckung.

Am anderen Ende Hassbegriffe der NS-Zeit: »der« Jude, Russe, entindividualisiert im Kollektivsingular; heute der Biodeutsche, die »Kartoffel«. Der Romanist Victor Klemperer (1881–1960) hat das mit Blick auf die Sprache des Dritten Reiches haarklein untersucht. Seine Analyse »LTI = Lingua Tertii Imperii« (die Sprache des Dritten Reiches) wäre auch heute eine lohnende Lektüre zur Immunisierung gegen Sprachmanipulationen.

Ein »Gatekeeping« kommt hinzu: die »Türwächtertätigkeit«. So kommen Tatsachen wie Clan- und Migranten-Kriminalität, Christenverfolgung, EU-Demokratiedefizit, linke Gewalt kaum in die Medien. Dafür bis zum Überdruss Vernebelungs- und Protzbegriffe wie Diversity, Intersektionalität, Gender, queer. Künstler heißen heute gendergerecht »Kulturschaffende«. Aber die Erfinder dieses Worts sind vorgestrig, denn dieser Begriff war 1933/34 von der Reichskulturkammer gekapert und besetzt.

Und der Zweck aller Manipulationen: »Die Grenzen meiner Sprache bedeuten die Grenzen meiner Welt.« Dieses gewichtige Wort stammt von Ludwig Wittgenstein (1889–1951). Dass diese Grenzen indes immer enger werden in diesem Lande, daran wird an allen Ecken und Enden eifrig gearbeitet. Und so entstehen neue Bilder von Mensch, Welt und Familie. Medien, Politik; »Wissenschaft« und Pädagogik arbeiten fleißig daran. Sprachliche Zwangsernährung durch Sprachmanipulation!

Empirische Belege für die Manipulationen

Einen empirie- und statistikgestützten Beweis für solche Manipulationen gab es lange nicht. Das ist nun anders. Der Sprachwissenschaftler Holger Schmitt hat 2021 und 2024 zwei fundierte Sprachanalysen vorlegt und eindeutige Beweise für die politische Schieflage großer Teile der gängigen Presse und ihrer sprachlichen Manipulationen präsentiert. Die Methode, die Schmitt anwendet, ist die »Korpuslinguistik«. Das ist eine computergestützte Auswertung eines im Leibniz-Institut für Deutsche Sprache (ID) digitalisierten riesigen Wortkorpus von zuletzt elf Millionen Texten der Jahre 2014 bis 2022 mit rund drei Milliarden Wörtern, die unter anderem aus *Süddeutscher Zeitung, Berliner Zeitung, Focus, Spiegel, tageszeitung* sowie aus Wikipedia und Politikerreden stammen. Fernseh- und Rundfunksendungen sind leider nicht dabei.

Ausgewertet wurde das Vorkommen von bestimmten Wörtern pro eine Million (WpM), ferner von Kollokationen. Mit Kollokation meint man das überzufällig häufig benachbarte Auftreten von Wörtern. Dazu wurden Wörter-»Fenster« unterschiedlicher Größe definiert, zum Beispiel, welche Wörter in einem Fenster von 9 Wörtern vor und 9 Wörtern hinter einem bestimmten Begriff bzw. Lexem auftauchen.

Schmitts erstes Buch hat den Titel »Das Framing der Linken. Von ›Umverteilung‹, ›Diversität‹ und ›Nazis‹«.[257] Hier weist Schmitt nach, wie bestimmte Wörter suggestive Wirkungen entfalten sollen. Ein »Aktivist« ist fast immer ein Linker mit guten Zielen, selbst wenn es dabei zu Straf- oder Gewalttaten kommt. Von rechten Aktivisten ist nie die Rede. Wenn sogenannte Rechte demonstrieren, dann wird das als »Aufmarsch« verunglimpft. Mit »Aufmarsch« sollen die Aufmärsche der Nationalsozialisten assoziiert werden. Deshalb ist es schier undenkbar, dass die Presse einmal von einem »Aufmarsch« von »Fridays for Future« berichtet.

Sodann hat Holger Schmitt ein zweites Buch vorgelegt. Titel: »Von ›Rechtsextremisten‹ und ›Verschwörungsideologen‹. Wie die Medien aus Andersdenkenden Feindbilder machen.«[258] Zum Beispiel deckt Schmitt auf:

Das Wort »linksextrem« kommt im Wortkorpus 12 583-mal, »rechtsextrem« 119 889-mal vor (Quotient: 1:10). Die Folge dieser medialen Einseitigkeit ist, dass die Bundesbürger die Gefahr durch Rechtsextremismus um ein Vielfaches höher einschätzen als die durch Linksextremismus. Auch wenn die Polizeiliche Kriminalstatistik ein völlig anderes Bild zeichnet: Für 2022 berichtet das Bundesministerium des Innern und für Heimat am

21. April 2023 von 13 542 linksextremen und von 10 788 rechtextremen Gewalttaten (insbesondere Körperverletzungen, Tötungsdelikte usw.). Schmitt fand zudem positiv konnotierte Lieblingswörter aus dem linken Wort-»Schatz« heraus, und er belegte dies statistisch: Antifa, bunt, demokratisch, Migrant, Gerechtigkeit, Haltung zeigen, Toleranz, Zivilcourage. Negativ konnotiert sind: Faschist, gruppenbezogene Menschenfeindlichkeit, Kapitalismus, Leugner, Nazi, populistisch, Rassismus, rechts(radikal/extrem), rückwärtsgewandt, ewiggestrig, Sexist.

Professoral-aktivistisch wird es, wenn sich Susan Arndt von der Universität Bayreuth um Sprache kümmert. Sie will mit einem bei »Duden« verlegten, 256 Seiten starken Buch folgende Begriffe verschwinden lassen: Orient, Okzident, Morgenland, Abendland, Buschmann (nicht den Minister Marco B. von der FDP), Dschungel, dunkelhäutig, Eingeborene, Entwicklungshilfe, Ethnie, Farbige, Fetisch, Flüchtling, Getto, Häuptling, Hautfarbe, Heide, Lateinamerika, Mohr, Mulatte, Naturvolk, Naturreligion, Neue Welt, Rasse, Südafrika, Stamm, Tropen, Tropenmedizin, Wilde, Neger, Eskimo, Indianer, Zigeuner, asozial, Bastard.[259]

Michael Klonovsky, dessen Buch »Rote Linien« diese Aufzählung entnommen ist, nennt Frau Arndt denn auch eine »semantische Reinigungskraft«.[260] Schleswig-Holstein war noch schneller. Zu diesem Zeitpunkt schwarz/grün/gelb regiert, veröffentlichte die Landesregierung den 210 (!) Seiten starken »Landesaktionsplan gegen Rassismus« samt »Leitfaden für rassismuskritische Sprache«.

Prunkstück Gender-Sprache

Nun geht ein neues Sprachgespenst um. Es heißt Gender-Linguistik. Seit etwa 2005 tobt sich hier der Gender Mainstream besonders heftig aus und zwar ohne Rücksicht darauf, dass mit dem generischen (männlichen) Plural als »genus collectivum« seit

Jahrtausenden in allen indogermanischen Sprachen alle Menschen mitgemeint sind. Dennoch werden Maskulina und sogar Neutra – ob es semantisch und grammatisch korrekt ist oder nicht – durch Feminina ersetzt: Mitgliederinnen, Gästinnen … Für die »Erforschung« des gesamten Gender-Irrsinns leistet sich der Steuerzahler mittlerweile eine dreistellige Zahl an Professuren!

Ideologiekritisch betrachtet, ist dies der Versuch, die Gesellschaft über Sprachregelungen umzukrempeln. Dabei wird ordentlich Zwang ausgeübt. An manchen Universitäten bekommt man Punktabzüge in Examensarbeiten, wenn man keine gendergerechte Sprache verwendet.

Die »gendergerechte/geschlechtergerechte« Sprache ist die stümperhafte Sprache schlechthin – obendrein in sich wirr. Es gibt mehrere Schreibvarianten, und aussprechbar ist diese »Sprache« auch nicht – es sei denn, man akzeptierte den logopädiebedürftigen Schluckauf (»Glottisschlag«/ Zungenschlag) bei der Aussprache. Karl Kraus hätte gesagt: »Wer schief spricht, kann nicht gerade denken.«

Eine erste kleine Auswahl an Gender-Geniestreichen: Besonders beliebt ist die feministische Linguistik mit ihrem Binnen-(Majuskel)-I. Von VerbrecherInnen, MörderInnen oder TerroristInnen ist allerdings eher selten die Rede. Sodann: Planet*in Erde, Spatz*innen, Besuchsperson (statt Gast), Erstland (statt Vaterland). Ferner: Mensch mit Gebärmutter, Brustmilch statt Muttermilch.

»Der« Mensch darf auch nicht mehr sein, auch wenn es »die« Menschheit gibt. Die Wörter »man«, »jemand«, »niemand« dürfen ebenfalls nicht mehr sein, weil sie alle, grammatisch gesehen, männlichen Ursprungs und Ausdruck eines »patriarchalischen Androzentrismus« seien, den es zu »entpatrifizieren« gelte. Das Frage- bzw. Relativpronomen »wer« beispielsweise soll in »wex« umgewandelt werden. Die Steigerung des »nicht-sexistischen«

Sprachirrsinns ist – weil angeblich geschlechtsneutral – »das Lehrer«/«Lehrix«, »das Professor«/»Professix«, das »Studerix«. Um wie viel witziger und kreativer sind da doch die Namen Asterix, Obelix, Idefix, Miraculix, Majestix und Troubadix.

Sogar die Grammatik soll vergewaltigt werden. Konkret das Partizip Präsens. Es kommt hier zu abstrusen Konstruktionen: das Bäckerhandwerk wird zum Backenden-Handwerk, die Fußgängerbrücke wird zur Fußgehenden-Brücke. Der Reitersitz wird zum Reitenden-Sitz (d. h. der Sitz reitet). Über die niedrige Wahlbeteiligung von 55 Prozent bei der Landtagswahl 2022 in NRW »weiß« die *Zeit*: »Wählende blieben zu Hause.« Besonders widersinnig: Im Hörsaal sitzen 100 schlafende Studierende. In unserer Stadt gab es im letzten Jahr drei tote Radfahrende.

Zwei Mitarbeiterinnen des ARD-Hauptstadtstudios namens Sarah Frühauf und Viktoria Kleber präsentieren am 31. März 2023 den Begriff »entbindende/gebärende Person«, sie meinten damit »Mutter«. Erst nach einem Sturm der öffentlichen Entrüstung rudert die ARD zurück: Ob die beiden Urheberinnen dieser Verhunzung von ihren Aufgaben »entbunden« wurden, wissen wir nicht.

In einem öffentlichen Zeugenaufruf sucht die Berliner Polizei im Februar 2024 nach drei Straftätern. Das Schläger-Trio soll im Juni 2023 Jahres einen Mann im U-Bahnhof Gesundbrunnen schwulenfeindlich beleidigt, brutal angegriffen und beraubt haben. Auf den Bildern der Überwachungskamera eindeutig zu sehen: drei junge »südländische« Männer. Die Polizei aber fahndet nach »männlich gelesenen« Personen. Begründung der Berliner Polizei: Man verwende diese Formulierungen als »sensiblen Sprachgebrauch«, der »gesellschaftlichen Erwartungen« entspreche und zu einer »hohen Akzeptanz« in der »queeren Community« beitrage.[261]

So richtig international wird die Sache, wenn man auch die Engländer hinzunimmt. In manchen Kommunen gibt es einen

Leitfaden für Lehrer: Man darf nicht mehr von »Mum and Dad« sprechen. Es könnte ja schließlich Kinder geben, die statt »Mum and Dad« eben »Dad and Dad« oder »Mum and Mum« kennen. Da fehlt nur noch – auch das bereits ein Vorschlag – dass Neugeborene geschlechtsneutrale Namen bekommen, damit sie später ihr Geschlecht selbst auswählen können (siehe das »Selbstbestimmungsgesetz«).

Obwohl sich die weit überwiegende Mehrheit der Bevölkerung gegen das Gendern ausspricht, obwohl der Rat für deutsche Rechtschreibung erklärt hat, dass die verschiedenen Genderzeichen (siehe Bürger*innen, Bürger:innen, Bürger_innen, BürgerInnen, Bürger/innen) nicht zum Kern der deutschen Orthografie gehören, möchten ARD und ZDF weiter an ihrer Gender-Erziehungsmaßnahme festhalten. Das ZDF benutzte sogar bei den frauenverachtenden, islamistischen Taliban den Genderstern. In einem auf Instagram geposteten Video eines bewaffneten, bärtigen Islamisten-Kämpfers erklärte ein eingeblendeter Text: »Die Islamist*innen ziehen in immer mehr afghanische Städte ein.« Das Online-Netzwerk »Funk« (ARD und ZDF) benutzte bei Tieren (!) den Gender-Doppelpunkt. In einem Instagram-Post bezeichnete der Kanal Braunbären als »zu 75 % Veganer:innen«.

Die Sprachsäuber_:/I*nnen haben jedenfalls noch einiges zu tun, noch viele Dissertationen sind hier denkbar, um Sprache zu »entsexualisieren«: bemuttern, Ein-Mann-Betrieb, Vaterland, Muttersprache, Milchmädchenrechnung, weltmännisch, unbemannt, seinerzeit (»sein« ist ja ein maskulines/neutrales Possessivpronomen).

ARD/ZDF bleiben gender-»woke«

Über drei Jahre hinweg hatten Journalisten der *Welt* ÖRR-Sendungen zur Gendersprache überprüft. »Bei vielen der von uns analysierten Sendungen war eine eindeutige Präferenz pro Gendern zu erkennen. Es drängt sich daher der Eindruck auf, die

Sender versuchten, mit diesen Beiträgen vorrangig die eigene Sprachpraxis zu legitimieren, zu der sie sich ja auch selbst explizit bekennen,« fassen die Journalisten ihre Erkenntnisse zusammen. »Die Unausgewogenheit in der Darstellung ›gendersensibler Sprache‹ manifestiert sich in den Sendungen auf unterschiedlichen Ebenen: 1) Gender-Befürworter erhalten in vielen Sendungen einen deutlich größeren Redeanteil als Genderkritiker. 2) Die konsultierten Experten stammen schwerpunktmäßig aus dem Lager der Befürworter. 3) Wird auf Forschung Bezug genommen, so vorrangig aus den Bereichen der Psycho- oder Genderlinguistik. 4) Die Auswahl der Gesprächspartner bildet die Positionen in der kontroversen Debatte und die weitreichende Ablehnung der Gendersprache in der Bevölkerung nicht ab. 5) Oft wird die Pro-Position in aller Breite dargestellt, die Kontra-Argumente erhalten hingegen nur wenig Raum. Nicht selten wird auf diese auch ganz verzichtet, nicht zuletzt in den satirischen Formaten der Sender … Dort werden Genderkritiker mit nur wenigen Ausnahmen als reaktionär, rückständig, schrullig oder frauenfeindlich dargestellt.«[262]

Auch mehrere Hundert Sprachwissenschaftler und Deutschlehrer haben sich im März 2023 gegen das Gendern im ÖRR positioniert. Die »sogenannte gendergerechte Sprache« sei ideologisch, missachte gültige Rechtschreibnormen und produziere »sozialen Unfrieden«. Der ÖRR hat dieses klare Votum totgeschwiegen. Unter den Unterzeichnern des Aufrufs befinden sich Mitglieder des Rates für deutsche Rechtschreibung, der Gesellschaft für deutsche Sprache und des PEN-Zentrums sowie etliche renommierte Sprachwissenschaftler und Deutschlehrer.

Aus den Reihen der Unterzeichner wurde Anfang 2023 das »Netzwerk Sprachkritik« gegründet, das der umstrittenen Gendersprache mit sprachwissenschaftlicher Aufklärung entgegentreten möchte.[263] Gender-avantgardistisch gibt sich nach wie vor der Hessische Rundfunk: Das nach der Landtagswahl vom

8. Oktober 2023 neu formierte Hessen-Kabinett will laut Koalitionsvertrag, dass staatliche und öffentlich-rechtliche Institutionen die Gendersprache nicht mehr verwenden sollen. Der Hessische Rundfunk sieht in dem Verbot einen Verstoß gegen die Rundfunkfreiheit.

Viele Leute in Politik und Medien mühen sich jedenfalls ab, als Avantgardisten einer »gerechten« Sprache dazustehen. Nennen wir diese Verrenkungen der »Avantgarde« Gefallsucht, Gleichschrittmentalität, Opportunismus oder einen konformistischen Nonkonformismus. Hauptsache, es tanzt niemand aus der »woken« Reihe.[264]

Zur Erheiterung

Nachfolgend zum allgemeinen Amüsement Beispiele, die – und andere mehr – der österreichische Publizist Andreas Unterberger mit Angabe der Fundstelle zusammengetragen hat:[265] Passagierende, Kinder und Kinderinnen, Samenspender*innen, Krankenschwesterinnen, Eltern und Elterinnen, Feuerwehrmännerinnen, verstorbene Mitarbeitende, Prostatapatienten und Prostatapatientinnen, Studierende im Schlaf erstochen, Osterhasen und Osterhäsinnen, Namensvetterin, Landesschülerinnenvertreterinnen, wie man der Flammen Herr oder Frau werden kann, Deutsche und Deutschinnen, Nonnin, Fahrrad mit tiefem Einstieg statt Damenfahrrad, Bienen züchtende Person statt Imker, Sensenfrau, Witwer und Witwerinnen, Steuer:innenzahler, Weibliche Priesterinnen.

»Warten auf Godot« gibt es mittlerweile auch schon gegendert. Man kann solche Verrenkungen als den Versuch einer semantischen Machtergreifung werten. Man kann solche Sprache zur »Hyperfaktizität« adeln. Gleichwohl gilt: Wo Sprache verödet, da verödet die Wahrnehmung. Womit man bei Albert Einsteins nur vermeintlichem Zweifel angelangt ist: »Zwei Dinge sind unendlich, das Universum und die menschliche Dummheit, aber bei dem Universum bin ich mir noch nicht ganz sicher.«

27. Narzisstische Schöpfungen und Er-Schöpfungen

Aus der Sicht des US-amerikanischen Politologen Ronald Inglehart begann in den 1960er-/1970er-Jahren eine »The Silent Revolution«.[266] Inglehart konstatierte eine Verschiebung der Werteprioritäten im Westen der Welt von materialistischen hin zu postmaterialistischen Werten: hin zu Selbstverwirklichung, Lebensqualität usw. In den Worten von Helmut Klages: »Pflicht- und Akzeptanzwerte« wie Disziplin, Gehorsam, Pflichterfüllung und Treue wurden zunehmend durch Selbstentfaltungswerte zurückgedrängt: Emanzipation, Partizipation, Autonomie.[267]

Propagiert wurde ein radikaler Anspruch auf eine individuelle, nicht rechenschaftspflichtige Lebensgestaltung. Die Moderne wurde zu einer – mehr oder weniger kitschigen – »Geschichte der Entfesselung des Individuums und seiner Subjektivität«.[268] Das Ergebnis ist ein Verfall von Arbeitsdisziplin und Leistungsbereitschaft. Diese Entwicklung wohl früh erahnend, hat Eric Voegelin (1901–1985) sie 1938 in seinem Buch »Die politischen Religionen«[269] als »Egophanie« bezeichnet – eine Vergöttlichung des Selbst.

Viel später hat Voegelin »Egophanie« anders benannt: als »Realitätsfinsternis«.[270] Denn, so Voegelin: Mittels Imagination (vulgo: Einbildung, psychiatrisch: Paranoia) schrumpft sich der Mensch zum Selbst. Dieses Selbst als Charakteristikum des modernen Menschen erkennt keinen Gott und keine Vergangenheit an. Das Ego, die eigene »Vernunft«, das Selbst wird zum transzendentalen Subjekt. Das hat zur Folge, dass es Reibungen gibt zwischen der (ersten) Realität und der (zweiten) Realität des Selbst. Die erste Realität wird bis hin zur direkten oder subtilen Lüge verfinstert und ausgeblendet. Die echte, erste Realität wird ins Unbewusste, in die »Abstellkammer des Vergessens« verbannt.

In der Sprache der Psychologie heißt das: Der Mensch löst seine Unfähigkeit, Ambiguitäten zu ertragen, indem er alles seinem Selbst assimiliert. Vertrauten Begriffen werden neue Bedeutungen gegeben. Oder in der Sprache der Theorie der »kognitiven Dissonanz«: Die »Realität« wird der eigenen Imagination angepasst; was nicht rational, sondern rationalisierend, also scheinbegründet ist. Der Mensch macht sich zum Demiurg, zum Weltenschöpfer. Er huldigt der »Gnosis« – also einem esoterischen, vermeintlich privilegierten »Wissen«, mit dem er das Selbst zur Gottheit erhebt und die reale Welt verachtet. Folge ist laut Voegelin: »Die Kontraktion seines Menschseins zu einem in seine Selbstheit eingekerkerten Selbst ist das Charakteristikum des sogenannten modernen Menschen.« Aber es kommt zu Reibungen zwischen dem Selbst und der Realität. Dadurch wird die erste Realität verdunkelt.

Fortgeführt wird dieser Gedanke von Michel Foucault (1926–1984). Der dem Poststrukturalismus zugeordnete französische Philosoph plädiert mittels »Autofinalisierung«, »Autosubjektivierung« und »Autopoiesis« (Selbsterschaffung) für eine Befreiung von Fakten und Lasten. Einer der Kernsätze Foucaults lautet denn auch: »Das Selbst ist das definitive und alleinige Ziel der Selbstsorge.« Alain Ehrenberg hat dieses Problem in seinem Werk »Das erschöpfte Selbst – Depression und Gesellschaft in der Gegenwart« 1998 (französische Erstausgabe) und 2004 (deutsche Übersetzung) beschrieben[271]. Depression ist für ihn eine »Krankheit der Freiheit«, denn der Mensch werde durch die Überfülle an Optionen der Selbstverwirklichung in eine »narzisstische Erschöpfung« getrieben. Also Erschöpfung statt narzisstischer Selbst-Schöpfung! Schließlich endet der »Solipsismus« als Überhöhung des eigenen Selbst wie im antiken Mythos Narziss, der an ein Wasser kommt und sich dort in sein Spiegelbild verliebt. Er will sich mit seinem Spiegelbild vereinen, fällt dabei aber ins Wasser und ertrinkt.

Der politische Ableger der Vergötzung des Selbst ist die Identitätspolitik. Es ist dies eine Politik von und für Minderheiten, die auf ihr selbstdefiniertes Selbst fixiert sind. So entstehen Sondergruppen, die sich aufgrund eines bestimmten Merkmals »outen« und dafür Toleranz, Akzeptanz, Inklusion, gar Privilegien einfordern. Zumeist reicht »nicht-weiß/nicht-männlich« als essentielles Identitätsmerkmal. Zum Zweck der »positiven Diskriminierung« betreiben dies real oder imaginiert Unterdrückte, auch die Nachfahren von real Unterdrückten. Das heißt, sie erklären sich zu Opfern. In der Sprache des Konstruktivismus: Sie konstruieren sich als Opfer. Unfalsifizierbar und widerspruchsimmun. Aus dieser Rolle heraus haben sie immer recht. Der nach Jahren oder gar nach Generationen bemühte vage Verdacht, Opfer (gewesen) zu sein, reicht. Ein Unfehlbarkeitsdogma lässt grüßen.

Es entstand damit ein Bauchladen an schier sektenhaften Identitäten. Der Psychoanalytiker Bernd Ahrbeck nennt es mit dem Titel seines Bändchens einen »Jahrmarkt der Befindlichkeiten«.[272] Getoppt werden kann eine solche Selbstkonstruktion, indem das »Opfer« für sich in Personalunion mehrere Opferrollen zugleich reklamiert. Zum Beispiel: schwarz + transweiblich + lesbisch + muslimisch + körperbehindert. Das nennt man dann »Intersektionalität«. Letztere hat den Vorteil, dass im Opfer-Ranking eine Mehrfachprivilegierung reklamiert werden kann.

Die Folge von Identitätspolitik(en) ist eine Fragmentierung des Gemeinwesens in Mini-Kollektive, die ein bestimmtes Merkmal essentialisieren, sozusagen verwesentlichen: Wir (pluralis majestatis) sind schwarz, lesbisch, schwul, bi*, trans*. Mit anderen Worten: Je mehr »Diversität«, desto mehr ist ein Gemeinwesen »auseinander-dividiert«.

Sandra Kostner[273] schreibt dazu: »Diese Zwangszuweisung von Schuld- und Opferidentitäten, durch die die Menschen quasi in Identitätsgefängnisse eingesperrt werden, bilden ... die Grundlage jener spezifischen Form der Identitätspolitik, die ich identitätslinke Läuterungsagenda nenne.« Kostner sieht eine Symbiose von »Schuldentrepreneuren« und »Opferentrepreneuren« – also eine Art Unternehmertum von Leuten, die als Diskriminierungstäter schuldig sind, und von Leuten, die als idealisierte Opfer gelten können und damit Profiteure sind. Nach der Methode »divide et impera« (teile und herrsche) lassen sich am Ende Minderheiten leichter gegeneinander ausspielen.

Diese neue, die »identitäre« Masche greift gerade im Justemilieu um sich. Sie metastasiert in zig »identitäre« Gruppen und Grüppchen. Alle definieren sich als unterdrückt und verstehen sich als das neue Proletariat. Identitäre Gruppen und Communitys dürfen in der Folge nicht nur Rechte, sondern im Sinne positiver Diskriminierung auch Privilegien für sich reklamieren.

Ob die Menschen damit glücklicher sind? Wohl kaum, denn in keiner anderen Weltregion werden so viele Anti-Depressiva wie im Westen »konsumiert«. Deren Umsatz nähert sich allein in Deutschland pro Jahr einer Milliarde Euro. In den USA gilt das 1987 entwickelte Anti-Depressivum »Prozac« als Glücks- und Lifestyle-Droge. Jeder Zehnte in etwa greift dort dazu. Umsatz pro Jahr: ca. 5 Milliarden US-Dollar. In Deutschland greift etwa jeder Zwanzigste zu Anti-Depressiva; Umsatz: ca. 800 Millionen €. Das ist eine Verdoppelung in 20 Jahren.[274] Zum Vergleich: In Afrika gibt es kaum depressive Erkrankungen und fast keine Suizide. Suizide sind übrigens aus psychoanalytischer Sicht sehr oft Folge einer narzisstischen Störung, also einer Störung des eigenen Selbstbildes.

Narzissmus

Die narzisstische Persönlichkeitsstörung wurde im Westen nach und nach zu einer Massenerscheinung. Der Psychiater Hans-Joachim Maaz hat dies so beschrieben: »Unsere Gesellschaft ist in die Narzissmus-Falle geraten.« Maaz fügt an: »Der narzisstische

Mensch ist im Kern ein um Anerkennung ringender, stark verunsicherter Mensch.« Für Maaz ist die narzisstische Bedürftigkeit gar ein zentrales Symptom der meisten Bürger der westlichen Konsumgesellschaften.[275]

Die Hauptursache der modernen Geisteskrankheit sah der US-Historiker Christopher Lasch in der Ablösung des patriarchalischen durch den matriarchalischen Führungsstil in Politik und Wirtschaft sowie in der damit verbundenen Infantilisierung der Menschen durch eine ausufernde Sozialbürokratie. Narzissten würden sich darauf konzentrieren, ihre innere Leere und vagabundierende Ängste durch moralische Überheblichkeit gegenüber den »Normalos« oder durch scheinbar gute Taten, durch die Kultivierung von Schuldkomplexen und deren Nutzung für die eigene Imagepflege zu überspielen.

Dieser dekadente Ich-Kult lähme die westlichen Gesellschaften, so lautete schon 1979 die Diagnose von Lasch. Liberale Reformer und Sozialingenieure hätten das Charakterbild des narzisstischen Neurotikers zum vorherrschenden Massentypus werden lassen.[276] Der Wiener Psychiater Raphael M. Bonelli hält fest, dass der Zeitgeist den Egoismus zum Lebensstil erhoben hat und die Social-Media-Kanäle geradezu vor Ich-Bezogenheit strotzen.[277]

Folge: Auch in Politik, Wirtschaftsleben und Kulturbetrieb grassiert die Lust an narzisstischer Selbstbespiegelung. Mit zum Teil schweren psychischen Problemen. Mehr und mehr nämlich entscheidet nicht die Leistung, sondern die Kunst der Selbstpräsentation, der Imagepflege über »Prominenz«. Daraus ist ein global verbreiteter, ständig sich selbst reflektierender Jahrmarkt der Eitelkeiten geworden.

28. Wokeismus – der neue Totalitarismus

Es geht ein weiteres neues Gespenst um im Westen der Welt. Es heißt »Wokeismus«. Dieses Gespenst metastasiert unaufhaltsam: Cancel Culture, Black Lives Matter, Stop White Supremacy! Stop Cultural Appropriation! Stop Toxic Masculinity! Virtue Signalling, Queer, Gender, Critical Whiteness-Studies, Critical Race Theory, Postcolonial Studies … All diese neuen Ideologien, Denk- und Sprachschablonen, Gebote, Verbote, gar »Wissenschaft« genannten Dogmen kommen überwiegend aus den USA (siehe das Kapitel 30, »USA – went left«). Wokeismus wurde jedenfalls zu einer neuen supranationalen und auch besonders »deutschen« Identität.

»Woke« sein heißt: Man ist daueremport, entsetzt, entrüstet … vorauseilend indigniert (»indignatio praecox«), weil man überall Ungerechtigkeiten zu wittern glaubt. Dagegen setzt man das geläuterte Selbstbild: Ich bin authentisch »woke«, also bin ich. Aber es ist dies nichts anderes als autoritärer Moral-Rigorismus – unter einer humanitaristischen Tarnkappe.

Und so metastasiert der »Wokeismus« in Hashtags wie #woke und #staywoke im Netz. Man hält sich für gescheiter, intelligenter, wissender. Es ist schick, »woke« zu sein. Mit Lastenfahrrad vor der Haustür, einem SUV in der Tiefgarage, veganer Hafermilch im Kühlschrank und jährlich zwei Urlaubsreisen in ferne Länder. Man gibt sich elitär (wiewohl man auf Egalitarismus macht), tritt dogmatisch, autoritär bis aggressiv auf, ist stets beleidigt und liebt einfache Erklärungen.

Aber: Das bedroht unsere Demokratie[278] und gefährdet unsere Freiheit.[279] Die Ideologen der Wokeness leugnen nämlich alles Bestehende und geben es als reine soziale Konstrukte, als Produkt einer kollektiven Halluzination (also eines Tagtraums) oder einer Paranoia (einer Umdeutung von Realem) aus. Damit ist allen möglichen Deutungen – auch wahnhaften und irrationalen – Tür und Tor geöffnet. Traditionen werden delegitimiert. Man fällt in maßlos arroganter Weise und bar jeden ideengeschichtlichen Wissens ein vernichtendes Urteil über alle früheren (vor allem weiße) Generationen, die ja angeblich die falschen Fragen gestellt und die falschen Antworten gegeben haben.

Zugleich sind inflationär neue Gerechtigkeiten angesagt: Bildungsgerechtigkeit, Generationengerechtigkeit, Klimagerechtigkeit, Umweltgerechtigkeit, Geschlechtergerechtigkeit, soziale Gerechtigkeit. Friedrich August von Hayek (1899–1992) hat gesagt: Gerade soziale Gerechtigkeit sei das Trojanische Pferd des Totalitarismus. Das Manipulative dabei ist: Gerechtigkeit wird zum Vernebelungssynonym von Gleichheit und Gleichmacherei. Und auch sonst ist die öffentliche Debatte voller hohler Begriffe und Hirngespinste. Negativ assoziiert sind Rassismus, Faschismus, »rechts«; positiv assoziiert sind queer, Diversität, Inklusion, Toleranz.

Eine »woke« Kernprämisse lautet: Alle sind irgendwie Opfer. »Viktimisierung« (von lateinisch »victima« = Opfer) wird das genannt und man meint, ständig würden neue Opfer durch Diskreditierung geschaffen. Zur Selbst-Viktimisierung ist es dann nicht weit. Das Etikett »vulnerabel« (verletzlich) erlebt einen Boom. Immer neue Opfergruppen als konstruierte Kollektive entstehen: nicht-weiß, nicht-heterosexuell, nicht-männlich, nicht-europäisch, nicht-gesund, nicht-intellektuell, nicht-schlank.

Das Opfer ist der neue Held. Mittels Selbst-Heroisierung und Selbst-Viktimisierung (»I feel offended«), indem man sich selbst zum heldenhaften Opfer erklärt, hat man eine Art sekundären Krankheitsgewinn: Man wird beachtet, betüdelt. Die Anerkennung eines Opferstatus stellt ein lukratives Geschäftsmodell dar. Und für all die, die Opfer sein könnten oder sich als Opfer definieren könnten, gibt es Triggerwarnung: Lies dieses Buch nicht, schau diesen Film nicht an …! Helmut Schoeck benannte dieses Phänomen bereits 1980: In seinem Buch »Das Recht auf Ungleichheit« identifizierte er immer neue »Mitleidsgruppen«. Damals war der Arbeiter/Proletarier der Säulenheilige der Linken. Heute ist es jeder Angehörige einer x-beliebigen Minderheit.

Ausgeschlossen vom Opferstatus ist allerdings: der weiße, europäische, alte, privilegierte, heterosexuelle Mann. Er heißt heute CIS-Mann. CIS (lateinisch cis = diesseits) für diesseits im Gegensatz zu Trans für jenseits des biologischen Geschlechts. Der CIS-Mann ist ausschließlich der Täter. Die Bremer Professorin Ines Weller vom Forschungszentrum Nachhaltigkeit und vom Zentrum Gender Studies meinte schon 2007 in einem *Spiegel*-Essay: Männer sind schuld am Klimawandel; sie essen mehr Fleisch, fahren protzige Autos und wollen ihr klimaschädigendes Verhalten nicht ändern.

Es ist dies ein massenpsychotisches, »es«-haftes, irrationales Phänomen: An die Stelle des Realitätsprinzips treten Gesinnungen. Weil Denk- und Gefühlsschablonen vom Reflektieren entlasten. Dabei werden immer mehr Sachverhalte und Wörter einbezogen – qua »wording«, »framing«, NLP und »Nudge«-Strategie. Damit kann man umso leichter den Nutzer bestimmter Wörter als nicht »woke« inkriminieren und ggf. denunzieren. Staatliche und nicht-staatliche Meldestellen blähen sich zu Zensuren auf. »Wokeness« von oben!

Wortgeschichte und Hintergrund

»Woke« ist die erste Vergangenheitsform von »to wake« = »aufwachen«. Erstmals in der heutigen Semantik wohl auftauchend in den USA in den 1930ern, als ein »wachsames« Bewusstsein für mangelnde soziale Gerechtigkeit und Rassismus. Später wurde das »Stay woke« zum Grundsatz der BLM-Bewegung (Black Lives Matter). Publizistisch vermutlich zum ersten Mal ist »woke« am

20. Mai 1962 in einem Artikel des afroamerikanischen Romanautors William Melvin Kelley in der *New York Times* (*NYT*) aufgetaucht. Es geht hier um eine weiße Beatnik-Subkultur, die sich schwarzen Slang aneignet.[280] Einen großen Schub erfuhr der Begriff »woke« mit der BLM-Bewegung ab 2013.

Seit 2017 gibt es »woke« im »Oxford English Dictionary«. 2021 hat das Wort Eingang in den Duden gefunden: »woke« heißt hier »in hohem Maß politisch wach und engagiert gegen (insbesondere rassistische, sexistische, soziale) Diskriminierung«. Für Australien zum Beispiel hat Kevin Donnelly mit 352 Begriffen ein eigenes Wörterbuch zusammengestellt.[281]

Die »Woken« erheben schließlich ihre Stimme in den Medien, auch den »sozialen«, in Schulen, Hochschulen, Unternehmen, Vereinen, Kirchen, im Sport (siehe BLM-Kniefall, Corona-Regenbogenmaske bei der EM 2020 in München, Regenbogenbinde der Bundesinnenministerin auf der Bühne der WM in Katar 2022). Die Regierenden schmücken ihre Regierungsgebäude mit der Regenbogenfahne und marschieren in der ersten Reihe beim »Christopher Street Day« mit. Das macht ja den Totalitarismus aus: hier etwa die »queere« Gleichschaltung aller Bereiche des Lebens – eine Gleichschaltung, für die die »woke« Elite totale Loyalität einfordert.

Woker Markt, woke Werbung, woker Kapitalismus

Erstmals verwendet wurde der Begriff »woker Kapitalismus« 2018 von Ross Douthat in der *NYT* – überschrieben mit »The rise of woke capital«. Er meint damit die Strategie von Konzernen, durch »Virtue Signalling« als »woke« zu gelten. Heute ist der Markt durchsetzt von »wokeness« – auch in Deutschland: Die Drogeriekette DM produziert Podcasts »gegen Alltagsrassismus«. Der Discounter REWE hisst nicht nur am Christopher Street Day die Regenbogenfahne. In immer mehr Prospekten von Kosmetik-Herstellern und selbst von Discountern (Aldi, Netto, Lidl und

Co.) tauchen schwarze »Models« auf. Ohne »PoC« (people of color) scheint es nicht mehr zu gehen: in keinem Bild von Familie, auf keinem Foto in einem Plantschbecken.

Mohrenapotheken und Hotels »Drei Mohren« ändern ihre Namen. Die Bahn stellt 2021 einen Regenbogen-ICE in Dienst und dichtet: »Wir sind Vielfalt! Wir lieben es bunt! …« Mit dem »Railbow-ICE« könne man sofort que(e)r durch ganz Deutschland fahren. Die Lufthansa begrüßt die Passagiere mit »Liebe Gäste« statt mit »Damen und Herren«, damit sich kein(e) Diverse(r) diskriminiert fühlt. Die VW-Tochter Audi spricht Mitarbeiter und Kunden seit 2021 mit »Audianer_innen« an und leistet sich eine »Diversitätsmanagerin« in der Firmenleitung. In Werbefilmen werden die teuersten Audi-Marken von schwarzen »Models« gefahren.

VW und Mercedes erziehen ihre Belegschaften umweltschonend. VW hat am Hauptsitz in Wolfsburg im Sommer 2021 die Currywurst, ja alle Fleischgerichte von der Speisekarte der Werkskantine gestrichen – die Streichung aber nach massiven Protesten der Belegschaft wieder zurückgenommen. Mercedes will in seinen Kantinen seit Anfang 2022 die CO_2-Bilanz verbessern, zum Beispiel durch vegane Kost.

Energiekonzerne verdonnern ihre »Mitarbeitenden« zu »Compliance«-Seminaren, in denen den Teilnehmern »Wokeness« eingetrichtert wird. Der »Mars«-Konzern benennt »Uncle Ben's Reis« 2021 in »Ben's Reis« um und tilgt das Portraitfoto des afroamerikanischen Onkels Ben. Begründung: »Förderung von Inklusion und Gleichberechtigung«. Die Firma Knorr benennt 2020 die Zigeunersoße um. »Der Begriff Zigeunersoße kann auch negativ interpretiert werden«, schreibt der Hersteller auf Instagram. Neuer Name: »Knorr Paprikasoße ungarische Art«. 2020 beugte sich die Firma Bahlsen dem »woken« Druck. Hintergrund: Seit Jahrzehnten stellt die Firma den Schokoladenkeks »Afrika« her. Anfangs versuchte das Unternehmen dies noch zu verteidigen:

Der Name »Afrika« sei gewählt worden, weil Afrika der größte Kakaobohnen-Hersteller der Welt sei. Am Ende wurde aus dem Keks »Afrika« der Keks »Perpetum«. »Jägermeister« unterstützt mit einem Film das US-Projekt »Lesbian Bar« zum Erhalt von LGBTQIA+-Bars.

Disney ist schon lange mit von der Partie. Seit mehreren Jahren heißt es in den Freizeitparks »inklusiv« nicht mehr »Welcome ladies and gentlemen, boys and girls«, sondern gender-neutral »dreamers of all ages«. Auch »Schneewittchen und den sieben Zwergen« geht es an den Kragen. Die Zwerge werden in einem neuen Film durch normal große Personen ersetzt (drei schwarze bzw. dunkelhäutige), Schneewittchen durch eine Latina. Aus »Jungle Cruise« wurden Szenen gestrichen, um indigene Völker nicht zu beleidigen. Das Springer-Haus in Berlin plakatiert am Eingang: »Safe Space for Queers«.

Es gab aber auch reichlich Flops und Umsatzeinbußen: Der US-Bierkonzern Anheuser-Busch (mit Budweiser) engagierte 2023 zu Werbezwecken für sein »Bud Light« ein Transgender-Modell. Das »Model« war der schwule 26-jährige Influencer und Schauspieler Dylan Mulvaney, der sich auf TikTok als »Girl« inszeniert. Nach gewaltigen Einbrüchen im Umsatz und einem sinkenden Aktienkurs (es ging wohl um Milliarden) sah sich das Unternehmen zu einer Kehrtwende gezwungen. Man bedauert, die Gesellschaft »gespalten zu haben« und wolle doch lieber alle »bei einem Bier vereinen«. Der Sportartikelkonzern Nike warb mit einer Trans-Influencerfrau als »Botschafter(in)« für Sport-BH und Damen-Leggins. Es kam nicht gut an. Der Rasierklingenhersteller Gilette produzierte einen Werbefilm mit dem Titel »Boys will be boys? Isn't it time we stopped excusing bad behavior!«. Unter dem Label #TheBestMenCanBe wollte man gegen »toxic masculinity« angehen. Kam nicht gut an. Die Handelskette Target verlor mit ihrer »Pride-Kollektion« in kurzer Zeit zwölf Milliarden US-Dollar seiner Marktkapitalisierung.

Es geht um Green- und Queer-Washing – um subkutane, suggestive, subliminale Gehirnwäsche. Ziel ist der ideale Kunde: divers, pink, green, dekarbonisiert, woke, queer. Er wird mittels dauerberieselnder Hypnopädie eingelullt und ist als Wirtschaftsbürger entmündigt, weil er den Tricks der Propaganda ausgeliefert ist und mit der Zeit gar nicht mehr weiß, wo er überhaupt noch einkaufen kann, ohne einer »Message« aufzusitzen. Oder aber er kauft zur eigenen Gewissensberuhigung ein »diverses« Image.

Spätestens seit Vance Packards Dauerbrenner »Die geheimen Verführer« (1957; Originaltitel: »The Hidden Persuaders«) wissen wir: Ein Kunde kauft ein Produkt oft nicht nur deshalb, weil er es tatsächlich braucht, sondern weil er sich mit dem betreffenden Kauf vor sich selbst oder vor anderen adeln und sich gar vor sich selbst oder vor anderen ein bestimmtes Image zulegen will. So wie er sich früher mit einer bestimmten Zigarettenmarke Männlichkeit oder ein sexy Image einkaufte.

Heute macht sich ein Pink-, Green-, De-Carbon-, Diversity-, Woke-Washing-Label gut. Der Nutzer kauft sich grün »gewaschene« Produkte, weil er damit eine Art Ablasshandel betreibt. Er zahlt nämlich damit eine Strafe dafür, dass man ja im Jahr zweimal in den Urlaub fliegt, dass man einen SUV fährt, dass man noch fossil heizt, dass die Kinder nicht mit dem Fahrrad zur Schule fahren, sondern mit »Taxi Mama«, dass man noch immer nicht vegan ist/isst. Und schon kann man wieder ein ruhiges Gewissen haben, sich als Mitglied der »woken« Gemeinde fühlen und nach außen für ein tugendhaftes Narrativ stehen. Rund 55 Prozent der Beschäftigten in der Werbebranche geben sich übrigens »woke«, sendungsbewusst, sie wählen »grün« (Tendenzstudie 2022).[282]

Neuer Totalitarismus

Der Begriff Totalitarismus ist zwar nicht opportun, denn angeblich werden mit diesem Begriff Nationalsozialismus (ganz schlimm) und Kommunismus (auch schlimm, aber nicht ganz so schlimm) gleichgesetzt. Siehe den Historikerstreit von 1984! Tatsächlich trägt der »woke« Totalitarismus die Züge totalitärer Systeme nach Hannah Arendt (1951) und nach Hermann Lübbe (1987): Verdrängung aller bisherigen Traditionen und Institutionen; Familie als »Objekt politischen Argwohns«; Durchpolitisierung aller Lebensbereiche (Schlagwort: Das Private ist politisch!); öffentliche Verpflichtung zur Demonstration von Begeisterung; propagandistische Omnipräsenz von Feinden; Rolle des Hasses als Politkitt (siehe die »Hasswochen« in »1984«). Ziel ist der brave Untertan. Hannah Arendt übrigens hatte prognostiziert, dass es nach Überwindung des Nationalsozialismus und Stalinismus bald neue Formen des Totalitarismus geben werde. Dieser neue Totalitarismus ist ein Gesinnungs-/Glaubenskampf, also nicht wie die früheren Totalitarismen des Rassenkampfes (Nationalsozialismus) und des Klassenkampfes (Kommunismus).

Das Propaganda-Ziel des Wokeismus ist Konformität, Ent-Individualisierung. Der neue Mensch wird gemacht: formbar, verbildet/un-gebildet, bindungslos promisk, im besten Fall sequentiell monogam, ewig postpubertär, gender-fluid, queer, anti-weiß, bekennend antifaschistisch, antirassistisch, antikolonialistisch, schuldbeladen, klimaneutral, one-world-regenbogenfarben, fortpflanzungs*un*willig. Der uniform/konform »woke« Untertan und Herdenmensch also. Alle sollen gleich essen (vegan), bargeldlos und digital rekonstruierbar einkaufen, gleich heizen, gleich wohnen, sich – patientendigitalisiert – den gleichen Impfungen unterziehen. Das Private inkl. Sexualität, das Privateste, wird politisch (siehe 68er).

Susanne Schröter hat es sehr schön auf den Punkt gebracht, wenn sie über den Wokeismus schreibt: »Eine laute Minderheit versucht, der Gesellschaft die eigene Weltsicht überzustülpen. Unternehmen, Politiker und Individuen müssen den Vorstellungen dieser Ideologen nachgeben. Und sie knicken ein. An den Universitäten werden Professoren unter Druck gesetzt, sich einem woken »Unterwerfungssystem« zu beugen … So vergiftet wie derzeit war das Debattenklima seit den ›1968ern‹ nicht mehr … Andersdenkende werden totgeschwiegen, oder sie erleben qua Shitstorm in den (a)sozialen Medien gar den sozialen Tod … Radikale Minderheiten geben mit totalitärem Anspruch den Ton an. Das Pathologische erfährt eine Normalisierung, und das Normale wird pathologisiert.«[283]

29. Roter Faden: die Lust am Un-Strukturierten

Warum steht dieses kleine Kapitel am Ende all der beschriebenen ideologischen Verirrungen? Antwort: Die Lust am Unstrukturierten, an Beliebigkeit, an Unübersichtlichkeit scheint gewollt oder ungewollt, bewusst oder unbewusst der »Rote« Faden aller Transformationen zu sein. Diese Lust erwächst offenbar aus einer Abräumlaune und aus der Absicht, alles über Bord zu werfen, was den Westen zum Westen gemacht hat.

Solche Lust scheint dem Menschen eigen zu sein. Dahinter verbirgt sich wirkmächtig ein Begehren nach dem Spannungsfreien, nach dem Un-Strukturierten und nach dem Un-Gegliederten ohne Ordnung. Es ist dies eine Sehnsucht nach Harmonie, nach Homogenität, nach einem »herrschafts-« und spannungsfreien Zustand, nach einer »klassenlosen« Gesellschaft, nach romantischer Weltidylle sowie nach Überwindung aller Gegensätze und aller Unterschiede, die zwischen Kulturen, Religionen, Nationen, Gesellschaften, Geschlechtern und Individuen bestehen. Unübersichtlichkeit, Gleich-Gültigkeit und am Ende Orientierungslosigkeit sind angesagt.

Mit Ambiguitätstoleranz, das heißt mit dem Ertragen von Unterschieden und Antagonismen, tun sich viele Menschen aber schwer. So sind sie anfällig und verführbar für Versprechungen spannungsfreier Harmonie. Im Grunde genommen ist dies aber eine Sehnsucht nach einem toten Zustand der totalen Spannungsfreiheit. So wie der Tod das Ende aller Ordnung ist. Diese Ur-Sehnsucht machen sich Ideologen linker Provenienz zunutze. Sie bieten Eindeutigkeit und ein Aufbrechen von Strukturen, die dann im Sinne eines linken Egalitarismus eingeebnet, ja beseitigt werden sollen.

Es ist dies ein tiefenpsychologisch brisantes Phänomen. Sigmund Freund hatte es zerlegt, psycho-»analysiert«. Vor allem in seiner Schrift »Jenseits des Lustprinzips« (1920), die unter dem Eindruck des Ersten Weltkrieges entstand, entwickelte Freud die »Destrudo«-These bzw. die Theorie der zwei Seiten bzw. Phasen von Masochismus. Primärer Masochismus ist für Freud der Drang nach einem endgültig spannungsfreien Zustand, wie er die anorganische, tote Materie kennzeichnet. Im Grunde ist es Todessehnsucht. Diesem primären Masochismus tritt der sekundäre Masochismus entgegen. Der Eros, der Selbsterhaltungstrieb, stoppt den Todestrieb und verwandelt die Auto-Aggression in Aggression nach außen. Letztere wiederum scheitert an den Normen der Gesellschaft und am Über-Ich (Gewissen), so dass sich ein Teil der aggressiven Energie zurückwendet und autoaggressiv als Schuldgefühl oder suizidale Neigung wirkt.

Im weitesten Sinn praktiziert der Konstruktivismus bzw. Dekonstruktivismus diese Dynamik als philosophisches Konzept. Es ist dies die Theorie, dass jedes ideelle menschliche Gebilde von widersprüchlichen Strukturen geprägt sei, aber keinen rekonstruierbaren Sinnzusammenhang darstelle. Das Wirkliche sei allenfalls durch eine Dekonstruktion immanenter Strukturen verstehbar. Dekonstruktivismus ist schließlich das von dem französischen Philosophen Jacques Derrida (1930–2004) propagierte Verfahren, zentrale philosophische Begriffe zu »dekonstruieren«, sie ihres Selbstverständnisses zu entheben. Ähnliches findet man bei Philosophen wie Michel Foucault oder Jean Baudrillard, für die Wahrheit relativ ist, weil sie als Konstrukt ja dekonstruiert werden könne. Wahrheit gibt es nicht mehr, vor allem kein abendländisches Denken, sondern allenfalls einen Flickenteppich an Ideologien, die es zu dekonstruieren, eigentlich zu destruieren gelte. Das ist dann wiederum der Tod aller Kategorien und Ordnungsprinzipien. Wie in John Lennons »Imagine« ist alles nur Vorstellung. Auch das Bunte ist ununterscheidbar geworden; aber mischte man alle Regenbogenfarben zusammen, entstünde ein Einheitsgrau.

Das Phänomen der Entropie ist da nicht weit. Es beschreibt die Tendenz der Natur, von einem strukturierten Zustand in einen unstrukturierten Zustand überzugehen. Beispiele: Metall rostet, Holz verrottet, ein menschlicher oder tierischer Körper verwest, organische Zellen zerteilen sich unstrukturiert in Atome bzw. Moleküle. Insofern ist Entropie ein Maß für den (Un-)Ordnungsgrad in einem System. Jedes System strebt immer den maximalen Grad an Unordnung an, falls keine Energie für den Erhalt der Struktur zugeführt wird. Anders gesagt: Ein Zustand maximaler Unordnung ist der wahrscheinlichste aller Zustände eines Systems. Jeder Prozess in der Natur geht mit der Zunahme der Entropie (der Unordnung) einher. Je größer die Ordnung eines Systems, desto geringer die Entropie und umgekehrt. Diese Unordnung in einem System basiert auf der Brown'schen Molekularbewegung und dem Bestreben der Teilchen, sich gleichmäßig im Raum zu verteilen. Es wird dadurch immer ein System mit möglichst großer Unordnung angestrebt.

Allerdings ist der Mensch nicht einfach nur ein Bündel von Atomen und Molekülen, das jederzeit in den Zustand der Entropie, also in tote Unordnung umkippen könnte, sondern der Mensch ist kraft seiner Ratio zum Widerstand gegen Entropie befähigt. Er kann aus Unordnung und Chaos Ordnung und Komplexität schaffen. Solange er lebt und sein Kopf klar ist.

Weil das Universum zu Unordnung, Fragmentierung und Verfall tendiert, tut eine Gesellschaft, die überleben will, gut daran, auf das Gegenteil hinzuarbeiten. Ordnung, Struktur und Klarheit sind jedoch aus der Mode gekommen. Im Westen gelten klare Verhältnisse als überholt, Bindungen als vorgestrig, Bindungslosigkeit und Promiskuität als »modern«. Allerdings ist es wiederum die Vorstufe von Entropie, wenn sich Bindungen, etwa Ehe, Familie, Nation, auflösen. Je bindungsloser, desto mehr Entropie. Die Lust auf Entropie verführt denn auch die »Linke« mit ihrem Ideal der Diversität und in Grundfragen von Bildung und Erziehung hin zur Sehnsucht nach dem Un-Strukturierten: zur Sehnsucht nach Überwindung interindividueller Unterschiede, nach Überwindung gesellschaftlicher, auch schulischer Strukturen.

Abraham H. Maslow, einer der Begründer der »Humanistischen Psychologie«, hat dem entgegen klar zum Ausdruck gebracht, was gerade Heranwachsende brauchen, nämlich Struktur und Vertrautes. Wörtlich: »Das Kind scheint nach einer voraussagbaren, geregelten, ordentlichen Welt zu verlangen … Kinderpsychologen, Lehrer und Psychotherapeuten haben festgestellt, dass Kinder nicht eine uneingeschränkte Permissivität, sondern eine eingegrenzte vorziehen und auch brauchen …, dass das Kind eine organisierte und strukturierte Welt braucht … Wir können diese und ähnliche Beobachtungen verallgemeinern und behaupten, dass das durchschnittliche Kind und – weniger offenkundig – auch der durchschnittliche Erwachsene … eine sichere, ordentliche, voraussehbare, gesetzmäßige, organisierte Welt bevorzugen, auf die sie rechnen können …«[284]

Teil IV: Blick in drei andere westliche Länder

In den vorangegangenen Kapiteln ging es vor allem um Deutschland: um die hier sichtbaren Phänomene von Verfall sowie um intellektuelle Verirrungen. Da und dort kamen Entwicklungen in anderen westlichen Ländern zur Sprache. Nachfolgend soll der Blick nun auf die Länder USA, Großbritannien und Frankreich fokussiert werden. Zugegebenermaßen sehr konzentriert auf die spezifischen Probleme, mit denen diese Länder zu tun haben bzw. die sie selbst im Laufe der Zeit geschaffen haben. Es sind dies Probleme, die Deutschland in anderer Ausprägung auch hat, die Deutschland zum Teil von dort übernommen oder gar potenziert hat. Die Deutschland womöglich noch bevorstehen.

30. USA – went left

Wer jemals meinte oder noch meint, die USA seien ein intellektuell freies Land, der hat sich getäuscht. Nein, die USA sind mittendrin, sich von ihren »Eliten« her zu einem linken, sozialistischen Gebilde zu deformieren – mehr noch: die westliche Zivilisation zu dekonstruieren. Nicht erst jetzt. Das war bereits in den 1960er-Jahren so. Die »Free-sex«-Bewegung, die Hippie- und Drogen-Kultur waren ja – bei allem sonst von ihr bis heute gepflegten Anti-Amerikanismus – Vorbilder der deutschen 68er.[285] Später, ab den 1980er-Jahren, schwappten Denk- und Gesinnungsgebote/-verbote der »Political Correctness« (PC) herüber. Um das »richtige« Denken, Fühlen, Erinnern und Sprechen, einen moralisierenden Fundamentalismus geht es bis heute.

Die US-PC-»Regeln« sind Legion: Statt mankind hat es humankind zu heißen, statt chairman chairperson/chairs, statt heroes heroes/sheroes. Im Sinne des »Ableismus« heißen Behinderte »differently abled«, Nichtbehinderte »temporarily abled«, Blinde »other-visioned«, Geisteskranke »emotionally different«, Zwergwüchsige »vertically challenged«, Hässliche »cosmetically different« und Kahlköpfige »hair disadvantaged«.

Robert Hughes[286] sah in PC bereits 1994 ein neues »Mainstream-Curriculum an geheuchelter Empathie und an Schönfärberei«. Wer nicht politisch korrekt denkt und spricht, wer im Orwellschen Sinn ein »Gedankenverbrecher« ist, wird zur Zielscheibe der »Gedankenpolizei«, er wird der »Herrschaft des Verdachts« (Hegel) unterstellt, oder er wird im Sinne des »big brother« einfach »vaporisiert«, verdampft, das heißt, er findet in der Meinungsbildung nicht mehr statt.

Jetzt wird – ausgehend von den USA – der Westen erfasst von: Gender-Ideologie, »Wokeness«-Bewegung, »Critical-whiteness-Forschung«, »Critical Race Theory« (CRT), »Black-lives-matter«-Bewegung (BLM), »cancel culture«, dem ewigen Sündenstolz der Weißen, der Umschreibung der Kolonialgeschichte und der Geschichte der Sklaverei unter Ausblendung der arabischen Geschichte.

Klar, das ungebrochene kulturmarxistische Hegemoniebestreben ist kein Phänomen der »woken« USA, sondern eine Entwicklung, die den gesamten Westen, Deutschland voran, vermehrt erfasst. In den USA finden sich viele der Transmissionsriemen des linken Autoritarismus: die (»Elite«-)Universitäten, die Demokratische Partei der USA, die monolithische Hollywood-Schickeria, die Establishment-Medien mit ihrem Informationsoligopol (darunter die *New York Times* und die *Washington Post*).[287]

Alain Finkielkraut schreibt dazu: »Amerika ist dabei, seinen eigenen Kommunismus zu erfinden, ohne dass er von einem Big Brother dazu gezwungen würde.«[288] Die Kennzeichnung dieser Entwicklung als linker »Autoritarismus« trifft hier in einer Weise zu, die Theodor Adorno 1950 in Anlehnung an Erich Fromm mit seiner in den USA entwickelten »Theorie der autoritären Persönlichkeit« für rechten Autoritarismus meinte reservieren zu können. Adorno unterstellte, dass nur faschistisch Veranlagte dazu neigen, kritik- und widerstandslos politische oder ideologische Vorgaben umzusetzen. Nein, das tun in gleicher Weise linksautoritär veranlagte Charaktere. Deren Spitzen verlangen ebenso unbedingte Gläubigkeit und Gefolgschaft.

Durch die USA geht jedenfalls ein politischer und intellektueller Riss. »Aus Vielen Eines« (E pluribus unum) – das scheint vorbei. Ebenso das Selbstbild der USA als großer Schmelztiegel, in dem äußerliche Unterschiede irrelevant sind und in einer freiheitlichen Demokratie zu einer neuen, amerikanischen Identität verschmolzen werden. Anstelle dieser Narrative sind getreten: identitätspolitische Agenden, welche die Unterschiede in den Vordergrund rücken – mit Leitmerkmalen wie Ethnizität, Herkunft, Hautfarbe, Religion. Diese Spaltungen hat Arthur M. Schlesinger

Jr. (1917–2007), Historiker, zweifacher Pulitzer-Preisträger, Sonderberater von John F. Kennedy und Kennedy-Biograf, bereits 1998 sehr hellsichtig und beklemmend realistisch beschrieben.[289] Schlesinger schreibt von einem »Kulturkrieg« in den USA: Das westliche Erbe solle zu einem weißen Schuld- und Schamkomplex schrumpfen.

Die US-»Elite«-Universitäten legen sich ins Zeug

Ausgerechnet im Land der vermeintlich unbeschränkten Meinungsfreiheit haben viele Menschen Angst davor, ihre Meinung zu sagen – vor allem an Universitäten. Dahinter steht eine Ideologie, der sich viele Progressive in den USA verschrieben haben: die Identitätspolitik. Sie setzt auf »Diversity, Equity and Inclusion« und hat als Ziel, die Bedürfnisse verschiedener – vor allem ethnischer und sexueller – Minderheiten in den Vordergrund zu rücken. Und sie stellt dieses Ziel über die Meinungsfreiheit. Die Idee dahinter ist, keine Meinungen zuzulassen, die andere Menschen – eben vor allem Angehörige einer Minderheit – verletzen könnten. Dazu passt: Die American Library Association (ALA) der USA bekommt immer mehr Anträge, »böse« Bücher auszusortieren. Zum Beispiel »Die Abenteuer des Huckleberry Finn« von Mark Twain, wiewohl dieses Buch eigentlich ein Klassiker antirassistischer Literatur ist. Auch die Aussortierung von Orwells »1984« und Huxleys »Schöne Neue Welt« wurde schon beantragt.[290]

Die Beispiele sind Legion: 2022 kündigte die Hamline University (St. Paul, Minnesota) der Professorin Erika López, weil sie in ihrem Kurs eine historische Darstellung des Propheten Mohammed zeigte – obwohl sie allen Teilnehmern die Möglichkeit gegeben hatte, den Klassenraum zu verlassen, sollten sie das Bild nicht sehen wollen.[291] 2020 wurde an der University of Southern California ein Professor suspendiert, weil er ein chinesisches Wort verwendet hatte, das phonetisch dem »N-Wort« (so soll man nämlich, geht es nach den PC-Regeln, das Wort »Neger« mittlerweile nur noch schamhaft umschreiben) ähnelt. Die Professorin Rochelle Gutierrez von der Universität Illinois erklärt die Mathematik für rassistisch, weil sie von toten weißen Griechen abstamme. Dies sei der Grund, warum Menschen mit Migrationshintergrund hier schwach seien. Man macht auf »Equitable Math«, »faire« Mathematik. Von Orwell stammt der Satz: »Zuletzt würde die Partei noch erklären, dass zwei und zwei fünf sei, und man würde es glauben.«

Joseph Manson[292] war Professor für Anthropologie an der University of California Los Angeles (UCLA). Mit 62 Jahren kehrt er der Uni den Rücken. Maßgebliche Gründe: Eine »woke« Cancel-Culture und Antizionismus greifen in der Academia um sich. Manson berichtet von Professor P. Jeffrey Brantingham. Dieser hatte Simulationsmodelle zur Analyse städtischer Kriminalität entwickelt. 2018 verabschiedete die Anthropology-Graduate-Studentenvertretung (AGSA) eine Resolution, in der Brantingham beschuldigt wurde, »die Kriminalisierung des Schwarzseins in den USA zu verankern und zu normalisieren«. Auch außerhalb der anthropologischen Abteilung zeigt die UCLA als Ganzes alle Anzeichen der Woke-Ideologisierung, die mittlerweile innerhalb der US-Unis typisch sind. Die akademische Karriere des Evolutionsbiologen Colin Wright wurde sabotiert, weil er der These widersprochen hatte, dass das biologische Geschlecht ein kontinuierliches Spektrum und biologisch männlich und weiblich lediglich soziale Konstrukte seien.

Der Theologieprofessor Ingolf U. Dalferth attestiert den Geisteswissenschaften, sie würden »orientierungslos im Meer der Ideologien« schwimmen. In den USA würden mittlerweile Studienprogramme eingestellt, weil sie »too white, too European, too male« seien. An Dalferths früherer Universität in Kalifornien wird den »humanities« nahegelegt, sich zu »ethnic studies« oder »applied humanities« umzugestalten. Philosophie wurde im letzten Jahr zum überflüssigen Fach erklärt und alle Professoren entlassen. Am Department of Religion wird Studenten geraten, sich nicht länger mit »traditional, European, dead white guys' philosophy and theology« zu beschäftigen. Der Lehrstuhl für Religionsphilosophie darf an keine Weißen oder Asiaten vergeben werden, sondern nur an eine »Person of Color«.[293]

Zugleich macht sich »Wissenschaft« zum Büttel von milliardenschweren Klima-Ideologen. Der Investmentbanker John Doerr spendete für die Klimawissenschaft an die Universität Stanford 1,1 Milliarden US-Dollar. Das Forschungsinstitut bekam dann den Namen »Standfort Doerr School of Sustainability«.[294] Die Harvard Universität bekam vom Investmentbanker Jean Eric Satana 200 Millionen US-Dollar, damit sie sich für die Transformation zur Klimaneutralität einsetzt. Das Institut heißt seitdem »Satana Institute for Climate Sustainability«.[295]

Antisemitismus an US-Unis

Nun erfährt der Antisemitismus an den US-Unis eine Blüte. Judith Butler, US-Gender-Ikone, war unmittelbar nach dem 7. Oktober 2023 voranmarschiert. Am 13. Oktober 2023 veröffentlichte sie ihren Aufsatz »The Compass of Mourning« (Kompass der Trauer).[296] Wie auch später bei einem Vortrag Anfang März 2024 in Paris verharmloste sie die palästinensischen Schlächtereien vom 7. Oktober 2023 inkl. Kindermorde als »bewaffneten Widerstand«. Suhrkamp, ihr deutscher Verlag, steht trotzdem zu ihr.[297] Für Alain Finkielkraut ist es ein »schmerzhafter Anblick zu sehen, wie amerikanische Studenten ruhig und gelassen Fotos von israelischen Geiseln abgerissen haben … Das macht Angst, denn diese Ideologie prägt die Elite oder die zukünftige Elite. Wokeismus ist die Installation des Hasses auf den Westen im Herzen des Westens. Und Israel ist in dieser Perspektive das Zentrum, das alle Verbrechen, alle Schandtaten, alle Greuel des Westens bündelt.«[298]

Nach dem Hamas-Massaker vom 7. Oktober gelten in den USA in weiten Uni-Kreisen Israel als weißer Kolonialstaat und die Palästinenser als die zu schützende Minderheit. In Harvard tobten Studentengruppen von Israel- und Judenhassern auf dem Campus.

Am 5. Dezember 2023 gab es dazu eine Anhörung im US-Kongress. Harvard-Präsidentin Claudine Gay wurde gefragt, ob der »Aufruf zum Völkermord an den Juden« an den Universitäten gegen Richtlinien zu Mobbing und Belästigung verstoße. »Das kann sein, abhängig vom Kontext«, antwortete sie. Auf die Aufforderung, mit »Ja« oder »Nein« zu antworteten, sagte Gay erneut, das hänge vom Kontext ab. Präsidentin Gay war übrigens eine Quoten-Besetzung, denn ihr wissenschaftliches Renommee ist überschaubar. Sie trat dann zurück, meinte aber sagen zu müssen, gegen sie als Schwarze sei ein »rassistisches Ressentiment« in Gang gekommen.

An der New Yorker Columbia University wurden nach der Eskalation der propalästinensischen Proteste April 2024 rund 300 Personen festgenommen. Es war an Dutzenden Universitäten in den USA zu heftigen Protesten gegen Israel gekommen. US-Präsident Biden war offenbar davon beeindruckt, denn er stoppte Mitte Mai 2024 zeitweilig Waffenlieferungen an Israel.

Josef Joffe ist ein intimer Kenner der US-Uni-Landschaft. Er lehrte Internationale Politik als Distinguished Fellow in Stanford/Kalifornien. In der *NZZ* vom 3. Januar 2024 schreibt er: »Schon vor einer halben Generation tat sich eine ideologische Kluft in der amerikanischen Professorenschaft auf. Insgesamt überwogen Linke die Konservativen mit 72 zu 15 Prozent: 88 zu 3 in der Literatur, 81 zu 2 in Politologie, 80 zu 5 in Philosophie, 77 zu 9 in Soziologie.« Joffe zitiert eine Gallup-Studie 2023, der zufolge das Vertrauen in die US-Universitäten auf 36 Prozent gefallen sei; 2015 waren es noch 57 Prozent.

Caroline Fourest schildert, wie Dozenten an US-Universitäten immer häufiger Angst haben, bestimmte Themen oder bestimmte klassische Werke zu besprechen. Es könnte sich ja ein Student traumatisiert (»offended«) fühlen. Es ist schier ein Wettbewerb daraus geworden, Lehrveranstaltungen damit zu kippen. Studenten und linke Dozenten stacheln sich gegenseitig an, allüberall Rassismus, Kolonialismus, Sexismus zu wittern. Selbst Werke wie Sophokles' »Antigone« und Ovids »Metamorphosen« fallen durch das Raster.[299] Obendrein, so Fourest: »Es häufen sich die Fälle von Akademikern in Amerika, die sich indigene oder schwarze Fake-Identitäten zulegen und auf diesem Ticket Karriere machen.« US-Senatorin und Harvard-Professorin Elizabeth Warren etwa behauptete ohne jeden Beleg, indianische Vorfahren zu haben.[300]

»Woke« US-Presse

Die »führende« Presse steht nicht abseits. 2019 verbreitete die *New York Times* (*NYT*) eine 100 Seiten starke Sonderausgabe, mit der sie die US-Geschichte umdeutete. Nicht die Unabhängigkeitserklärung von 1776 sei das Gründungsdatum der USA gewesen, sondern das Jahr 1619: »The 1619 Project«. 1619 hatten die ersten Sklaven Nordamerika erreicht.

2020 wurde der Chef der *NYT*-Meinungsseite James Bennet geschasst, weil er den republikanischen Senator Tom Cotton hatte zu Wort kommen lassen. Cotton hatte im Zusammenhang mit den gewalttätigen Unruhen nach dem Tod des schwarzen George Floyd im Rahmen einer Polizeifahndung in Minneapolis den Einsatz des Militärs gefordert. Bennet arbeitet mittlerweile beim britischen »Economist«. Dort rechnet er mit dem »illiberalen Bias« (also den illiberalen Vorurteilen) und der »Heuchelei« der US-Mainstream-Medien *NYT* und *Washington Post* ab. Diese befänden sich in abgekapselten Blasen. Die *NYT* will seit 2023 auch nur noch positiv über Transgender berichten.

Josef Joffe titelt in der *NZZ* vom 21. Dezember 2023: »Die Leitmedien hissen die Regenbogenfahne – ihre Linkslastigkeit verprellt viele Leser«. Hintergrund: Eine Untersuchung von »Gallup« stellte fest, dass vor 50 Jahren gut zwei Drittel der USA-Amerikaner ihr Vertrauen in die Massenmedien bekundeten und es jetzt nur noch rund ein Drittel tut.

Ähnlich urteilt René Pfister; er arbeitet für den *Spiegel*, seit 2019 von Washington aus. Pfister erkennt im Meinungsdiskurs in den USA einen »Hauch von Nordkorea«. Die »Empfindlichkeit der Wohlmeinenden« ersticke den liberalen Diskurs. Alles drehe sich monomanisch um »Mikroaggression«. Man darf nicht einmal mehr fragen: »Woher kommen Sie?« Denn das suggeriere: »Sie gehören eigentlich nicht hierher.« Zu sagen »You speak good English« gilt als rassistisch. Pfister schreibt, dieser Geist der Illiberalität breite sich aus in den Universitäten, in der *NYT*, in der *Washington Post*, in CNN, bei Amazon, McDonald's, Unilever. Jede noch so harmlose Szene werde zum Tribunal. Wo man früher puritanisch prüde gegen alles Sexuelle gewettert habe, setze man heute »puritanisch« prüde alles Heterosexuelle herab.[301]

In Kanada kaum anders

Das offizielle Kanada ist da sowohl geografisch als auch ideologisch nicht weit weg. Wenige Beispiele nur: Unter dem überaus »woken« Ministerpräsidenten Justin Trudeau wurde die Kanadaflagge zum Nationalfeiertag am 1. Juli 2021 auf Halbmast gesetzt – in Erinnerung an den 1. Juli 1867, als Kanada Bundesstaat des britischen Commonwealth wurde.

Der renommierte klinische Psychologe Jordan Peterson hat seine Professur an der Universität Toronto 2022 aufgegeben, weil er das »woke« Uni-Klima des »Gesinnungsdrucks« nicht mehr ertragen konnte. Und alles nur noch den DIE-Kriterien unterliege (diversity, inclusion, equity). Damit stehe Wissenschaft insgesamt zur Disposition, denn selbst erstklassige seiner Studenten hätten keine Chancen, wenn sie sich heterosexuell zeigten.[302]

In Kanada erhielten bislang behinderte Studenten seit langer Zeit Yogaunterricht. Aktivisten forderten, mit dieser »kulturellen Aneignung« Schluss zu machen, denn Yoga gehöre den Indern.

31. Großbritannien – »woke« wie die USA

Von allen europäischen Ländern steht Großbritannien den USA am nächsten. Insofern ist es keine Überraschung, dass sich beide Länder in vielen politischen und gesellschaftlichen Belangen gleichen. Ein maßgeblicher Unterschied ist freilich, dass die USA mit dem Islam (noch) keine so großen Probleme haben wie die Briten. Wenn man vom islamistischen »Nine Eleven« mit dreitausend Toten »absieht«. Was den Briten das Problem mit der Integration der Muslime darstellt, ist bei den USA eher das Problem mit der Integration bzw. der Rückweisung der »Hispanics«, die zu Zigtausenden über die Grenze Mexikos in die USA drängen.

Großbritannien hatte aufgrund seines Status als »Empire« Millionen Zuwanderer aufgenommen. Heute sind Weiße in 14 Stadtregionen Englands in der Minderheit. In der Mehrzahl der 33 Londoner Bezirke stellen Briten eine Minderheit dar. Es dominieren Zuwanderer von den Westindischen Inseln, aus Indien, Pakistan und Bangladesch. Hintergrund ist das 1962 verabschiedete Commonwealth-Einwanderungsgesetz, mit dem die anhaltende Flut an Migranten eigentlich begrenzt werden sollte. Auch für Großbritannien gilt, dass der Anteil der Christen sich von vormals 75 Prozent auf etwa 50 Prozent verringert hat.

Das »multikulturelle Britannien« ist längst keine Erfolgsgeschichte mehr. Die Unterstützung der weißen Bevölkerung für das Projekt eines multiethnischen Britanniens ist dahin. Zwar hatte die damalige Innenministerin Theresa May noch 2014 die Friedfertigkeit des Islam herausgestellt. Doch davon ist heute keine Rede mehr. Auch aus der Partei der Tories kommen sehr kritische Töne, selbst wenn die Konservativen in der Frage der Deportation von Zehntausenden an illegalen Migranten nach Ruanda gespalten sind und einzelne Islamkritiker gar aus der Partei aussortiert wurden.

Suella Braverman von den Tories, Tochter von außereuropäischen Einwanderern, hatte ihr Amt als Innenministerin 2022 zur Verfügung stellen müssen, nachdem sie bei der Niederringung der großen pro-palästinensischen Umzüge Härte gezeigt hatte. Später hat sie in einem Gastbeitrag für den *Telegraph* unter dem Titel »Islamisten drangsalieren Britannien in die Unterwerfung« geschrieben, dass muslimische Extremisten und Linksradikale die Straßen Englands übernommen hätten und dass der Multikulturalismus im Königreich gescheitert sei. Laut Braverman breite sich der radikale Islam zunehmend in Justiz, Anwaltschaft und an den Universitäten des Vereinigten Königreichs aus. Sie selbst sei als Ministerin entlassen worden, weil sie sich gegen eine Politik der Beschwichtigung (appeasement) gegenüber dem »Islamismus« gestellt hatte.[303] Braverman spielt darauf an, dass Demonstranten und vermummte Mitmarschierer mit Hamas-Stirnbändern und mit der Kufiya (Palästinensertuch) die Zerstörung Israels verlangen.[304]

Frank Furedi, geschäftsführender Direktor des Think-Tanks MCC-Brussels, berichtet im April 2024[305], Großbritannien gehe der Vokabel »Islamismus« aus dem Weg. Heute werde der Begriff Islamophobie ständig verwendet, um jeden zum Schweigen zu bringen, der es wage, auch nur die leiseste Kritik an Islamisten zu äußern. Aus Feigheit werde der Islamismus nicht kritisiert, denn eine Verbindung zwischen Islam und Terrorismus passe nicht ins Konzept.

Nicht einmal die von der Hamas am 7. Oktober 2023 begangene Massengräueltat gegen israelische Zivilisten würde von der BBC als Terrorakt gebrandmarkt. In der BBC nennt man die Hamas-Terroristen nur »Kämpfer«. In den redaktionellen Leitlinien des BBC hieß es lange Zeit (im Netz nicht mehr auffindbar): »Die Werturteile, die häufig mit der Verwendung der Worte ›Terrorist‹ oder ›terroristische Gruppen′ einhergehen, können zu einer widersprüchlichen Verwendung führen oder beim Publikum

Zweifel an unserer Unparteilichkeit wecken.« Deshalb verhafte die Polizei auf einer Pro-Hamas-Demonstration eher jemanden, der ein Plakat mit der Aufschrift »Hamas sind Terroristen« trägt, als diejenigen, die zur Zerstörung Israels aufrufen. Die Antiterror-Polizei ziehe gar in Erwägung, Ausdrücke wie »islamistischer Terrorismus« und »Dschihadisten« zu streichen und durch »Terrorismus mit Glaubensbekenntnis« und »Terroristen, die religiöse Motive missbrauchen« zu ersetzen.

Solche Einschätzungen haben zur Folge, dass eine schottische Schulbehörde Schülern und Lehrern riet, Muslime nicht anzustarren. »Das Anstarren oder Anschauen ist eine Form der Diskriminierung, da es der anderen Person ein unangenehmes Gefühl gibt, oder das Gefühl, nicht normal zu sein«, hieß es.[306]

Universitäten und Kulturbetrieb

An den britischen Universitäten, auch an sog. Eliteuniversitäten, und im Kulturleben machen sich – wie in den USA – ähnliche Entwicklungen breit, soweit sie nicht sogar von dort ausgehen. Die Beispiele sind auch hier Legion. An der Cambridge University postete die Professorin für postkoloniale Literatur Priyamvada Gopal 2020: »I'll say it again. White Lives Don't Matter.«[307] Die Leitung der Universität unterstützte diesen Post demonstrativ. Dieselbe Universität entfernte 2019 eine dort ausgestellte Glocke wegen des Verdachts, sie sei einst auf einer Sklavenplantage gewesen. Die Universität von Leicester verschrieb sich einem »dekolonialisierten Curriculum«; es wurden Bücherlisten danach durchforstet und gesäubert.

2021 wollte die Musik-Fakultät der Universität Oxford laut *Sunday Telegraph* die »weiße Hegemonie« überwinden. Zum Beispiel wurde die westliche Notenschrift kritisch gesehen, weil sie farbigen Studenten großes Leid bereite und weil sie elitär, weiß, westlich sei.[308] Man will mehr Hip-Hop, Rap und Jazz statt Mozart.[309] In Cambridge protestierten 2020 Studenten gegen eine 250-Jahr-

Feier zu Beethovens Geburtstag: »too pale, too male, too stale« (zu weiß, männlich und abgestanden).[310] Studenten erhalten Trigger-Warnungen und werden vor der Lektüre von Shakespeare, Thomas Hobbes, John Locke, Charles Dickens, Agatha Christie, George Orwell, Aldous Huxley, Roald Dahl und der Bibel gewarnt. Man schafft universitäre »safe spaces« für woke-sensible Studenten. Uni als Therapieeinrichtung?

Gelegentlich gibt es Widerstand. Im November 2023 formierten sich 100 Wissenschaftler von britischen Spitzenuniversitäten gegen »Cancel Culture«[311] Am 18. Oktober 2023 schon wurde die »Westminster Declaration«[312] veröffentlicht. Die Verfasser wenden sich gegen den »industriellen Zensurkomplex«, sie meinen damit die »woke« Filterung und die Manipulation von Suchmaschinenergebnissen. Aber solche Proteste haben unter den Professoren keine Mehrheit hinter sich. Eric Kaufmann von der Universität London bzw. vom CSPI (Center for the Study of Partisanship and Ideology) hatte am 1. März 2021 eine Studie mit 195 Seiten vorgelegt. Ergebnis: Verhältnis der Professorenschaft in den Sozial- und Geisteswissenschaften sei in der Links-rechts-Verortung in Großbritannien 9:1.[313]

Immerhin: Mehr als 50 britische Mathematik-Professoren haben einen offenen Brief unterzeichnet, in dem sie monieren, dass der neue Lehrplan sogar die Mathematik politisiere. Nach den neuen Leitlinien sollen die Werte von Gleichheit, Vielfalt und Integration »den Lehrplan und jeden Aspekt der Lernerfahrung durchdringen«. Dieser Leitfaden wurde 2023 von der Qualitätssicherungsagentur Quality Assurance Agency (QAA) veröffentlicht. Laut dem QAA-Leitfaden sollen Professoren beachten, dass »einige frühe Ideen in der Statistik durch die Unterstützung der Eugenik motiviert waren, dass einige astronomische Daten auf Plantagen von versklavten Menschen gesammelt wurden und dass einige Mathematiker in der Vergangenheit rassistische oder faschistische Ansichten oder Verbindungen zu Gruppen wie den Nazis aufgezeichnet haben«.

Das erinnert an den Entwurf eines noch nicht in Kraft getretenen Mathe-Lehrplans in NRW von 2023. Als Lernziele (für Mathematik!) werden dort angegeben: Mathematik leiste »Beiträge zu fachübergreifenden Querschnittsaufgaben« wie etwa Demokratieerziehung, Bildung für nachhaltige Entwicklung, geschlechtersensible Bildung, kulturelle und interkulturelle Bildung.

Der britische Kulturbetrieb ist mit von der Partie. Das Globe Theatre in London »dekolonialisierte« 2021 Shakespeare, weil dieser Weiß mit Schönheit und Schwarz mit Hässlichkeit verbinde. »Blind auditions« (Vorspielen hinter einem Vorhang, sodass die Vorspielenden nicht nach ihrem Aussehen beurteilt werden können) wurden geschaffen, damit Orchester diverser werden. Das British Museum entfernte 2020 die Büste seines Gründungsvaters Hans Sloane. Begründung: Die Sammlung sei teilweise finanziert worden durch die Arbeit afrikanischer Sklaven auf den Zuckerplantagen seiner Frau.[314]

»GB« als »Gender-Britain«?

Über Jahrzehnte hinweg war Großbritannien führend in Sachen »Gender« und »Trans«. Schottland ist es mit einem entsprechenden Gesetz, das von London aus aber blockiert wird, immer noch. Der »Sunday Independent« schreibt am 24. September 2023: »Gender ideology has infiltrated society.« Anders ist es nicht zu erklären, dass die mittlerweile geschlossene Tavistock-Klinik mit »Trans«-Operationen Tausende von Heranwachsenden irreversibel beschädigen konnte (siehe dazu auch das Kapitel »Gender- und Trans-Ideologie«).

Der Gender- und Trans-Wahn ging sogar so weit, dass Joanne K. Rowling, bekannt geworden durch ihre Harry-Potter-Romane und mit 500 Millionen verkauften Büchern die erfolgreichste britische Schriftstellerin der Gegenwart, Opfer eines Internet-Mobbings mit inszenierter Bücherverbrennung und fingierter Schändung ihres Grabes wurde. Sie war im September 2020 heftigst attackiert worden, weil sie eine Trans-Feindin sei. In ihrem jüngsten Kriminalroman tritt nämlich ein Transvestit als Serienmörder auf, und sie hatte in einem Aufsatz darauf bestanden, dass es zwei klar unterscheidbare biologische Geschlechter gibt.

32. Dystopie Frankreich?

In Frankreich hat der Staat in mehreren Regionen die Kontrolle verloren. Das hat damit zu tun, dass Frankreich die größte arabische und muslimische Bevölkerung in Europa hat. Dort ist die muslimische Kultur in weiten Bereichen Leitkultur. Wenn man sich vergegenwärtigt, wie die Lage an Frankreichs Schulen ist, weiß man, wie Frankreich in 20 Jahren ausschauen wird. Vermutlich so, wie es 1973 Jean Raspail im »Heerlager der Heiligen« und 2015 Michel Houellebecq in »Unterwerfung« fiktiv, aber sehr realistisch skizziert hatten (siehe das Kapitel 23, »Islamophilie«).

Islamische Gewalt in den Schulen

Von Bildung kann an Frankreichs Schulen oft kaum noch die Rede sein. Am Ende der Grundschulzeit sind zwei Drittel der Schüler ohne fließende Französisch-Sprachkenntnisse. Schulen haben oft mehr mit der Gewährleistung von Sicherheit als mit Bildung zu tun.[315] Schulen als Hochsicherheitstrakte mit Drehkreuzen am Zugang, Überwachungskameras und Metalldetektoren sind keine Seltenheit.[316] An nicht wenigen Schulen gibt es eine gewalttätige Scharia-»Sittenpolizei« von nordafrikanischen Jugendlichen. Ein Mädchen, das sich europäisch kleidet, kann schnell als Ungläubige und Hure angesehen und ins Koma geprügelt werden. Schulleiter knicken ein, wenn sie verlangt haben, dass eine Schülerin ihr Kopftuch ablegt. Selbst wenn an französischen Schulen ein Kopftuchverbot gilt.

Zig Schulen mussten im Frühjahr 2024 unter bewaffneten Schutz gestellt werden, nachdem mehr als 130 islamistische Terrordrohungen eingegangen waren. Ein Gymnasium in der Nähe der Stadt Nantes wurde evakuiert, nachdem Schüler, Eltern und Lehrer Online-Videos erhalten hatten, die Enthauptungen zeigten.[317] Drohungen erhielt eine Gymnasiallehrerin in Issou, die ihren Schülern ein Gemälde aus dem 17. Jahrhundert gezeigt hatte. Weil auf dem Bild nackte Frauen zu sehen sind, schlugen muslimische Schüler theatralisch die Hände vors Gesicht. Eltern warfen der Lehrerin vor, sie habe das Bild extra gezeigt, um Muslime zu verletzen.

Immer wieder gibt es Todesopfer in Schulen oder in deren Umfeld. Am 16. Oktober 2020 enthauptete ein 18-jähriger muslimischer Extremist den Lehrer Samuel Paty auf offener Straße. Eltern und islamistische Aktivisten hatten in den sozialen Medien eine Kampagne gegen den angeblich »islamophoben« Lehrer losgetreten. Schüler zeigten dem Mörder, wo er Paty finden könne. Dem Mörder hatte nicht gefallen, dass Paty den Schülern Karikaturen des Propheten Mohammed gezeigt hatte. Patys jüngere Schwester Michaëlle Paty sagte in einem Interview mit der Zeitschrift *Le Point*, dass es in Frankreich immer noch Leute gebe, die nicht sehen wollen, wie sehr islamistische Ideologien die Schule bedrohen.

Am 13. Oktober 2023 wurde der Lehrer Dominique Bernard in einer Schule in Arras ermordet. Der Mörder ist der polizeibekannte Tschetschene Mohammed Mogouchkov; ihn störte die demokratische Wertevermittlung des Lehrers. Die Familie Mogouchkov ist seit 2014 ausreisepflichtig. Nichtdestotrotz werden im Hochschulmagazin *Polis*, das von staatlichen Stellen unterstützt wird, Unterrichtsmaterialien empfohlen, in denen es um »Anti-Islamismus, Mobbing, strukturellem Rassismus und Stigmatisierung« geht. Islamkritiker zu sein ist demnach schlecht und rassistisch, wie es überhaupt schlecht sei, über Islamismus zu reden.[318]

Attentate und Unruhen

Kein anderes europäisches Land hat so viele islamistisch motivierte Morde zu verschmerzen wie Frankreich. Mittlerweile sind es über 300 Tote. Kein Wunder, wenn 92 Prozent der Franzosen laut einer Umfrage vom Frühjahr 2024 meinen, dass die innere Sicherheit auf dem Rückzug ist. Jeder zweite war schon Opfer eines Angriffs oder eines Diebstahls.[319] Dazu kommen regelmäßig schwerste gewalttätige Unruhen arabischstämmiger Jugendlicher. Ende Juni 2023 etwa, als schließlich 45 000 Polizisten im Einsatz waren, es 3354 Festnahmen und einen Schaden von einer Milliarde Euro gab. Auslöser war, dass ein 17-jähriger mehrfach krimineller Muslim bei einer Autokontrolle erschossen wurde.

Gefördert werden diese Tendenzen in Teilen der muslimischen Bevölkerung von Aktivisten, Influencern und islamischen Staaten wie Katar, die Moscheen und Vereine finanzieren. Das Problem wurde vom französischen Establishment jedoch lange verschwiegen und verdrängt – aus Angst vor Rassismusvorwürfen. Eine Mehrheit der Linken und viele Bürgerliche tabuisierten das Problem, indem sie Warnern vorwarfen, »Wasser auf die Mühlen der Rechten« zu leiten. Überhaupt sympathisieren viele Linke mit Islamisten. Der Intellektuelle Pascal Bruckner kritisiert die »Schleimspur des Islam-Gauchismus«, auf welcher Toleranz und humanistisches Engagement durch naives oder gezieltes Wegschauen in ihr Gegenteil abgleiten.[320]

Die Lage in Frankreich mag noch schlimmer sein als in Deutschland. Aber immerhin gibt es in Frankreich – anders als in Deutschland – ernstgenommene Intellektuelle, die sich um Frankreichs Zukunft sorgen und sich keinerlei Multikulti-Illusionen hingeben. Solche Denker werden in Frankreich nicht als »rechts« diffamiert. Der eigentlich linke Philosoph Michel Onfray zweifelt an der Möglichkeit einer »Reconquista« (Rückeroberung Frankreichs), er sagt bürgerkriegsähnliche Zustände voraus und prognostiziert: »Die Republik gibt auf.« Von der politischen Führung nimmt er nur »Prahlereien« und »Humbug« wahr. Das mediale Establishment schwafle ansonsten ratlos von »vielen sensiblen Vierteln«.

Alain Finkielkraut ist ebenfalls ein namhafter Mahner. Der vormalige Professor für Ideengeschichte ist Sohn eines polnisch-jüdischen Lederwarenhändlers, der das KZ Auschwitz überlebt hatte. In Büchern und Zeitungsessays kritisiert er den »Wokeismus« als »Todeskult« und als »Installation des Hasses auf den Westen im Herzen des Westens«. Hinzu komme, dass der Wokeismus sich mit dem Islamismus verbinde.

Auch Macron schont Finkielkraut nicht: Dieser freue sich zwar, dass im November 2023 ein vereintes Frankreich gegen den Antisemitismus marschierte. Dann aber habe er nicht an diesem Marsch teilgenommen, um die Einheit des Landes zu wahren.[321] In seinem Buch »Ich schweige nicht«[322] kritisiert Finkielkraut den Westen als besessen vom Antirassismus, er arbeite so an seiner Selbstauflösung. Mit Selbstverleugnung aber könne man den Feinden nicht entgegentreten. Und dann der gewaltige Satz: »Auf islamistischen Fanatismus reagieren Frankreich und Europa mit egalitärem Nihilismus.«

Ebenfalls jüdische Wurzeln hat der Historiker Georges Bensoussan, Sohn einer jüdischen Familie, die 1958 von Marokko nach Frankreich floh. Er sagt in einem Interview nach dem 7. Oktober 2023 ungeschminkt: »Ein Teil der eingewanderten Bevölkerung ist ein Reservoir des antisemitischen Hasses, das eines Tages explodieren wird.« Und: »Man verurteilt den Antisemitismus, aber man benennt nicht die Antisemiten.«[323] Seit drei Jahren lebt Bensoussan mehrheitlich in Israel. Damit gehört er zu den Zehntausenden Juden, die Frankreich in den letzten Jahren verlassen haben. Bensoussan sagt auch: »Es gibt rechten Antisemitismus, aber er ist weniger wichtig und weniger gefährlich als der islamische Antisemitismus. Die extreme Rechte dient offiziell als Argument, um die Realität in Frankreich zu verschleiern. Die Medien spiegeln dieses Frankreich oft nicht wider, sie sind von einer kulturellen, intellektuell verarmten Linken geprägt. Diese Linke erkennt in den Muslimen, angefangen mit denen in Gaza, die neuen ›Verdammten dieser Erde.‹«

Bensoussan rechnet damit, dass der Exodus der französischen Juden nach Israel weitergehen wird. In den letzten 20 Jahren hat die jüdische Gemeinschaft in Frankreich rund 100 000 von 500 000 Mitgliedern verloren. Etwa 70 000 sind nach Israel gegangen. Ein Rest wird bleiben, aber auf immer diskretere Weise leben.

Dass ein antisemitisches Klima in Frankreich um sich greift, führt die französische, übrigens linke Autorin Caroline Fourest, die für *Charlie Hebdo* gearbeitet hat, auf den Fundamentalismus der »Kulturtaliban« in migrantischen und islamistischen Milieus und auf das Klima in den Universitäten zurück. Eine ihrer Kernaussagen ist: Unter dem Label »Kampf gegen Islamophobie« mache sich die identitäre, auch die feministische Linke in schier schizophrener Weise mit der Ideologie des politischen (frauenverachtenden) Islam gemein.

Fourest berichtet, eine Sprecherin der linksidentitären Gruppe »Indigènes de la République« habe gefordert, Vergewaltigungen nicht anzuzeigen, wenn der Täter muslimisch sei, um ihn vor rassistischer Polizei- und Staatsgewalt zu schützen. Heute würden Feministinnen jungen Frauen gar erklären, dass der Kampf gegen die weibliche Genitalverstümmelung und das Kopftuch den Rassisten helfe.[324]

Überflüssig zu erwähnen: Frankreich ist von Deutschland nur durch den Rhein getrennt.

Teil V: Wohin am Scheideweg?

Im Titel des Buches ist von der Dekadenz des Westens die Rede. Den entsprechenden Verirrungen und Verwirrungen galt das Buch bis hierher. Im Titel des Buches ist auch die Rede von Rausch und von Scheideweg. Rausch? Im Volksmund heißt es: Auf jeden Rausch folgt die Ernüchterung. Wirklich, auch auf dekadenten Trampelpfaden? Nein, eine Ernüchterung bei den staatlichen und semi-staatlichen Akteuren wird es wohl kaum geben. Zu sehr sind sie von ihrer de(kon)struktiven Mission und von ihrer Unfehlbarkeit überzeugt. Deshalb werden sie, sofern sie überhaupt eine Alternative zu sich zu sehen vermögen, keinen alternativen Weg, nicht einmal eine Wegegabelung, einen Scheideweg erkennen. Es wird also Zeit, dass die Akteure ihre bislang allzu brav mittrottende Gefolgschaft verlieren. Will sagen: Das Volk, der Souverän, muss sich andere Wanderführer und Reiseleiter wählen.

Denn: Der Westen, Europa und Deutschland sind bedroht – bedroht vor allem durch sich selbst, wie die vorausgehenden Kapitel belegt haben. Es gilt darüber nachzudenken, inwieweit der Westen ein intellektuelles Bollwerk, eine Festung gegen all die beschriebenen Verirrungen werden kann, will er in die Zukunft hineintragen, was westliches Leben lebenswert gemacht hat. Der Westen muss zu einer intellektuellen Festung werden, mit der er all die toxischen Bedrohungen, die von außen und aus dem Inneren kommen, neutralisiert und abpuffert. Dann wird der Westen wieder Resilienz gewinnen. Resilienz heißt: zurückspringen.

Hier: zurückspringen auf den Weg, von dem er abgekommen ist. Wenn der Westen das schafft, wird er aus der Krise gestärkt hervorgehen.

33. Der Westen als intellektuelle Festung

Es geht um Identität – individuelle und gemeinschaftliche. Sie entsteht in der Biografie Heranwachsender von innen nach außen in konzentrischen Sphären. Die notwendigen Identitätsanker kommen nicht aus dem Nichts. Das überschaubare familiäre Wir ist der erste Identitätsanker. Ab dem Kindergartenalter kommt als nächstes Identitätsangebot das Wir mit den Gleichaltrigen. Mit fortschreitendem Bildungsverlauf, mit ganz praktischen oder mit medial vermittelten Erfahrungen eines Heranwachsenden, beim Reisen mit Eltern oder Gleichaltrigen, entsteht die Identifikation mit Heimat, Dorf, Stadt, Region. Noch etwas später entsteht eine Vorstellung von Volk, Land, Nation, Staat, dem man sich zugehörig fühlt. Vor allem die Sprache spielt hier eine große Rolle. Oder mit Reisen, Bildung – auch ganz einfach womöglich qua Identifikation mit nationalen Sportgrößen. Darüber hinaus kann es zu einer Identifikation mit einem ganzen Erdteil (»Wir Europäer«), einem ganzen Kulturkreis (»Wir im Westen der Welt«) oder mit der »einen« Welt kommen. Umgekehrt, also von den äußeren konzentrischen Identitätssphären zu den inneren, ist Identitätsfindung allein schon biografisch nicht möglich, auch wenn die Globalisierung eine »Entfernung der Entfernung« (Rüdiger Safranski) ist und den ganzen Globus durch schnelle Fernreisen und vor allem durch die Digitalisierung immer näher greifbar macht.

»Festung« – dieser Begriff unterstellt zu Unrecht Rückzug, Abkapselung, Isolation. Nein, das ist nicht gemeint. Sondern in großzügiger Anlehnung an Luther: Mein Glaube, meine Überzeugung ist meine Burg; Festung als Verteidigung des Eigenen. Denn nur wenn der Westen – siehe die zahlreichen Beispiele in den Hauptkapiteln – aufhört, sich selbst von innen heraus auszuhöhlen und damit intellektuell seine Implosion zu betreiben, hat er Zukunft.

Oft haben solche Identitätsanker bildhaft-symbolischen Charakter – im Positiven und im Negativen[325]. Sie werden verinnerlicht und präsentiert. Diejenigen, die ihre Identität nicht als ephemere, sondern als Identität von Dauer vorleben, haben als Identitätsanker überlieferte Werte, die im Laufe von Generationen zu einem Wertekosmos geronnen sind. Wer dieses zum Wertekosmos Geronnene negiert, bleibt orientierungslos und vermittelt Mitmenschen, zum Beispiel Heranwachsenden, Orientierungslosigkeit. Allein das wäre Verpflichtung genug, konservativ zu denken und zu empfinden.

»Dem Menschen ist es mehr vonnöten, erinnert als belehrt zu werden. Er kommt nicht allein dadurch zu Schaden, dass er das Hinzu-Lernen versäumt, sondern auch dadurch, dass er etwas Unentbehrliches vergisst und verliert.« Es sind dies Sätze, die mehr denn je Appell an eine Gesellschaft sind – eine Gesellschaft, die ihre Wurzeln radikal kappt (lat. radix = Wurzel). Die beiden Sätze stammen von Josef Pieper, dem 1997 verstorbenen großen Philosophen, dem es zeit seines Lebens – Vorlesungen in Münster bis in sein 92. Lebensjahr haltend – um die Weisheitstradition des Abendlandes ging. Das heißt, dass wir uns darauf besinnen müssen, was wir verlieren bzw. schon verloren haben, wenn wir unsere intellektuelle Tradition ignorieren.

Wir müssen wieder spüren, was es bedeutet, Unentbehrliches zu vergessen oder zu verlieren. Und was der Verlust des Verlustes bedeutet. »Verlust des Verlustes« – ein widersprüchliches Wort. Es ist einem Buch des britischen Philosophen Roger Scruton (1944–2020) entnommen.[326] Darin schreibt Scruton: »Wir studieren die Vergangenheit nicht einfach, wir erben sie. Und eine Erbschaft bringt nicht nur Eigentumsrecht mit sich, sondern auch Pflichten der Treuhänderschaft … als Eigentum jener, die noch nicht geboren sind.«

In seinem Buch »Von der Idee, konservativ zu sein« schreibt Scruton über Traditionen: Sie enthielten »die Überbleibsel von vielen Versuchen und Irrtümern ... Sie sind erhalten geblieben, weil sie die notwendigen Informationen liefern, ohne die die Gesellschaft sich nicht reproduzieren kann.« Würden Traditionen achtlos vernichtet, dann schwänden die Garantien, die jede Generation der nächsten bietet. Bei Traditionen handelt es sich also nicht um »willkürliche Regeln und Konventionen«, sondern um »Antworten auf bleibende Fragen«: Wie gehen wir mit unserer Endlichkeit um? Wie wollen wir leben? Wie sterben? Wie organisieren wir uns als Gemeinschaft? Wie geben wir Leben weiter? Wer indes Traditionen achtlos vernichte, so schreibt Scruton, der könne den nachfolgenden Generationen keine Orientierung bieten. Warum? Weil man dann eben nicht einmal mehr den Verlust eines ideellen Verlustes spüre.

Es geht um anthropologische und historische Konstanten, die tragen. Identitätsstiftende Konstanten sind das klassische Erbe (Philosophie, Rationalität, Recht, Begrifflichkeit des Lateinischen); die europäische Sprachfamilie (romanisch, germanisch, slawisch, griechisch, finnougrisch); die Würde des Menschen (als Ausdruck der Gottesebenbildlichkeit des Menschen); ein mehrfacher Dualismus, nämlich von Freiheit und Verantwortung, Rechten und Pflichten, Recht und Gerechtigkeit; die Bürger- und Menschenrechte; vielfältige Formen der Machtkontrolle; eine demokratische Willensbildung; die Trennung Kirche – Staat. Gerade letzteres garantiert Pluralismus. Denn: »Der Pluralismus im Abendland ist in der Differenz von geistlichem und weltlichem Sektor präfiguriert. Diese Hintergründe bilden den Nukleus des abendländischen Freiheitsgedankens, der auf die spätere Garantie von Menschen- und Bürgerrechten maßgeblich ausstrahlt.«[327]

Vor diesem Hintergrund hat sich in mehr als 2000 Jahren Geschichte identitätsstiftend das »Europäische«, dann auch das »Westliche« herauskristallisiert. Dazu gehören: seit der Antike der Erkenntnisdrang mit dem Ziel einer Welterklärung im Logos anstelle einer Weltdeutung im Mythos; Platons Trias des »Wahren (τὸ ἀληθές), Schönen (τὸ καλὸν) und Guten (τὸ ἀγαθόν); das Christentum mit seinen Werten sowie mit den Kirchen als Bildungs- und Kulturträgern und als karitativen Einrichtungen; das im Auf und Ab der Nationalismen immer wieder erstarkte europäische Bewusstsein in Phasen äußerer Bedrohung (beginnend in den Perserkriegen 480/490 v. Chr.; sodann die Abwehr der Araber 732, der Ungarn 955, der Türken 1529 und 1683); die Aufklärung mit dem Postulat der Säkularität und einem Verzicht des Staates auf transzendente Kompetenz sowie mit der Entstehung der ersten modernen Demokratie in den USA (1776); die führende Rolle von Stadt und Bürgern seit dem Mittelalter; die gemeinsamen Traditionen in bildender Kunst, Architektur, Musik, Literatur und Philosophie; die Revolutionen im politischen und technischen Bereich; die Ablehnung politischer Despotie sowie der gemeinsame Widerstand gegen Hegemoniebestrebungen aus dem eigenen Kreis (zum Beispiel gegen Napoleon, gegen Hitler, gegen die sowjetische Hegemonialpolitik); die Überwindung der Ost-West-Blockbildung und der Teilung der Welt von 1945 bis 1989 durch das »Zurück nach Europa« der Länder des ehemaligen Ostblocks seit 1989. Das sind sozusagen die Quintessenzen des Westens. Nicht der Big Mac.

Mittel- und Osteuropäer, die Jahrzehnte der Unfreiheit zu ertragen hatten, haben an dieses westlich-europäische Erbe wohl eine genauere Erinnerung, ja eine Sehnsucht danach, als diejenigen, die dieses Erbe wie selbstverständlich annehmen oder gar ignorieren konnten. Durch den Eisernen Vorhang wurde jedenfalls die Grenze zwischen Ost und West, vor allem die innereuropäische Grenze, für rund ein halbes Jahrhundert um Hunderte von Kilometern nach Westen verschoben.

Der 1975 aus der Tschechoslowakei nach Frankreich emigrierte Milan Kundera (1929–2023) schrieb 1984/1985 in seinem Buch

»Der entführte Westen. Die Tragödie Mitteleuropas«: »Nach 1945 verschob sich die Grenze zwischen den beiden Teilen Europas um einige Hundert Kilometer nach Westen, und einige Nationen, die sich immer als westlich verstanden hatten, erwachten eines schönen Tages und stellten fest, dass sie sich im Osten befanden. Folglich bildeten sich nach dem Krieg in Europa drei grundlegend verschiedene Zustände heraus: der von West- und der von Osteuropa und, am kompliziertesten von allen, der jenes Teils, der geografisch im Zentrum, kulturell im Westen und politisch im Osten liegt.«

Václav Havel sagte anlässlich der Verleihung des Karlspreises am 9. Mai 1991 in Aachen als Repräsentant aller Europäer des ehemaligen Ostblocks: »Indem wir uns heute zum Westen bekennen, bekennen wir uns vor allem zu einer bestimmten Zivilisation, zu einer bestimmten politischen Kultur, zu bestimmten geistigen Werten und universellen Prinzipien. Dabei geht es um eine Zivilisation, um eine Kultur und um Werte, die wir als die unseren empfinden, weil wir lange Jahrhunderte hindurch an ihrer Schaffung beteiligt waren.«

Man sollte es jedenfalls mit dem früheren griechischen Staatspräsidenten Konstantinos Karamanlis (1907–1998) halten. Er hat das europäische (respektive: westliche!) Gemeingut 1978 unnachahmlich so beschrieben: Europäische Kultur sei die Synthese des griechischen, römischen und christlichen Geistes. Dazu haben beigetragen: »der griechische Geist, die Idee der Freiheit, der Wahrheit und der Schönheit; der römische Geist die Idee des Staates und des Rechts und das Christentum den Glauben und die Liebe«. Man könnte auch sagen: Dieses Gemeingut zeigt sich in einer Trias aus Ratio, Libertas, Humanitas; in einer »Ökumene« aus Judentum, griechischer und römischer Antike sowie Christentum; verortet in Jerusalem, Athen, Rom bzw. Golgatha, Akropolis und Kapitol.

Wie kann der Westen fortbestehen?

Die Staats- und Regierungschefs der EU-Länder haben und hatten mit Gott bzw. dem Christentum ihre Probleme. 2004 konnten sie sich nicht auf einen Gottesbezug im Entwurf einer EU-Verfassung einigen. Nach der Ablehnung des Entwurfes durch Frankreich und die Niederlande 2005 wurde das Verfahren ohnehin ausgesetzt. Zum 1. Dezember 2009 trat an die Stelle der Verfassung der »Vertrag von Lissabon«. Es ist dies ein Vertrag ohne ausdrücklichen Gottesbezug. Es wird nur auf das »kulturelle, religiöse und humanistische Erbe Europas« Bezug genommen. Ein dezidiert christlicher Bezug fehlt.

Romano Guardini (1885–1968) indes meinte 1946: Europa wird christlich sein, oder es wird nicht mehr sein.[328] Alfred Müller-Armack (1901–1978), Urheber des Begriffs der Sozialen Marktwirtschaft, wünschte gar eine Reaktivierung der »bewahrenden Macht« (vgl. sein Buch »Das Jahrhundert ohne Gott« von 1948[329]). Der langjährige bayerische Kultusminister Professor Hans Maier (*1931) stellt 1999 mit seinem Bändchen »Welt ohne Christentum – was wäre anders?«[330] eine interessante Frage. Und er beantwortet sie wie folgt: Es gäbe keine kirchlichen Feste mehr, keine Jahreseinteilung mit den Fixpunkten Neujahr, Ostern, Pfingsten, Weihnachten, Siebentagewoche.

Maier fragt zudem suggestiv: »Wissen wir, ob der Sozialstaat den Untergang der Nächstenliebe überleben würde?« Oder man nehme große Ergebnisse und Ereignisse der europäischen Kultur: Die Sixtinische Kapelle, das Bach'sche Orgelwerk und vieles, vieles andere mehr gäbe es ohne christliche Hintergründe nicht.

Mit anderen Worten: Es geht um eine westlich-europäische Erkenntnis- und Erinnerungskultur. Weil letztere mehr und mehr einer Selbstpreisgabe geopfert wird und auf der anderen Seite vom expansiven Islam auf sehr lange Sicht kein Sinneswandel zu erwarten ist, muss der Westen seine Erkenntniskultur revitalisieren und seinen Religionsersatz eines universalistisch getrimmten Moralismus über Bord werfen. Denn: »Nicht der Islam ist die Gefahr Europas, sondern der Verlust des eigenen kulturellen und geschichtlichen Selbstbewusstseins, das mit seinen pseudoreligiösen Surrogatwerten über kein ethisches Fundament seines Weltverhaltens mehr verfügt.« So der Philosoph Rudolf Brandner in seinem markanten und im Frühsommer 2024 erschienenen Essay über »Muslimische Immigration und das Versagen der politischen Vernunft Europas.«[331] Es kann auch nicht sein, wie der Germanist und Wissenschaftshistoriker Peter J. Brenner schreibt, dass die deutsche Gesellschaft zu einem orientalischen Basar werde, auf dem man feilschen könne, was denn nun gerade gelte und was nicht.[332] Sonst wird der Westen samt Europa nie mehr zu einer intellektuellen und kulturellen Festung werden können. Die Macher der Olympischen Spiele von 2024 in Paris haben das nicht begriffen oder wollten es nicht begreifen, sonst hätten sie sich nicht mit einer großspurig inszenierten, indes medial hochgerühmten Eröffnungsfeier vom 26. Juli nonchalant laizistisch über europäisch-westliche Erkenntniskultur hinweggesetzt. Sie haben ein »diversity«- und »wokeness«-Spektakel veranstaltet, mit dem westliche Werte und Symbole, gar das »Abendmahl« des Christentums, blasphemisch, ja degoutant verunstaltet wurden.

34. Westliche Geopolitik und der Westen als Sicherheitsfestung

Viele Fragen harren der Antworten: Wie kann das westlich orientierte Europa sicherheitspolitisch widerstandsfähig werden? Kann/soll es sich von den USA abnabeln? Bleiben die USA als Nato-Partner verlässlich? Erodiert der Nato-Konsens? Was bedeutet es, wenn Frankreichs Staatspräsident Macron die Nato im November 2019 für »hirntot« erklärt? Wurde die Nato mit dem Überfall Russlands auf die Ukraine reanimiert? Ein Denken in großen Zusammenanhängen und über Europa und den Westen hinaus ist gefragt. Geopolitik eben.

Die USA haben 1917 angefangen, geopolitisch zu denken, und dieses Denken mit dem Eintritt in den Ersten Weltkrieg im April 1917 mit zwei Millionen Soldaten vollzogen. Aus dem US-Isolationismus wurde ein US-Interventionismus, der die USA für lange Zeit zur beherrschenden Weltmacht Nummer 1 machte. Das westliche Europa hat nach dem Ende der Kolonialzeit nicht mehr geopolitisch gedacht. Von den todbringenden Weltmachtvisionen eines Adolf Hitler abgesehen.

Handelspolitisch zwar nicht, aber strategisch-geopolitisch hat sich Europa zusehends isoliert. Allein der Begriff »Geopolitik« war lange Zeit verpönt. Er sollte es nicht mehr sein, wenn man die großen Verschiebungen auf dem Globus anschaut. Die US-dominierte Ära des unipolaren Zeitalters geht zu Ende. Die USA sind obendrein eine gespaltene Nation. Ob die MAGA-Agenda (MAGA = Make America Great Again) gelingen wird, steht in den Sternen. Jedenfalls konzentrieren sich die USA mehr und mehr Richtung Asien, China, Taiwan. Dennoch bleiben die USA ökonomisch und militärisch wichtigster Verbündeter Europas gegen die vier großen autokratischen Systeme in Russland, China, Iran, Nordkorea.

Der Westen als militärische Festung

Nur wenn der Wille zur Zukunft solchermaßen historisch und intellektuell unterlegt ist, hat die militärische Verteidigung Sinn. Letztere ist gegenüber dem anti-westlichen, autoritären Quartett Russland, China, Iran, Nordkorea notwendig. Europa ist hier sehr verwundbar geworden. Man hat das eigene Abschreckungspotenzial vernachlässigt. Deshalb wird die Nato im Verein mit der EU und vor allem mit den USA als Rückgrat wieder massiv in die kollektive Bündnisverteidigung investieren müssen. Es bedarf wieder eines westlichen Abschreckungspotenzials. Das hat jahrzehntelang gute Dienste getan und den Frieden gesichert.

Nun zeigt der Beitritt Finnlands und Schwedens zur Nato, für wie wichtig der Westen und das westliche Europa genommen werden. Beide Länder stärken die Nato zugleich: Schweden mit seiner Küste von 2700 Kilometern Länge hat eine starke Marine, Finnland mit seiner 1300 Kilometer langen Grenze zu Russland eine Artillerie, die mehr Feuerkraft als die Artillerien Polens, Deutschlands, Norwegens und Schwedens zusammen hat.

Lange Jahre allerdings war Europa keine militärische Macht. Europa war beschämend schwach, in der Bosnien-Krise etwa, als das alte Jugoslawien zerfiel. Die europäische Gemeinschaft war hier zu einer adäquaten Antwort gar nicht fähig. Die Nato, die Amerikaner waren es, die mit militärischen Mitteln die Rückkehr zum Frieden erzwangen.

Das sog. Zwei-Prozent-Ziel der Nato (2,0 % Anteil der Verteidigungsausgaben an der Gesamtwirtschaftsleistung BIP) hat seine Richtigkeit, auch wenn es nur 18 von 31 Mitgliedern erreichen oder übertreffen. Deutschland dümpelte jahrelang bei nur 1,4 bis 1,5 Prozent, zusammen mit dem »Sondervermögen« kann der deutsche BIP-Anteil vorübergehend auf 2,01 Prozent hochgerechnet werden. Griechenland liegt übrigens bei 3,54 Prozent, die USA liegen bei 3,46 Prozent. Dabei stellen die USA in absoluten Zahlen mit 916,9 Mrd. US-Dollar (2023) sogar noch mehr auf die Beine als die europäischen Nato-Mitglieder zusammen mit 380 Mrd. US-Dollar

Die Bundeswehr verfügt derzeit pro Jahr über 50 Mrd. Euro an regulärem Haushalt – entsprechend rund 54 Mrd. US-Dollar. Das reicht hinten und vorne nicht für eine intakte Armee. Sobald das 100-Milliarden-»Sondervermögen« etwa 2026 aufgebraucht sein wird, muss der Jahresetat der Bundeswehr auf mindestens 75 Milliarden steigen.

Für die Bundeswehr sind unabhängig vom Ukrainekrieg zahlreiche Anschaffungen nötig: 20 Milliarden sollten es nach Nato-Vorgabe für Munitionsbevorratung sein. Denn die Bundeswehr hat für einen Krieg nur für ein paar Tage Munition. Für Schutzausrüstung (Helme, Westen) sind 10 Milliarden zu veranschlagen. Für den Kauf von 35 Stück des US-Kampfjets F-35A sind 8,5 Milliarden verplant. Der deutsch-französisch-spanische Zukunftskampfflieger FCAS (Future Combat Air System) wird frühestens 2040 abheben können. Was er kostet, steht in den Sternen. 60 Stück des Transporthubschraubers CH-47 Chinook sind bei Boeing geordert, sie sollen ab 2026 ausgeliefert werden: zum Preis von 6 Milliarden. Noch nicht einmal mitkalkuliert sind Kosten, die für neue Kasernen (die Bundeswehr soll bis 2031 von 183 000 auf 203 000 »Mann« wachsen) und die für die Renovierung von Kasernen anfallen. Unklar ist, wie die Bundeswehr 20 000 Soldaten zusätzlich gewinnen will, wo zuletzt sogar Längerdienende den Wehrdienst verweigerten oder ihre Verpflichtungszeit beendeten bzw. verkürzten. Eine Wiedereinführung einer Wehrpflicht ist unumgänglich, zumal sich über diesen Pflichtdienst Längerdienende rekrutieren lassen. Verzichten muss laut Planung allerdings die Marine: Die Option für eine fünfte und sechste Fregatte F-126 wird nicht verfolgt. Und das in einer Zeit, in der Russland immer aggressiver in die Ostsee eindringt.

Nun hat Deutschland seit Januar 2023 mit Boris Pistorius (SPD) wieder einen Verteidigungsminister, der nicht auf »bella figura« macht, sondern Klartext spricht. Dass Deutschland nach seinen Worten »kriegstüchtig« (sic!) werden müsse, dieses Ziel hat er im November 2023 ausgegeben. Über den Begriff kann man streiten. Aber auch im Jahr 2026 wird die Bundeswehr noch lange nicht »kriegstüchtig« sein. Mit der materiellen Einsatzbereitschaft schaut es immer noch nicht gut aus; sie wird sich mit den 100 Milliarden »Sondervermögen« zwar bessern, aber es sind zunächst vor allem Milliarden, mit denen längst Überfälliges beschafft werden muss.

Es kann jedenfalls nicht sein, dass ein Land wie Deutschland mit 84 Millionen Bewohnern nur eine Armee mit 181 000 oder 203 000 »Mann« hat. Vergleiche mit Israel, Polen und Südkorea mögen schief sein: Israel mit etwas mehr als 9 Millionen Bewohnern und mit einer Fläche von der Größe Hessens hat 175 000 aktive Soldaten, dazu mehr als 465 000 rasch verfügbare Reservisten. Polen hat mit 41 Millionen Einwohnern etwa die Hälfte der Bevölkerung Deutschlands; es hat eine Armee-Stärke von 202 000, Südkorea mit einer Bevölkerung von 52 Millionen hat eine Armee mit 600 000 aktiven Soldaten und 3,2 Millionen Reservisten. Folgerung: Eine Bundeswehr-Stärke von mittelfristig 300 000 »Mann« sollte schon sein.

Wie der Krieg in der Ukraine zeigt, hat sich Kriegsgeschehen abseits von »zu Lande, zu Wasser und in der Luft« in eine vierte Dimension, in den Cyberraum, verlegt. Das bedeutet: Deutschland tut gut daran, diesen Bereich auch militärisch abzusichern. Die Gründung des Bundeswehr-Zentrums für Cyber-Sicherheit bzw. für den CIR (Cyber- und Informationsraum) als eigene Teilstreitkraft mit einem eigenen Inspekteur im Jahr 2017 war der richtige Schritt. 14 000 Leute sind derzeit dort tätig. Vermutlich zu wenig, vermutlich auch deshalb, weil es schwer ist, die hierfür notwendigen Spezialisten auf dem freien Markt zu finden.

Neue Formen der Kriegsführung bzw. der Verteidigung erfordern neue Waffensysteme. Zwei Beispiele, um der stattfindenden Transformation des Kriegsgeschehens zu begegnen: Deutschland verfügt über viel zu wenig Aufklärungs- und Kampfdrohnen. In der Ukraine erfährt man, wie wirksam diese Drohnen sind. Deutschland hat auch zu wenig und zu schlecht geschützte Panzer. Der Kampfpanzer Leopard2 mag in hohem Ansehen stehen. Der Ukrainekrieg aber zeigt, dass der »Leo« (auch der Leo 2) einer Weiterentwicklung, zum Beispiel einer reaktiven Panzerung bedarf. Notwendig ist auch der Ausbau des »Patriot«-Raketenabwehrsystems, das sich in Israel und in der Ukraine sehr gut bewährt. Für den Schutz Deutschlands ist es mit derzeit zehn Einheiten davon noch zu wenig flächendeckend ausgebaut.

Deutschland wird maritim-militärisch besser aufgestellt sein müssen. Dazu bedarf es weiterer Fregatten, die im Verbund mit der Nato helfen, Handelswege auch in fernen Gegenden (Rotes Meer, Straße von Malakka) freizuhalten. Und die die Ostsee sichern helfen. Denn die Ostsee mag ja durch die Nato-Beitritte Schwedens und Finnlands für die Nato sicherer geworden sein. Dennoch hat Russland von St. Petersburg aus über den finnischen Meerbusen und über Kaliningrad (vormals Königsberg) zwei direkte Zugänge zur Ostsee.

Deutschlands Rüstungsindustrie hat in den letzten Jahrzehnten einen gewaltigen Aderlass erfahren: wegen der Verkleinerung der Bundeswehr und wegen restriktiver Ausfuhrbestimmungen. Bis 1990 gab es hier – inkl. Zulieferer – geschätzt 290 000 Beschäftigte, heute sind es etwa 98 000. Das Know-how wäre nach wie vor da, bei vielen kleineren Zulieferern und bei den »Großen«: Rheinmetall, Krauss-Maffei-Wegmann. Keine dieser Firmen aber spielt weltweit eine große Rolle, sie rangieren auf der Rangliste der Rüstungsunternehmen auf den Rängen 31 und noch weiter hinten. Südkorea dagegen wird zur hocheffektiven Rüstungsschmiede und verkauft zu Hunderten Panzer nach Polen und

Australien. Wenigstens kleine Fortschritte scheinen in Deutschland in Sicht, wenn man etwa den von Rheinmetall begonnenen Bau einer Munitionsfabrik in Unterlüß bei Celle betrachtet. Aber auch hier gilt: Woher das Personal nehmen? Hier braucht man Ingenieure, Facharbeiter, Ökonomen. Man bekommt diese Fachleute aber nur, wenn man diese entsprechend entlohnt.

Ein Schattendasein führt in Deutschland der Zivil- und Katastrophenschutz. Man nehme allein die Zahl der Bunker in Deutschland: Es hat gerade eben 580 Bunker für 480 000 Menschen. Man vergleiche dies mit Finnland: Allein in Helsinki gibt es 50 Bunker für Hunderttausende von Menschen. Es kommt hinzu: Der Bereich Zivilschutz (hier THW und Bundesamt für Bevölkerungsschutz und Katastrophenhilfe, BBK) wird kaputtgespart. Das dafür zuständige Bundesinnenministerium hat die Mittel für THW und BKK von 2022 auf 2023 von 830 auf 560 Millionen gekürzt.

Ist eine »Europäische Armee« die Lösung?[333]

Am 22. Januar 2019 unterzeichneten Frankreich und Deutschland den »Vertrag von Aachen«. Er enthält die Vision einer europäischen Armee. Wie das nach der Brexit-Entscheidung vom 23. Juni 2016 und damit ohne eine der schlagkräftigsten europäischen Armeen, die britische, bewerkstelligt werden soll, stand damals schon in den Sternen. Ebenso die einfach mal so dahingesagten Vorstellungen von einem »europäischen Flugzeugträger« (Merkel im Frühjahr 2019) oder von einem europäischen Hubschrauberträger (Söder im Herbst 2019).

Neu ist der Vorschlag einer europäischen Armee nicht. Solche Ideen sind regelmäßig verpufft oder nur in sehr kleinen Ansätzen verwirklicht worden. 1954 ist der Aufbau einer Europäischen Verteidigungsgemeinschaft (EVG) an Frankreichs Nationalversammlung gescheitert. 1987 wurde eine deutsch-französische Brigade aufgestellt, die 2002 zu einem deutsch-französischen Korps aufgestockt wurde, dem als Eurokorps später Spanien, Belgien und Luxemburg beitraten. 1995 kam das 1. Deutsch-Niederländische Korps in Münster. 1999 wurde in Stettin das »Korps Nord-Ost« als deutsch-polnisch-dänisches Hauptquartier in Dienst gestellt. 2017 folgte die EU-Initiative PESCO (Permanent Structured Cooperation); sie enthält rund 50 Projekte für eine engere Kooperation.

Am 11. Dezember 1999 war die Bildung einer EU-Eingreiftruppe mit einer Stärke von 50 000 bis 60 000 Soldaten geplant worden. Innerhalb von 60 Tagen sollte sie einsatzfähig sein. Es wurde erst einmal eine »EU-Battlegroup« mit 4100 Soldaten daraus. Im März 2022 (nach Russlands Überfall auf die Ukraine) wurde ein neues Konzept vorgestellt: So soll es bis 2025 eine schnelle Eingreiftruppe (Rapid Deployment Capacity, RDC) geben, bestehend aus 5000 Soldaten (darunter 2500 deutsche). Eine erste Übung der Truppe fand im Herbst 2023 statt.

Aber es dauert alles zu lange, und es ist zu klein dimensioniert. Siehe allein die Ende 2023 für die Sicherheit der baltischen Staaten in Angriff genommene Aufstellung der »Brigade Litauen« der Bundeswehr. Sie soll 2025 in Dienst gestellt werden und Ende 2027 mit 4800 Soldaten voll einsatzfähig sein. Wobei jetzt schon erkennbar ist, dass die Bundeswehr damit eigentlich überfordert ist. Von fünf bis sechs Milliarden Kosten ist die Rede. Und davon, dass diese Brigade – wie bei den zurückliegenden »Out-of-area«-Einsätzen – ein Loch in den Heeresverbänden im Inland reißen wird. Heereschef Alfons Mais sagte im Mai 2024: Von A wie Artillerie bis Z wie Zeltbahn fehle es an allem. Aber das Heer werde sich das schon irgendwie »herausschwitzen«. Zuversicht klingt anders.[334]

Eine europäische Armee liegt ansonsten in weiter Ferne – und sie hängt rechtlich in der Luft. Denn eine europäische Armee würde eine europäische Regierung voraussetzen. Deutschland wäre ohnehin der Bremser, denn nach dem Prinzip »Parlamentsvorbehalt« müsste – anders als in Frankreich – jeder Einsatz vom Bundestag beschlossen werden. Die maßgeblichen EU-Länder sollten daher auf dem Teppich bleiben und eine Armee der Europäer anstreben statt einer europäischen Armee. Völlig offen bleibt, wie eine europäische Armee in der Praxis aussehen könnte, zumal es in den 27 EU- bzw. den 30 europäischen Nato-Ländern 160 verschiedene Waffensysteme gibt.

Offen ist auch, wie es mit den vier EU-Mitgliedern aussieht, die keine Nato-Mitglieder sind: Österreich, Irland, Zypern, Malta. Oder wie es um Nato-Mitglieder steht, die keine EU-Mitglieder sind, wie etwa die strategisch wichtigen Länder Norwegen, Island, Türkei und nach dem »Brexit« Großbritannien. Ob all dies mit parallelen Kommandostrukturen – hier Nato, dort EU – funktionieren kann, steht in den Sternen.

Wie mit China umgehen?

China ist eigentlich berechenbar. Eine Konstante chinesischer Politik ist neben dem autoritären Kapitalismus seine geopolitisch motivierte Hochrüstung. Beides betrieben mit einem langen Atem und einem Denken in zukünftigen Jahrzehnten. Wirtschaftlich hat China viele Länder der Welt von sich abhängig gemacht, sie in die Verschuldungsfalle getrieben oder mit billigen Produkten geflutet.

Konzentrieren wir uns hier auf die chinesische Hochrüstung, die außer in den USA im Westen nicht sonderlich registriert wird. Beispiele: 2015 begann China auf einer der Spratly-Inseln im Südchinesischen Meer mit dem Bau einer Start- und Landebahn. Im April 2022 hat Peking mit der Salomonen-Inselgruppe im Westpazifik ein Sicherheitsabkommen geschlossen. Damit können die Salomonen im Bedarfsfall chinesische Sicherheitskräfte anfordern. Zudem dürfen chinesische Kriegsschiffe die Inselgruppe als Versorgungsbasis nutzen. China bekommt damit einen

Brückenkopf. Das Beispiel zeigt, wie sehr die USA im Pazifik gefordert sind und warum sie von den europäischen Nato-Mitgliedern mehr militärische Eigenverantwortung verlangen.

Andere Beispiele: Nachdem der Westen Afghanistan im August 2021 militärisch ziemlich kopflos verlassen und das Land den Taliban überlassen hatte, war dort ein geostrategisches Vakuum entstanden, das China rasch zu schließen vermochte. Denn Afghanistan ist reich an Gold, Silber, Platin, Eisenerz, Kupfer, Chromit, Lithium, Zink, Schwefel, Aluminium, Uran und anderen Rohstoffen. Allein was Lithium betrifft, spricht man von Afghanistan als dem »Saudi-Arabien des Lithiums«. Man vermutet dort Vorkommen in der Preislage von einer Billion US-Dollar. Der Westen wird dadurch noch abhängiger von China, denn moderne Computertechnik, moderne Akku-Technik, moderne klimafreundliche Technik kommt nicht ohne Seltene Erden aus. Nicht nur am Rande: Als sich 2013 die Lage in Afghanistan noch etwas ruhiger darstellte, suchte Afghanistan deutsche Unternehmen, um Seltene Erden zu erschließen. Die (Merkel-)Bundesregierung ließ die Gunst der Stunde ungenutzt, die Chinesen sprangen nach und nach ein und konnten so ein Quasi-Monopol bei diesen für moderne Technologien unverzichtbaren Rohstoffen aufbauen. Geopolitisch und geostrategisch wieder einmal ein Flop für Deutschland.

Weiteres Beispiel: Seit 1949, seit Mao Zedongs Sieg über Chiang Kai-shek, gibt es Spannungen zwischen der Volksrepublik (VR) China und Taiwan (offiziell: Republik China). Jedes Jahr aufs Neue reklamiert die VR, dass Taiwan zu ihr gehöre und nichts anderes sei als eine abtrünnige Provinz. Peking lässt regelmäßig handfeste Signale los, um diesen Anspruch zu untermauern. Immer wieder, täglich bis zu 60-mal, dringen chinesische Militär-Jets in Taiwans Luftverteidigungs-Zone ein.

Ob und wann Peking Taiwan angreifen will, ist eine andere Frage. Noch im Schatten des Ukraine-Krieges? Eine Eingliederung Taiwans wäre jedenfalls aus Pekings Sicht ein wichtiger Schritt hin zur Vollendung des »Chinesischen Traums« – China bis 2049 zum 100-Jahre-Jubiläum der VR-Gründung zur führenden Großmacht zu machen. Ob das so kommt, hängt damit zusammen, welches Gegenpotenzial die USA aufzubauen bereit sind. Während die »Fregatte Bayern« 2021 auf ihrer Asientour noch östlich von Taiwan Kurs in das Südchinesische Meer nahm, fuhren die »Fregatte Baden-Württemberg« und ein Einsatzgruppenversorger 2024 symbolträchtig durch die Straße von Taiwan.

Es geht nicht ohne die USA

Die USA orientieren sich nicht erst seit Trump neu. Bereits Vorgänger Obama hatte eine Neuausrichtung der USA auf den Asien- und Pazifik-Raum angekündigt.

Allein deshalb müssen sich die Europäer um sich selber kümmern. Das heißt nicht, dass sich Europa militärisch und strategisch von den USA abnabeln kann. Auch wenn das der Traum aller französischen Präsidenten von de Gaulle bis Macron war bzw. ist. Autonom werden die Europäer auf lange Sicht nicht sein.

Es ist aber durchaus im US-Interesse, dass sich die europäischen Länder besser aufstellen. Die USA sollten freilich als letzter Garant der Sicherheit Europas erhalten bleiben. Jedenfalls gibt es für Europa in absehbarer Zeit keine Alternative zur Nato. Gerade den mittel- und osteuropäischen EU-Mitgliedern ist das wichtig.

Der typisch deutsche Anti-Amerikanismus hat dort keinen Platz. Denn, mit den Worten des rumänisch-deutschen Schriftstellers Richard Wagner (1952–2023): »Wem die Kritik an den Vereinigten Staaten wichtiger ist als die Bekämpfung des islamischen Fundamentalismus, der ist entweder kein Demokrat, oder er ist schlicht ein Idiot … Ein tatsächliches Scheitern Amerikas aber würde Europa nicht überleben.«[335]

Notwendig: Selbstbehauptung und Begrenzung

Es muss Schluss sein mit der Entgrenzung Europas, das offenbar seine bedrohte Lage gar nicht mehr erkennen und nur noch die »Eine Welt« kennen will. Es muss ein Ende haben mit einem europazentrierten Werteimperialismus, der nichts anderes ist als kultureller Relativismus nach innen.[336] So beurteilt der deutsche Politikwissenschaftler Heinz Theisen die Lage der Welt, Europas und Deutschlands. Theisen weiter: Ein Paradigmenwandel vom europäischen Universalismus zur Koexistenz ist wichtig. Denn die Welt wird sich nicht noch einmal europäisieren. Eher wird sich die Welt ent-europäisieren. In diesem Sinne muss Europa wieder gedacht werden als »Europa der Nationen« und nicht als EU-Staat. Nur dann hat Europa eine Chance gegen den islamischen Globalismus und den chinesischen Nationaldarwinismus.

Es ist vor allem eine drastische Beschränkung der Migration nötig. Die Kapazitäten des Westens und zumal Deutschlands sind erschöpft. Das westliche Europa muss endlich bereit sein und befähigt werden, seine Grenzen zu schützen. Das ist im Einklang mit der Genfer Flüchtlingskonvention, da Wirtschaftsflüchtlinge nach dieser Konvention kein Asylrecht haben. Warum nicht auch in dieser Hinsicht nachdenken über eine »Festung Europa«, auch wenn dieser Begriff gerade hier zum Reizwort geworden ist?

Es ist jedenfalls ein konsequenter Schutz nötig vor illegaler Zuwanderung: durch ein wirkmächtiges EU-Regime, um vor allem Griechenland und Bulgarien mit Personal, Schnellbooten und Geld zu unterstützen. Einschleusungen über das Mittelmeer müssen unterbunden werden. Australien macht es vor, wie es geht: Es bringt die Schleuserboote zurück an den Ausgangshafen. Nie gestellt wurde auch die Frage, wieso etwa die muslimischen Brüder es in Saudi-Arabien schaffen, für eine Million Mekka-Pilger Zeltstädte (mit Klimaanlage!) aufzubauen, aber nicht für Glaubensbrüder aus Afrika, die sich auf den gefährlichen Weg nach Europa machen wollen.

Europas Zukunft entscheidet sich maßgeblich jedenfalls an seinen Außengrenzen. Die USA und Kanada tun sich leichter, wenngleich die USA an der Grenze zu Mexiko auch massive Probleme haben. Neben einem Grenzregime müssen die »Pull-Faktoren« eingeschränkt werden, Deutschland darf nicht noch mehr als Sozialamt der Welt auftreten. Denn sonst tritt ein, was Peter Scholl-Latour vor geraumer Zeit prophezeit hat: »Wer halb Kalkutta aufnimmt, hilft nicht etwa Kalkutta, sondern wird selbst zu Kalkutta.« Man muss nur »Kalkutta« durch »Nahen Osten« und/oder »Afrika« ersetzen. Das kann nicht gutgehen. Deshalb muss neben einer möglichen militärischen Invasion auch der migrantischen Invasion begegnet werden.

35. Leitkultur Bürgerlichkeit

Stirbt der klassische Citoyen aus, wird er ersetzt durch den »Bobo«, den Bourgeois-Bohémien, den »woken« Lifestyler, der trotz ostentativ präsentierter Zivilcourage die eigene Spießigkeit nicht begreift? Hoffentlich nicht, denn der Westen, Europa und Deutschland brauchen wieder mehr Bürgerlichkeit. Natürlich auch Parteien bräuchte es, die Bürgerlichkeit hochhalten. Die FDP in Deutschland ist es nicht, die Merkel- und Post-Merkel-Union auch nicht mehr. Und bei den »Grünen« ist Bürgerlichkeit Maske für die eigene, meist gutsituierte Wählerschaft. Nicht einmal mehr die zu Unrecht diskreditierte und mit Spießbürgerlichkeit verwechselte Kleinbürgerlichkeit kommt noch zum Zug. Die SPD hat sie über Bord geworfen.

Man vergesse nicht: Bürger kommt von Burg. Das heißt: Bürger bilden einen Organismus, den sie verteidigen und in dem sie Leitbilder gegen Fremdbestimmung und Bevormundung sind. Das sollten sich auch wieder möglichst viele Parteien vergegenwärtigen. Es wäre dies eine echte Revolution im ursprünglichen Sinne von Revolution: »Revolution« kommt schließlich vom spätlateinischen »revolutio« = Zurückdrehen, Zurückwenden. Hier gemeint als ein »Zurückwenden« zu wieder mehr Bürgerlichkeit, europäischem Wertekosmos und westlicher Tradition.

Was Bürgerlichkeit ist – zwanzig Beschreibungen

1. Bürgerlichkeit heißt, Traditionen im besten Sinn von »konservativ« zu achten und zu verteidigen.
2. Bürgerlichkeit heißt, um die menschliche und die eigene Unzulänglichkeit zu wissen.
3. Bürgerlichkeit heißt, ideologischen Verlockungen, diesseitigen Heilsversprechen und medialen Verzerrungen kritisch, notfalls widerspenstig zu begegnen.

4. Bürgerlichkeit heißt, selbst denken und nicht andere denken zu lassen. Das ist mehr als uniforme Zivilcourage.
5. Bürgerlichkeit heißt, den Altmedien, vor allem den zwangsgebührenfinanzierten Öffentlich-Rechtlichen und den allzu regierungsfreundlichen, kritisch zu begegnen.
6. Bürgerlichkeit heißt, die fortschreitende Digitalisierung inkl. Künstlicher Intelligenz sehr reflektiert zu nutzen, um nicht vom »digital native« zum digitalen Naivling zu werden.
7. Bürgerlichkeit heißt bei aller oft notwendigen Widerspenstigkeit auch Zufriedenheit, denn Zufriedenheit schafft, wie das Wort sagt, Frieden.
8. Bürgerlichkeit heißt, das Private zu schützen und anderen nicht mit vermeintlicher Authentizität zur Last zu fallen.
9. Bürgerlichkeit heißt Staatsbürgerlichkeit; heißt, die bürgerlichen Rechte (Meinungsfreiheit, Wahlrecht, Versammlungsrecht, Vereinigungsrecht) zu nutzen.
10. Bürgerlichkeit heißt, Bindung und Gemeinsinn zu leben.
11. Bürgerlichkeit heißt, Vorbild zu sein und nach Immanuel Kants Maxime zu leben: Handle so, dass deine Maxime zu einem allgemeinen Gesetz werden kann.
12. Bürgerlichkeit heißt Integrität, Berechenbarkeit, Verlässlichkeit und Treue.
13. Bürgerlichkeit vereint Patriotismus mit Weltoffenheit und Liberalität. Das ist viel mehr als Verfassungspatriotismus, der sich zum Patriotismus verhält wie das Fußballregelwerk zum realen Fußball.
14. Bürgerlichkeit heißt Selbstlosigkeit beim Einsatz für den Nächsten und das Gemeinwesen.
15. Bürgerlichkeit hat mit Selbstvertrauen und Berechenbarkeit zu tun.
16. Bürgerlichkeit heißt, Freiheit in Verantwortung zu leben, Rechte und Pflichten als eins zu verstehen, Eigennutz und Gemeinsinn zu verbinden.

17. Bürgerlichkeit heißt, gebildet und belesen zu sein und kontinuierlich an Selbstbildung zu arbeiten. Dann ist Bürgerlichkeit Mündigkeit.
18. Bürgerlichkeit heißt Leistungs- und Anstrengungsbereitschaft.
19. Bürgerlichkeit heißt Eigenverantwortung und Verzicht auf unnötige staatliche Wohltaten. Mit anderen Worten: das Subsidiaritätsprinzip zu leben.
20. Bürgerlichkeit heißt Neidlosigkeit.

Wir brauchen bürgerliche Eliten

Die Geschichte der Völker und Staaten ist eine Geschichte ihrer Eliten. Heute gilt zudem: Je komplexer Gesellschaft, Wirtschaft und Wissenschaft, umso mehr sind wir auf Eliten (Plural!) angewiesen – auf wissenschaftliche, technologische, handwerkliche, sozialdienstliche, wirtschaftliche, künstlerische, intellektuelle, religiöse, pädagogische.

Politik, Gesellschaft, Kulturleben und Wirtschaft müssen wieder geprägt werden von der Macht des Geistes statt vom Ungeist der Macht. Dann nutzt Elite allen, führt zu einem »inequality surplus«, einem Gewinn durch Ungleichheit.

Nun mangelt es dem Westen realiter an Eliten. An politischen Eliten ganz besonders. Natürlich müssen Könige keine Philosophen und Philosophen keine Könige sein, wie Platon meinte. Aber Ideologen sollten die »Könige« auch nicht sein. Ein wenig mehr Intellektualität und Souveränität, vor allem ein hohes Niveau an Bildung möge schon sein. Gesinnung, Besserwisserei oder plumper Populismus reichen nicht.

Quoten- und Proporzmaßstäbe dürfen es auch nicht sein, wie leider die Besetzung so manch hoher deutscher Staatsämter zeigt. Deutschland hatte damit nicht immer Glück. Seit 2017 hat es ein Staatsoberhaupt, das es in seiner ideologischen Fixierung und doch nur gemimten Überparteilichkeit nicht einmal schafft, in seinen ohnehin hohlen Reden zu Jubiläumsanlässen die Namen Konrad Adenauers und Helmut Kohls zu nennen. Weder in den Reden zum 3. Oktober fiel der Name des Kanzlers der Wiedervereinigung, noch fiel zum 75. Geburtstag des Grundgesetzes der Name Konrad Adenauer. Immerhin war Adenauer nicht nur der erste Bundeskanzler, sondern zuvor Präsident des Parlamentarischen Rates, der 1948/49 das Grundgesetz entwarf.

Demokratie und Eliten – das ist kein unversöhnlicher Gegensatz, sondern wechselseitige Bedingung. Eine unmittelbare Herrschaft des Volkes ohne Eliten wäre eine weltfremde Vorstellung. Demokratie darf nicht zum Diktat des Durchschnitts werden. Deshalb muss jede Gesellschaft offen sein für Eliten, die hinsichtlich Mechanismen der Auswahl transparent sind und die auswechselbar bleiben. Das ist ja der Vorteil der Demokratie, dass ein Austausch ohne Blutvergießen möglich ist.

Der Westen braucht Leistungs- und Verantwortungseliten, die zugleich Reflexions- und Werte-Elite sind. Bloße Funktionselite reicht nicht. Die politische Machtelite sollte zugleich Max Webers Unterscheidung zwischen dem Gesinnungsethiker und dem Verantwortungsethiker reflektieren und Verantwortungsethik vorleben. Demokratie braucht Spitzenkräfte umfassender Allgemein- und Persönlichkeitsbildung. Es sollen Leistungsträger sein, die als Reflexionseliten aus einer Gesamtschau heraus Orientierungen vorleben.

Elite heißt außerdem, den Gedanken des Dienens und des Respekts vorzuleben. Das gilt zumal für Machteliten, deren Spitzen »Minister« (von lateinisch »ministrare« = dienen) heißen. Denn Elite heißt Verdient-Machen durch »öffentlichen Dienst«, durch ein »Ethos des Dienstes am Gemeinwohl« (Max Weber).

Und wie Eliten gewinnen? Elite-Rekrutierung durch Protektion wäre der falsche Weg. Erziehung und Bildung spielen hier eine wichtige Rolle. Das wache Auge von Lehrern an Schulen und Hochschulen ist hier ebenso gefordert wie das wache Auge von

Wirtschaftskapitänen, Personalchefs, Spitzen der Staatsverwaltung, Publizisten und Parteiführern. Wenn diese Leute auch noch selbst Vorbilder sind, wird es ihnen gelingen, Talente an sich zu binden. Das Bildungswesen könnte Eliten fördern, aber in der nivellierten Schule und in der in Massenuniversitäten gelingt dies nicht.

Nachwort: Lebt nicht mit der Lüge!

Vieles, was in Jahrhunderten errungen und geschaffen wurde, steht auf dem Spiel. Deutschland, Europa und der Westen müssen lernen, das Geschaffene und das Errungene zu erhalten. Sonst wird nicht nur der Westen, sondern die gesamte Welt ärmer. Der Westen muss auch nicht nur gegenüber Russland mit seiner aggressiven Expansionspolitik, gegenüber China mit seinem autoritären Kapitalismus und dem Islam mit seinem Dschihad bestehen, sondern sich erst einmal vor sich selber retten.

Den Herausforderungen und den zumeist selbst geschaffenen Problemen mit Fatalismus zu begegnen, mag zwar bequem sein, aber es ist selbstmörderisch. Ein Nihilismus und ein Glaube an die Sinnlosigkeit des Geschehens sind nicht die Lösung. Kein Ausweg ist eine »monastische Option«, also ein Überleben in einem mentalen Kloster wie im Mittelalter und ein Überwintern in innerer Migration.

Ein radikaler Skeptizismus ist angesagt: Selbstkritik, Selbstreflexion – mag sie auch schmerzhaft sein. Bis hin zum Ungehorsam, nicht als hochgeadelter »ziviler Ungehorsam« aktivistischer Gruppen, die im Grunde linken Verführern in die Hand spielen. Henry David Thoreau schrieb dazu 1849 seinen Essay »Über die Pflicht zum Ungehorsam gegen den Staat«. Plump populistische Verführungen des Staates, auch des sogenannten demokratischen, müssen entlarvt werden, denn sie sind oft gefährlicher als handfeste Lügen. Nein, sie sind selbst Lügen.

Es geht um ein Freimachen für Wahrheiten, um die Macht des Geistes, gegen den Ungeist der Macht, um Geist gegen Zeitgeist. Es geht um Glück, Freiheit und Mut, die zusammenkommen müssen, wie Perikles (†429 v. Chr.) schrieb: »Zum Glück brauchst du Freiheit. Und zur Freiheit brauchst du Mut!«

Man nehme sich auch wieder und immer wieder Immanuel Kants Essay »Beantwortung der Frage: Was ist Aufklärung?« von

1784 und vor allem die zwei Eingangspassagen vor: »A u f k l ä r u n g ist der Ausgang des Menschen aus seiner selbstverschuldeten Unmündigkeit. Unmündigkeit ist das Unvermögen, sich seines Verstandes ohne Leitung eines anderen zu bedienen. Selbstverschuldet ist diese Unmündigkeit, wenn die Ursache derselben nicht am Mangel des Verstandes, sondern der Entschließung und des Mutes liegt, sich seiner ohne Leitung eines andern zu bedienen. Sapere aude! Habe Mut, dich deines eigenen Verstandes zu bedienen! ist also der Wahlspruch der Aufklärung.« Und: »Faulheit und Feigheit sind die Ursachen, warum ein so großer Teil der Menschen … gerne zeitlebens unmündig bleiben; und warum es anderen so leicht wird, sich zu deren Vormündern aufzuwerfen. Es ist so bequem, unmündig zu sein.«

Es ist verwerflich, ja verbrecherisch, wenn uns Regierende, Medien und »Wissenschaftler« hinters Licht führen wollen. Wenn ein EU-Kommissionspräsident Jean-Claude Junker sich vermeintlich verplapperte und leichtfertig sagte: »Wenn es ernst wird, muss man lügen.« Es kommt damit eine innere Haltung zum Vorschein. Er hatte sich offenbar Machiavellis Satz vorgenommen: »Lüge ist legitim, wenn sie der Menschheit, dem Volke dient.« Vermeintlich dient!

Nein, ein gebildetes Volk, wenn es denn gebildet und aufgeklärt ist und nicht propagandistisch verdummt wurde, verträgt unbequeme Wahrheiten. Dann erkennt es, dass viele hochtrabend »Narrative« genannte Versprechungen in Parteiprogrammen, in Koalitionsvereinbarungen und in realer Politik oft nur Geschichten zur Rechtfertigung von Lügen und zumeist nicht einmal plausibel sind.

Dann wird das Volk vielleicht doch einstimmen und wie in Hans Christian Andersens Märchen von 1837 einem Kind folgen und im Chor rufen: »Der Kaiser ist nackt.«

Freiheitliche, rechtsstaatliche Demokratie ist fragil. Mit Lügen kann sie nicht zusammengehalten werden. Denn sonst wird daraus rasch ein autoritäres, totalitäres Regime (siehe das Kapitel 4, »Demokratie als Demokratur«). Kritik ist angesagt. Es beginnt schon mit einem Unterscheidenkönnen von Wahrheit und Lüge, wie es das griechische Wort »κρίνειν« (= unterscheiden, trennen) ausdrückt. Widerstand ist angesagt. Opposition – beginnend in der Familie als der wichtigsten Basis von Opposition. Nicht umsonst wollen Marxisten die Familie zertrümmern.

Es gibt in der Geschichte Millionen von Helden, Dissidenten, Widerstandskämpfern, die sich Lügen entgegenstemmten. Die meisten sind anonym geblieben, auch wenn sie zu Märtyrern wurden, weil sie ihre Freiheit oder gar ihr Leben opferten.

Zwei große zeitgenössische Persönlichkeiten mögen zeigen, dass und wie man sich gegen die Lüge stemmen kann. Der eine ist Alexander Issajewitsch Solschenizyn (1918–2008). Am 13. Februar 1974, dem Vorabend seines erzwungenen Exils, richtete er an das russische Volk die Botschaft: »Lebt nicht mit der Lüge!« Solschenizyn hatte acht Jahre von 1945 bis 1953 im »Gulag«, dann in der Verbannung verbringen müssen. Diese Erfahrung und die systematische Ermordung von Millionen Menschen im Gulag waren die Grundlage für sein Hauptwerk »Der Archipel Gulag«, für das er 1970 in Abwesenheit den Nobelpreis für Literatur erhielt.

Der andere ist Václav Havel (1936–2011). Der tschechische Mitbegründer der bürgerrechtlichen Bewegung »Charta 77« musste zwischen 1977 und 1989 insgesamt fünf Jahre im Gefängnis verbringen. 1978 hatte er geheim seine Schrift »Von der Macht der Ohnmächtigen« verbreitet. Ein letztes Mal wurde er am 16. Januar 1989, dem 20. Jahrestag der Selbstverbrennung von Jan Palach am Wenzelsplatz, anlässlich einer Gedenkveranstaltung verhaftet und am 21. Februar wegen »Rowdytums« erneut, diesmal zu neun Monaten verschärfter Haft verurteilt. Zehn Monate später, am 29. Dezember 1989 wurde er zum Präsidenten der damaligen Tschechoslowakei gewählt, von 1993 bis 2003 war er Präsident der Tschechischen Republik. Als er 1983 aus der Haft entlassen wurde, sagte er in einem Interview bei *Le Monde*: »Ich vertrete kein Establishment, sondern einfach die Wahrheit gegen die Lüge, die Sinnhaftigkeit gegen den Unsinn, die Gerechtigkeit gegen das Unrecht.«

Der Westen, zumal Europa, hat nur eine Zukunft »in der erneuerten Wertschätzung unserer besten Traditionen, nicht in einem falschen Universalismus, der historischen Selbstvergessenheit und Ablehnung des Eigenen«. Das ist eine der Kernaussagen der in 25 Sprachen veröffentlichen »Pariser Erklärung« vom 7. Oktober 2017 – verfasst von zehn konservativen Intellektuellen, darunter Roger Scruton und Robert Spaemann.[337] Denn umgekehrt gilt: »Teuflisch ist, wer das Reich der Lüge aufrichtet und andere Menschen zwingt, in ihm zu leben … Es ist Wahnsinn, sich in der Lüge einzurichten.«[338]

Lassen wir uns keine Lügen mehr einreden! Lasst uns nicht mehr mit Lügen leben!

Danksagung

Über die Dekadenzfrage grüble ich, seit ich im Sommer 2021 über das vorliegende Buchprojekt nachzudenken und viel, viel nachzulesen begann. Einen maßgeblichen Impuls haben mir dabei die eingangs zitierten zwei Zeilen des großartigen Lyrikers und Essayisten Reiner Kunze (*1933) gegeben. Ich saß mit ihm, seiner mittlerweile leider verstorbenen Gattin Elisabeth und mit meiner Frau Erika in einem Biergarten im Ilztal bei Passau, und wir haben über die beiden Zeilen reflektiert: »nicht ratsam ist's, verfall verfall zu nennen vor der katastrophe«. Da habe ich mit dem spontanen Beifall Reiner Kunzes entschieden: Ich halte mich nicht an diesen Rat. DANKE, Reiner Kunze!

Danken will ich meiner Frau Erika, die erstens alles mit strengem Blick auf Schreibfehler untersucht und mich regelmäßig ermahnt hat, wenn ich zu viele Fremdwörter verwendet hatte. Zweitens habe ich ihr zu danken, dass sie es vor allem in den letzten Wochen der Fertigstellung des Manuskripts ziemlich großzügig ertragen hat, wenn ich mit dem Kopf immer wieder woanders war und wenn all die Bücher, Kopien und Manuskriptteile in unserem Haus ein mittleres Chaos hinterlassen haben.

Danken will ich meinem »alten« Freund (»alt« heißt 43 Jahre Freundschaft) und Weggefährten Bernd Ostermeyer, dem »gelernten« Geschichte-, Religions- und Sportlehrer, der 30 Jahre lang ein Traditionsgymnasium in Celle leitete. Er hat alles gelesen, manches moniert, manche Passage zum Verschwinden gebracht, manches nachgeschärft, manches entschärft.

Danken will ich schließlich Frau Sissi Klauser vom Verlag für die unkomplizierte Zusammenarbeit.

Anmerkungen

1 Josef Kraus: Der deutsche Untertan. Vom Denken entwöhnt. München 2021, aktualisiert 2023
2 Holger Sonnabend: Aufstieg und Fall großer Reiche. Von Atlantis bis zum Sowjet-Imperium. Darmstadt 2022
3 Norman Davies: Verschwundene Reiche. Die Geschichte des vergessenen Europa. Darmstadt, 2017, 3. Auflage
4 Alexander Demandt (Hg.): Das Ende der Weltreiche. Von den Persern bis zur Sowjetunion. München 1997
5 Barbara Tuchman: Die Torheit der Regierenden. Von Troja bis Vietnam. Frankfurt/M. 1984
6 Immer wieder in »Antichrist«, »Morgenröte«, »Götzendämmerung« und »Genealogie der Moral«
7 Henning Ottmann (Hg.): Nietzsche Handbuch. Stuttgart 2000, S. 213-215
8 Siehe Nietzsches »Vom Nutzen und Nachteil der Historie für das Leben (als: Unzeitgemäße Betrachtungen. Zweites Stück)«, »Also sprach Zarathustra«, in: KSA, Bd. 6, 1980b, 335–349
9 Spengler-Zitate nach einbändiger Ausgabe des Verlages C.H. Beck von 1981
10 Zitierte nach Jacques Bouveresse: Spenglers Rache. Die überraschende Aktualität eines Vergessenen. In: Neue Rundschau, 107. Jahrgang 1996, Heft 4, Schwerpunkt: Die ermüdete Moderne – Pessimismus, Nihilismus, Dekadenz, S. 56-82
11 Theodor Adorno: Minima Moralia in 150 Aphorismen. 1951
12 Günter Rohrmoser: Dekadenz und Apokalypse. Thomas Mann als Diagnostiker des deutschen Bürgertums. Bietigheim 2005
13 Stefan Zweig: Die Welt von gestern. Erinnerungen eines Europäers. Posthum erschienen nach seinem Suizid in Brasilien im Jahr 1942. Ausgabe 1992, S. 15ff.
14 Walter Laqueur: Fin de siècle: Noch einmal mit Gefühl. Eine Polemik. In: *Neue Rundschau*, 107. Jahrgang 1996, Heft 4, Schwerpunkt: Die ermüdete Moderne – Pessimismus, Nihilismus, Dekadenz. S. 9 – 48
15 *Spiegel*-Titelseite vom 10.8.1986: www.spiegel.de/spiegel/print/index-1986-33.html
16 Samuel P. Huntington: Der Kampf der Kulturen. The Clash of Civilizations. Die Neugestaltung der Weltpolitik im 21. Jahrhundert. Ausgabe München/Wien 1996
17 Josef Kardinal Ratzinger: Werte in Zeiten des Umbruchs. Die Herausforderungen der Zukunft bestehen. Freiburg 2005. S. 87

18 Karl Heinz Bohrer und Kurt Scheel (Hrsg.): Kein Wille zur Macht – Dekadenz. Sonderheft Merkur, Heft 700, Heft 8/9 2007

19 Raymond Aron: Plädoyer für das dekadente Europa. Berlin 1977

20 So hat Raymond Aron das Schlusskapitel seines Buches »Plädoyer für das dekadente Europa« überschrieben. Berlin 1977. S. 375 - 391

21 Ebenda, S. 373

22 Panajotis Kondylis: Der Niedergang der bürgerlichen Denk- und Lebensform. Die liberale Moderne und die massendemokratische Postmoderne. Weinheim 1991

23 Alexander Demandt: Endzeit? Die Zukunft der Geschichte. Berlin 1993. Und: Das Ende der Weltreiche. Hamburg 2007. Und: Der Fall Roms. Die Auflösung des römischen Reiches im Urteil der Nachwelt. Hamburg 2007

24 Niall Ferguson: Der Niedergang des Westens. Wie Institutionen Verfallen und Ökonomien starben, 2012, S. 9

25 Imre Kertész: Letzte Einkehr. Reinbek 2015, englisch: The Last Refuge

26 Michael Onfray: Niedergang. Aufstieg und Fall der abendländischen Kultur – von Jesus bis Bin Laden (französisch 2017, deutsch München 2018)

27 Rolf Peter Sieferle: Das Migrationsproblem. Über die Unvereinbarkeit von Sozialstaat und Masseneinwanderung. Waltrop/Berlin 2017, S. 26f.

28 Douglas Murray: Der Selbstmord Europas. Immigration, Identität, Islam. München 2018, Seiten 12, 39 und 277

29 Thilo Sarrazin: Deutschland schafft sich ab. Wie wir unser Land aufs Spiel setzen. München 2010. Mit einem aktualisierten Vorwort München 2021.

30 Susanne Schröter: Global gescheitert? Der Westen zwischen Anmaßung und Selbsthass. Freiburg 2022

31 Siehe dazu Pierre-Antoine Bernheim, Guy Stavrides: Welt der Paradiese – Paradiese der Welt. Paris/Zürich 1991/1922

32 Samuel P. Huntington: Der Kampf der Kulturen. The Clash of Civilizations. Die Neugestaltung der Weltpolitik im 21. Jahrhundert. München/Wien 1996, S. 252

33 Siehe dazu ausführlich Bernhard Braun: Die Herkunft Europas. Eine Reise zum Ursprung unserer Kultur. Darmstadt 2022, 543 Seiten

34 Heinz Schilling: Das Christentum und die Entstehung des modernen Europa. Aufbruch in die Welt von heute. Freiburg 2022. S. 25 und 383

35 Siehe dazu vor allem Philip T. Hoffman: Wie Europa die Welt eroberte. Darmstadt 2017 (englisches Original 2015)

36 Sehr lesenswert: Paolo Rossi: Die Geburt der modernen Wissenschaften in Europa. München 1997.

37 Max Weber: Gesammelte Aufsätze zur Religionssoziologie I. Tübingen 1988. Vorbemerkung zu »Die protestantische Ethik und der Geist des Kapitalismus«, S. 1-3

38 In Jacob Burckhardt: Griechische Kulturgeschichte. Posthum 1902. Im netz http://www.zeno.org/Geschichte/M/Burckhardt,+Jacob/Griechische+Kulturgeschichte#google_vignette

39 Siehe Hannah Arendt: Vita activa oder Vom tätigen Leben. Stuttgart 1960.

40 Wolfgang Reinhard: Die Unterwerfung der Welt. Globalgeschichte der europäischen Expansion 1415 – 2015. München 2020, 5. Auflage

41 *Frankfurter Allgemeine Zeitung*, 23.06.2016, Nr. 144, S. 9

42 Thomas Fasbender: Das unheimliche Jahrhundert. Vor der Zeitenwende. Lüdinghausen 2022. S. 33

43 Siehe dazu Thomas Fasbender: Das unheimliche Jahrhundert. Vor der Zeitenwende. Lüdinghausen 2022, S. 36 und127

44 Heinrich August Winkler: Geschichte des Westens. Von der Antike bis zur Gegenwart. 4 Bände. München 2009, Sonderausgabe 2016

45 Max Weber: Kulturgeschichte als Kultursoziologie. 1935

46 Niall Ferguson: Der Westen und der Rest der Welt. Die Geschichte vom Wettstreit der Kulturen. Berlin 2013, S. 7

47 Philippe Nemo: Was ist der Westen? Die Genese der abendländischen Zivilisation. Original 2004: Qu'est-ce que l'Occident? Tübingen 2005

48 Tom Holland: Herrschaft. Die Entstehung des Westens. Stuttgart 2021. S. 23

49 Siehe Heinrich August Winkler: Zerbricht der Westen? Über die gegenwärtige Krise in Europa und Amerika. München 2017

50 Heinrich August Winkler: Zerbricht der Westen? Über die gegenwärtige Krise in Europa und Amerika. München 2017. S. 407

51 Samuel P. Huntington: Der Kampf der Kulturen. The Clash of Civilizations. Die Neugestaltung der Weltpolitik im 21. Jahrhundert. München/Wien 1996, S. 219

52 Heinrich August Winkler: Geschichte des Westens. Von der Antike bis zur Gegenwart. Band 4. München 2009, Sonderausgabe 2016, S. 15

53 Siehe dazu die große Biografie über Dostojewskij von Andreas Guski: Dostojewskij. Eine Biographie. München 2021

54 https://www.welt.de/politik/ausland/article203814190/Umfrage-Amerikaner-und-Deutsche-leben-in-unterschiedlichen-Welten.html

55 https://www.welt.de/debatte/kommentare/article204022216/Trotz-Putins-Aggression-Der-seltsame-Russland-Tick-der-Deutschen.html

56 Siehe dazu im Detail Reinhard Bingener, Markus Wehner: Die Moskau-Connection. Das Schröder-Netzwerk und Deutschlands Weg in die Abhängigkeit. München 2023.

57 www.handelsblatt.com/politik/deutschland/krim-krise-cdu-vize-kritisiert-anti-putin-populismus/9630326.html

58 Siegfried F. Franke: Die gefährdete Demokratie. Illiberale Demokratie – Populismus – Europaskepsis. Baden-Baden 2017. S. 171

59 Friedemann Willemer: Vom Scheitern der repräsentativen Demokratie. Eine demokratische Tragödie. Frankfurt/Main 2020. S. 13

60 Steven Levitsky, Daniel Ziblatt: Wie Demokratien sterben. München 2018

61 Colin Crouch: Postdemokratie. Berlin 2004.

62 https://dserver.bundestag.de/btd/20/109/2010952.pdf

63 www.focus.de/politik/meinung/gastbeitrag-von-naika-foroutan-sie-erkennen-ihr-land-nicht-mehr-dann-haben-sie-etwas-falsch-verstanden_id_203146719.html

64 Siehe Lothar Fritze: Auf dem Weg in die totalitäre Demokratie. Zs. TUMULT, Sommer 2021

65 Siehe Wolfgang Merkel, Hans-Jürgen Puhle, Aurel Croissant, Claudia Eicher und Peter Thiery: *Defekte Demokratie*. Bd. 1: *Theorie*. Opladen 2003, S. 69ff. Eine Übersicht findet sich unter https://de.wikipedia.org/wiki/Defekte_Demokratie

66 www.achgut.com/artikel/baerbel_bohley_die_frau_die_es_voraussah/P10

67 Das Aussetzen der Wehrpflicht (https://www.buzer.de/s1.htm?g=WehrR%C3%84ndG+2011&f=1) und der Atomausstieg (https://www.bundestag.de/webarchiv/textarchiv/2011/abstimmung-250082) wurden jeweils nachträglich beschlossen. Für die Grenzöffnung gibt es bis heute keine klare Rechtsgrundlage: https://www.welt.de/politik/deutschland/article168900336/Gutachten-sieht-unklare-Rechtsgrundlage-fuer-Grenzoeffnung.html

68 www.uni-konstanz.de/universitaet/aktuelles-und-medien/aktuelle-meldungen/aktuelles-1/protest-der-schweigenden-mehrheit/

69 Siehe zu Demophobie und Phobokratie Josef Kraus: Der deutsche Untertan. Vom Denken entwöhnt. München, 2. Auflage 2023. Kapitel 2 und 20

70 Kenneth Minogue: Die demokratische Sklavenmentalität. Wie der Überstaat die Alltagsmoral zerstört. Waltrop/Leipzig 2013, S. 21f

71 https://www.verfassungsschutz.de/ DE/themen/verfassungsschutz-relevante-delegitimierung-des-staates/ begriff-und-erscheinungsformen/begriff-und-erscheinungsformen_node. html

72 Matthias Brodkorb: Gesinnungspolizei im Rechtsstaat? Der Verfassungsschutz als Erfüllungsgehilfe der Politik. Sechs Fallstudien. Springe 2024

73 https://www.welt.de/vermischtes/video250678068/Gruenen-Plakate-Freispruch-fuer-Unternehmer-Michael-Much-Fuehle-mich-sehr-erleichtert.html

74 https://jungefreiheit.de/politik/deutschland/2024/kritik-an-den-gruenen-kann-sehr-teuer-werden/
75 www.nius.de/gesellschaft/mann-nannte-sie-duemmste-aussenministerin-der-welt-baerbock-stellt-strafantrag/8185c1ef-db4d-4df5-bb11-bcfbb53dc5b1
76 https://www.bild.de/politik/inland/kalifat-demo-in-hamburg-verfassungsschutz-insider-packt-aus-662fa4b12d729033d7c34ede
77 www.tichyseinblick.de/meinungen/freiheitsindex-allensbach-media-tenor/https://de.statista.com/statistik/daten/studie/1067107/umfrage/umfrage-zur-meinungsaeusserung-in-deutschland/
78 www.tichyseinblick.de/meinungen/zdf-berlin-direkt-faeser-paus-haldenwang/
79 https://twitter.com/JosefFLindner/status/1766900327024840997?ref_src=twsrc%5Egoogle%7Ctwcamp%5Eserp%7Ctwgr%5Etweet
80 https://www.bverwg.de/de/pm/2024/39
81 https://germany.representation.ec.europa.eu/news/bekampfung-illegaler-hassreden-im-internet-eu-kommission-arbeitet-gestarktem-verhaltenskodex-2023-10-12_de
82 www.europarl.europa.eu/doceo/document/TA-9-2024-0044_DE.html
83 www.stasi-unterlagen-archiv.de/assets/bstu/content_migration/DE/Wissen/MfS-Dokumente/Downloads/Grundsatzdokumente/anweisung-2-71_hetze.pdf
84 www.bundesverfassungsgericht.de/SharedDocs/Entscheidungen/DE/2011/11/rk20111128_1bvr091709.html7
85 www.ethikrat.org
86 www.bmi.bund.de/SharedDocs/downloads/DE/veroeffentlichungen/themen/ministerium/liste-beauftragte-bundesregierung.pdf;jsessionid=8FFA0E8A8E6F7160EF2391AD8420B13A.live861?__blob=publicationFile&v=14
87 https://de.wikipedia.org/wiki/Liste_der_Beratungsgremien_der_Bundesregierung
88 Siehe Ernst Jünger, Sämtliche Werke, Band 7, Stuttgart 1980, S. 481 – 526
89 Zitiert nach Helmuth Kiesel: Ernst Jünger. Eine Biographie, München 2007, S. 607f.
90 Schrift »Der Friede. Ein Wort an die Jugend der Welt« in Ernst Jünger, Sämtliche Werke, Band 7, Stuttgart 1980, S. 193 – 236
91 So der Jünger-Biograf Heimo Schwilk fragend. Siehe Heimo Schwilk: Ernst Jünger. Ein Jahrhundertleben. München 2007, S. 490
92 Rolf Peter Sieferle: Epochenwechsel. Die Deutschen an der Schwelle zum 21. Jahrhundert. Lüdinghausen 2017, S. 428
93 Udo di Fabio: Schwankender Westen. Wie sich ein Gesellschaftsmodell neu erfinden muss. München 2015

94 Udo di Fabio: Europas Werte, Europas Würde. FAZ vom 27. Mai 2016
95 Siehe Wolfgang Streeck: Zwischen Globalismus und Demokratie. Politische Ökonomie im ausgehenden Neoliberalismus. Berlin 2021
96 Oswald Spengler: Politische Schriften 1933, S. 90–97
97 www.handelsblatt.com/karriere/vielfalt-wir-gewinnen-pitches-gegen-pwc-und-andere-diversity-beratung-von-tijen-onaran-findet-investor/28848702.html
98 Siehe zusammenfassend www.tichyseinblick.de/daili-es-sentials/noch-viele-graichen-im-keller/
99 www.iwkoeln.de/auslandserfahrungen
100 www.focus.de/politik/deutschland/bei-buergergespraech-scholz-nennt-sich-wirtschaftsfreundlichsten-bundeskanzler-seit-ewigkeiten_id_259977114.html
101 www.bloomberg.com/news/features/2024-02-10/why-germany-s-days-as-an-industrial-superpower-are-coming-to-an-end
102 www.zeit.de/politik/deutschland/2024-05/infrastruktur-strassen-bruecken-problem-bericht-anfrage-bsw-bundestag
103 https://olympics.com/de/paris-2024/medaillen
104 https://de.statista.com/statistik/daten/studie/239073/umfrage/medaillen-deutsche-mannschaft-bei-den-olympischen-sommerspielen/
105 Weitere Beispiele siehe Josef Kraus: Wie man eine Bildungsnation an die Wand fährt. München 2017. Im Nachhinein beschleicht den Verfasser der Eindruck, Schulminister könnten diesen Titel als Gebrauchsanleitung verstanden haben.
106 Siehe dazu Josef Kraus. Helikoptereltern. Reinbek 2013
107 www.bundesverfassungsgericht.de/SharedDocs/Entscheidungen/DE/2004/10/rs20041026_1bvr091100.html
www.shanghairanking.com/rankings/arwu/2023?fbclid=IwAR0UvHkm0H4nir8ASLL5Op80_mmFKSW7j6npxl5Lm608BgKsG3ARnUwPKnU
108 Michael Esfeld: Land ohne Mut – Eine Anleitung für die Rückkehr zu Wissenschaft und Rechtsordnung. Berlin 2023
109 https://dserver.bundestag.de/btd/20/075/2007565.pdf
110 www.dfg.de/resource/blob/289478/c77e5c2d7993892e9e19b-8d1375e1af7/leitfragenkatalog-data.pdf
111 www.dfg.de/service/presse/pressemitteilungen/2022/pressemitteilung_nr_27/index.html
112 Peter J. Brenner: Die Bürde der Vernunft. Glasperlenspiele akademischer Sondermilieus. Magazin *TUMULT* Winter 2022/23, S. 11 – 15
113 www.dfg.de/dfg_profil/was_ist_die_dfg/index.html
114 Peter J. Brenner: Kampf gegen Rechts. Eine neue Wissenschaft. Magazin *TUMLULT*, Sommer 2022, S. 20–25

115 www.netzwerk-wissenschaftsfreiheit.de
116 www.tichyseinblick.de/meinungen/angriff-auf-das-netzwerk-wissenschaftsfreiheit/
117 www.tagesspiegel.de/berlin/likes-der-tu-prasidentin-fur-antisemitische-tweets-gremien-sollen-uber-abwahl-rauchs-beraten--uni-kanzler-sieht-reputationsschaden-11740532.html
118 https://aktuelles.uni-frankfurt.de/event/migration-steuern-pluralitaet-gestalten-herausforderungen-und-konzepte-von-einwanderungspolitiken/
119 www.africamultiple.uni-bayreuth.de/pool/dokumente/News/2023/Stellungnahme_Billigung-von-Rassismus-am-Frankfurter-Forschungszentrum-Globaler-Islam.pdf
120 https://www.tichyseinblick.de/wp-content/uploads/2021/02/Bildschirmfoto-2021-02-19-um-10.26.08.png
121 www.bundesverfassungsgericht.de/SharedDocs/Entscheidungen/DE/2004/10/rs20041026_1bvr091100.html
122 https://blog.soziologie.de/2021/06/debattenbeitrag-bedrohte-meinungsvielfalt-an-deutschen-universitaeten-impulse-fuer-eine-pluralistische-fachdebatte/
123 www.welt.de/debatte/kommentare/plus247774526/Universitaeten-Wenn-Studenten-das-Sabotieren-anderer-Meinungen-okay-finden.html
124 www.nzz.ch/der-andere-blick/raeumung-der-fu-berlin-warum-stark-watzinger-mit-ihrer-kritik-recht-hat-ld.1829882 und https://docs.google.com/forms/d/e/1FAIpQLSfVy2D5Xy_DMiaMx2T-sE7YediR6qifxoLDP1zIjKzEl9t1LWw/viewform?pli=1
125 www.nzz.ch/feuilleton/gebildete-barbaren-wie-sich-westliche-wissenschaft-und-kultur-abschaffen-ld.1830150?mktcid=smsh&mktcval=E-mail
126 www.tagesschau.de/investigativ/rbb/bnd-professor-103.html
127 https://journalofcontroversialideas.org
128 Norbert Bolz: Weder Maß noch Mitte. In: Cato, Heft 6/2020, S. 32–37
129 www.hochschulverband.de/aktuelles-termine/kempen-freie-debattenkultur-muss-verteidigt-werden
130 Als vertiefende Lektüre wird empfohlen: Harald Schulze-Eisentraut, Alexander Ulfig (Hrsg.): Das Ende der Universität. Niedergang und mögliche Erneuerung einer europäischen Institution. Baden-Baden 2024. Diess.: Angriff auf die Wissenschaftsfreiheit. Wie die Cancel Culture den Fortschritt bedroht und was wir alle für eine freie Debattenkultur tun können. München 2022. Alexander Ulfig: Das bedrohte Vermächtnis der europäischen Aufklärung. Wege aus der gegenwärtigen Krise. Baden-Baden 2021

131 www.bka.de/DE/AktuelleInformationen/StatistikenLagebilder/PolizeilicheKriminalstatistik/PKS2023/pks2023_node.html und www.bild.de/politik/inland/politik-inland/brisante-polizei-statistik-fast-jeder-zweite-tatverdaechtige-ist-auslaender-87774356.bild.html

132 www.t-online.de/nachrichten/panorama/kriminalitaet/id_100381752/kritik-an-kriminalstatistik-das-verzerrt-das-bild-.html

133 www.land.nrw/pressemitteilung/polizeiliche-kriminalstatistik-2023-leichter-anstieg-der-fallzahlen-beste#:~:text=Inneres-,Am%20Mittwoch%2C%20den%203.,3%2C4%20Prozent%20zum%20Vorjahr

134 www.stmi.bayern.de/med/aktuell/archiv/2024/240318kriminalstatistik23/

135 www.emma.de/artikel/gewalt-gegen-lehrerinnen-steigt-340939

136 www.spiegel.de/panorama/bildung/maue-bilanz-nach-15-jahren-inklusion-spiegel-bildungsnewsletter-a-fb7e65a4-cb82-4c3a-9682-4f6e92083ed5

137 Beispiele hier www.tichyseinblick.de/meinungen/klimakleber-gerichtstermin-bali/ und hier www.tichyseinblick.de/meinungen/wie-klima-chaoten-den-rechtsstaat-vorfuehren/

138 https://taz.de/Brandanschlag-auf-Tesla-Werk/!5994711/

139 www.destatis.de/DE/Presse/Pressemitteilungen/2023/06/PD22_N033_12.html

140 www.laenderdaten.info/durchschnittsalter.php#google_vignette

141 Quelle jeweils https://de.destatis.de

142 www.bundesregierung.de/breg-de/schwerpunkte/umgang-mit-desinformation/gegen-desinformationen-jahr-der-nachricht-2264110

143 https://www.bild.de/politik/inland/politik-inland/boykott-video-aus-dem-supermarkt-swr-moderatorin-wirbt-fuer-anti-israel-app-87792956.bild.html

144 Auszüge von Stellungnahmen siehe https://www.tichyseinblick.de/feuilleton/medien/oerr-journalisten-wagen-den-aufstand/

145 Oswald Spengler: Untergang des Abendlandes. 1918/1922. S. 1140f

146 https://www.welt.de/debatte/kommentare/plus239075005/Katholikentag-und-Gender-Rhetorik-Gott-ist-groesser-als-Genitalien.html

147 www.die-tagespost.de/kirche/aktuell/der-papst-brandmarkt-die-irrationalitaet-der-genderideologie-art-248725?wt_mc=o.email … newsletterDate=2024-03-04.newsletterId=3

148 www.katholisch.de/artikel/31737-kjg-ueber-genderstern-maennliches-weisses-gottesbild-greift-zu-kurz

149 www.merkur.de/deutschland/kirchentags-geht-viral-ceasar-pastor-gott-ist-queer-abschlusspredigt-evangelischer-92337783.html

150 www.opendoors.de/christenverfolgung/weltverfolgungsindex

151 Josef Joffe: Ist der »Klimatismus« eine neue Religion? *NZZ* vom 28.1.2022

152 Stephan Raabe: Kirche als Moralagentur? Zur kirchenpolitischen Kritik von Hans Joas. In: *Die Neue Ordnung*, Heft 4/2017, S. 259 – 273
153 Peter Gross: Die Multioptionsgesellschaft. Berlin 1994
154 Jost Bauch: Der Niedergang. Deutschland in der globalisierten Welt. Graz 2010. S. 73
155 Wolfgang Streeck: Gekaufte Zeit – Die vertagte Krise des demokratischen Kapitalismus. Berlin 2013. S. 42
156 www.lto.de/recht/justiz/j/cannabis-legalisierung-entkriminalisierung-straferlass-rueckwirkung-justiz-btmg/?utm_source=Eloqua&utm_content=WKDE_LEG_NSL_LTO_Daily_EM&utm_campaign=wkde_leg_mp_lto_daily_ab13.05.2019&utm_econtactid=CWOLT000035869972&utm_medium=email_newsletter&utm_crmid=
157 www.tichyseinblick.de/gastbeitrag/rechtsbeugung-am-bundesverfassungsgericht/
158 Alain Finkielkraut: Ich schweige nicht. Philosophische Anmerkungen zur Zeit. München 2021, S. 27
159 Siehe Walter Hollstein: Was vom Manne übrig blieb. Das missachtete Geschlecht. Norderstedt 2012
160 www.bpb.de/themen/gender-diversitaet/geschlechtliche-vielfalt-trans/245426/lsbtiq-lexikon/ Das Kürzel, ursprünglich nur »LGB«, gibt es mittlerweile in immer wieder neuen und längeren Varianten. Die aktuellste ist »LSBTIQ+« und wird von mir deswegen verwendet, sofern ich nicht aus anderen Quellen zitiere.
161 https://de.statista.com/statistik/daten/studie/272600/umfrage/anzahl-von-operationen-fuer-geschlechtsumwandlungen-in-deutschland/
162 www.ipsos.com/en/lgbt-pride-2021-global-survey-points-generation-gap-around-gender-identity-and-sexual-attraction
163 www.zensus2022.de/DE/Ergebnisse-des-Zensus/Sonderauswertungen.html?nn=1343142
164 www.spiegel.de/kultur/geschlechtsanpassung-befreit-sich-der-mensch-von-den-grenzen-der-biologie-a-5b85af6d-5d10-49c4-a9ab-e111d4a736a6
165 https://www.zeit.de/zett/queeres-leben/2022-01/transfeindlichkeit-tessa-ganserer-frauenquote-feminismus
166 www.regenbogenportal.de
167 www.rbb24.de/politik/beitrag/2023/07/berlin-csd-wegner-sexuelle-identitaet-grundgesetz-artikel-3-diskriminierung-erweiterung.html
168 www.tagesspiegel.de/gesellschaft/queerspiegel/queerer-aktionsplan-beschlossen-berliner-senat-will-akzeptanz-und-respekt-fordern-10948276.html und www.nius.de/Politik/lsbtiq-aktionsplan-fuer-schulen-und-behoerden-hauptstadt-cdu-

beschliesst-linksradikales-umerziehungsprogramm/6b44b9cb-a5ed-46c7-a43b-d4bcd47b8155

169 Siehe dazu Josef Kraus: Das »Ampel«-Selbstbestimmungsgesetz – Ein Gesetz für Miniminderheiten, und nichts ist klar. Siehe https://i-daf.org/newsletter/das-ampel-selbstbestimmungsgesetz/ Der Gesetzentwurf ist hier zu finden: https://dserver.bundestag.de/btd/20/110/2011004.pdf

170 www.emma.de/artikel/was-richten-wir-da-337375

171 www.welt.de/debatte/kommentare/plus239113451/Oeffentlich-rechtlicher-Rundfunk-Wie-ARD-und-ZDF-unsere-Kinder-indoktrinieren.html

172 www.youtube.com/watch?v=-sahbI8O7OA

173 siehe www.faz.net/aktuell/feuilleton/schlampige-medizin-die-groesste-britische-genderklinik-tavistock-muss-schliessen-18208918.html#:~:text=Ein%20Mädchen%2C%20das%20ein%20Junge,der%20Behandlung%20nicht%20registriert%20sind.

174 www.nzz.ch/international/buch-zu-gender-klinik-tavistock-freigiebig-mit-pubertaetsblockern-ld.1725540?reduced=true

175 www.emma.de/artikel/england-verbietet-pubertaetsblocker-340941

176 Frank Böckelmann: Jargon der Weltoffenheit. Waltrop/Berlin 2014

177 Immanuel Kant: Der Charakter der europäischen Nationen, 1786

178 Julian Nida-Rümelin: Über Grenzen denken. Eine Ethik der Migration. Hamburg 2017, S. 163

179 Siehe Gunnar Heinsohn: Söhne und Weltmacht. München 2006

180 https://www.tichyseinblick.de/daili-es-sentials/faellt-die-bevoelkerungsexplosion-aus/

181 Die französische Originalausgabe ist 2006 treffender mit »La tyrannie de la pénitance. Essay sur le masochisme occidental«; auf deutsch also: »Die Tyrannei der Buße. Essay über den westlichen Masochismus«

182 Hermann Lübbe: Ich entschuldige mich. Das neue politische Bußritual. Berlin 2001, S. 22 und 71

183 Friedrich Nietzsche: Menschliches, Allzumenschliches II, Vermischte Meinungen und Sprüche, Nr. 323

184 https://www.achgut.com/artikel/der_deutsch_verzicht_der_deutschen_welle
https://sachlagen.wordpress.com/2017/06/06/claudia-roth-nie-wieder-deutschland-deutschland-du-mieses-stueck-scheisse/

185 https://www.bayernkurier.de/inland/8411-claudia-roth-auf-abwegen/

186 www.bundestag.de/presse/hib/kurzmeldungen-996770

187 https://books.google.de/books?id=RvCZYBcjezwC&q=kotzen#v=snippet&q=habeck%20zum%20kotzen&f=false

188 Siehe Verein Deutsche Sprache: Der Anglizismen-Index 2023. Paderborn 2023. Im Netz https://ifb-verlag.de/netzladen/der-angli-

zismen-index-2023/#:~:text=Der%20Anglizismen-Index%20ist%20 ein,»Der%20Anglizismen-Index«.

189 Siehe www.achgut.com/artikel/der_deutsch_verzicht_der_deutschen_welle

190 Siehe Ulrich Beck: Riskante Freiheiten. Individualisierung in modernen Gesellschaften. Frankfurt am Main 1996

191 Pascal Bruckner: Ich leide, also bin ich – die Krankheit der Moderne. Eine Streitschrift. Weinheim 1996

192 Friedrich Pohlmann: Das Reich der großen Lüge. Essays zur Transformation Deutschlands. Lüdinghausen 2021, S. 84

193 Ron Alsop: The Trophy Kids – How the Millennial Generation is Shaking Up the Workplace. Hoboken/USA 2008

194 https://iwkoeln.de/arbeitszeit

195 Siehe Pascal Bruckner: Ich kaufe, also bin ich. Mythos und Wirklichkeit der globalen Welt. Berlin 2004

196 Siehe Josef Kraus: Spaßpädagogik – Sackgassen deutscher Schulpolitik«, München 1998 und 2000. Und ders.: Wie man eine Bildungsnation an die Wand fährt. München 2017

197 Rudolf Brandner: Die Ideologie der Menschenrechte und das Ethos des Menschseins. Neuruppin 2022, S. 13

198 Arnold Gehlen: Moral und Hypermoral. Eine pluralistische Ethik. Frankfurt/M. 1969

199 Siehe Alexander Grau: Hypermoral. Die Lust an der Empörung. München 2017.

200 Hermann Lübbe: Politischer Moralismus. Der Triumph der Gesinnung über die Urteilskraft. 1987

201 Siehe Michael Lüders: Moral über alles? Warum sich Werte und nationale Interessen selten vertragen. München 2023

202 www.integrationsbeauftragte.de/resource/blob/1864320/2157012/77c8d1dddeea760bc13dbd87ee9a415f/lagebericht-rassismus-komplett-data.pdf?download=1

203 https://germany.representation.ec.europa.eu/news/kommission-ernennt-michaela-moua-zur-ersten-anti-rassismus-koordinatorin-2021-05-17_de

204 www.europarl.europa.eu/RegData/etudes/ATAG/2022/729270/EPRS_ATA(2022)729270_DE.pdf

205 Siehe dazu Egon Flaig: Rassismus ohne Rasse – Wie ein Begriff zum Gespenst wurde. Zeitschrift TUMULT, 3 Teile Hefte Frühjahr 2021, Sommer 2021, Herbst 2021

206 www.spiegel.de/kultur/almanis-oder-wie-nennen-wir-kartoffeln-a-5553fe6b-baa4-4cbe-993c-3daff61199bf

207 https://twitter.com/ArminLaschet/status/1537062686508589057?ref_src=twsrc%5Etfw%7Ctwcamp%5Etweetembed%7Ctwterm%5E1537062686508589057%7Ctwgr%5Ec501e8243dbb9836463ceebadb8b-

dee2dab7df33%7Ctwcon%5Es1_&ref_url=https%3A%2F%2Fwww.tichyseinblick.de%2Fmeinungen%2Fferda-ataman-erfindet-neue-opfergruppen%2F

208 Egon Flaig: Weltgeschichte der Sklaverei. München 2018. 3. Auflage

209 Egon Flaig: Kolonialismusdebatte: Schuldspruch über die Vergangenheit. FAZ vom 11. Oktober 2022

210 Leonhard Harding: Geschichte Afrikas im 19. und 20. Jahrhundert. München 2013

211 Susan Arndt: Rassistisches Erbe. Wie wir mit der kolonialen Vergangenheit unserer Sprache umgehen. Berlin 2022

212 Veröffentlicht in *nature* am 21. Februar 2024 – https://doi.org/10.1038/d41586-024-00388-y

213 Robert Kardinal Sarah und Nicolas Diat: Herr, bleibe bei uns! Denn es will Abend werden. Kißleg 2019

214 Philippe Nemo: Was ist der Westen? Die Genese der abendländischen Zivilisation. Original 2004: Qu'est-ce que l'Occident? Tübingen 2005. S. 105

215 Bruce Gilley: Verteidigung des deutschen Kolonialismus. Lüdinghausen 2021

216 Volker Seitz: Afrika wird armregiert oder Wie man Afrika wirklich helfen kann. München 2021. 11. Auflage

217 www.achgut.com/artikel/bundesregierung_neokolonialer_totalschaden_in_afrika

218 https://rp-online.de/nrw/staedte/kaarst/kaarst-humanitaere-hilfe-als-teil-der-kriegsmaschinerie_aid-112682967

219 Axelle Kabou: Weder arm noch ohnmächtig. Eine Streitschrift gegen schwarze Eliten und weiße Helfer. Basel 1993 und 2001

220 https://www.merkur.de/politik/afrika-massenflucht-corona-krise-europa-politik-korruption-diktatur-fluechtlinge-fluechtlingswelle-migration-zr-90028638.html?utm_source=pushwoosh&utm_medium=push&utm_campaign=webpush

221 https://iwkoeln.de/natoziel vom 25. April 2024

222 Samuel Huntington: Who Are We? Die Krise der amerikanischen Identität. München 2006, S. 218 f.

223 Philippe Nemo: Was ist der Westen? Die Genese der abendländischen Zivilisation. Tübingen 2005, S. 130

224 Ruud Koopman: Assimilation oder Multikulturalismus. Münster 2017, S. 213f.

225 www.nzz.ch/feuilleton/migrationsforscher-ruud-koopmans-asylsystem-europas-muss-reformiert-werden-ld.1725979, siehe dazu auch Koopmans Buch: Die Asyllotterie. Eine Bilanz der Flüchtlingspolitik von 2015 bis zum Ukrainekrieg. München 2023

226 www.seebruecke.org/sichere-haefen/haefen

227 https://www.stiftung-marktwirtschaft.de/fileadmin/user_upload/Argumente/Argument_173_Ehrbarer_Staat_2024_WEB.pdf und www.focus.de/finanzen/news/im-vergleich-kosten-uns-migranten-5-8-billionen-3-brisante-studien-und-was-sie-aussagen_id_259605569.html

228 www.bild.de/politik/inland/studie-schockt-politiker-muslimische-schueler-nehmen-koran-wichtiger-als-gesetze-6624d43076790e1ca24f9187

229 www.tichyseinblick.de/meinungen/cdu-nrw-graue-woelfe/

230 www.ruhrbarone.de/ehrendoktor-fuer-armin-laschet/229492/

231 https://ga.de/bonn/bad-godesberg/deutschland-zeigt-keine-zaehne_aid-43193377

232 Samuel Huntington: Der Kampf der Kulturen. The Clash of Civilizations. Die Neugestaltung der Weltpolitik im 21. Jahrhundert. München/Wien 1996. S. 168

233 Siehe Bundestagsdrucksachen 20/7828 (Frage 58) und 20/10292 (Frage 148)

234 www.bild.de/politik/inland/politik-inland/in-frankfurts-fussgaengerzone-erste-stadt-haengt-ramadan-beleuchtung-auf-87392788.bild.html

235 https://www.nzz.ch/international/nrw-innenminister-herbert-reul-der-islamismus-ist-weiter-auf-dem-vormarsch-ld.1830313

236 www.bild.de/regional/berlin/demo-in-berlin-mehr-als-6000-israel-hasser-ziehen-durch-hauptstadt-6648e04e5e2dd778459cfcc4

237 Sabatina James: Scharia in Deutschland. München 2015.

238 Elias Canetti. Macht und Masse. Frankfurt am Main 1960, S. 157

239 Egon Flaig: Weltgeschichte der Sklaverei. München. 2011

240 www.kas.de/de/analysen-und-argumente/detail/-/content/eine-neue-querfront-von-linksextremismus-und-islamismus

241 Siehe Samuel Schirmbeck: Gefährliche Toleranz. Der fatale Umgang der Linken mit dem Islam. Zürich 2018. Ders.: Der islamische Kreuzzug und der ratlose Westen. Warum wir eine selbstbewusste Islamkritik brauchen. Zürich 2016

242 www.lmr-nrw.de/publikationen/online/critical-classics

243 www.br-klassik.de/aktuell/news-kritik/rassismus-oper-theater-forschung-schwarze-blackness-poc-otello-carmen-100.html

244 Siehe seine Bücher »Die kleine Hexe«, »Räuber Hotzenplotz« und »Krabat«

245 Siehe Günter Rohrmoser: Das Elend der kritischen Theorie. Freiburg 1970

246 Siehe Clemens Albrecht, Günter C. Behrmann, Michael Bock, Harald Homann, Friedrich H. Tenbruck (Hg.): Eine Wirkungsgeschichte der Frankfurter Schule, Frankfurt a. M. 2000

247 Roger Scruton: Narren; Schwindler; Unruhestifter. Linke Denker des 20. Jahrhunderts. München 2021, 2. Auflage, S. 172
248 Frank Böckelmann: Jargon der Weltoffenheit – Was sind unsere Werte noch wert? Lüdinghausen 2014. S. 11
249 www.rosalux.de/fileadmin/rls_uploads/pdfs/ABC/ABC_der_Alternativen_Zivile_Gesellschaft_Blank.pdf
250 Siehe dazu auch die am 17. August 2022 erschienene schöne Zusammenfassung zum Konstruktivismus als Neomarxismus des leider mittlerweile verstorbenen Tomas Spahn: www.tichyseinblick.de/kolumnen/spahns-spitzwege/der-konstruktivismus-die-gesellschaftsdominierende-variante-des-neomarxismus/
251 Siehe Sonderheft Merkur, Heft 700, Heft 8/9 2007, Schwerpunkt »Kein Wille zur Macht – Dekadenz«
252 Karl Mannheim: Soziologie der Intellektuellen. Schriften zur Kultursoziologie. Herausgegeben von Oliver Neun. Berlin 2022. Übersetzung der »Essays on the Sociology of Culture« (1956) aus dem Englischen
253 Sontheimer, Kurt: Das Elend unserer Intellektuellen. Linke Theorie in der Bundesrepublik Deutschland. Hamburg 1976
254 Tom Sora: Linke Intellektuelle im Dienst des Totalitarismus. Wie die Kunstavantgarde den Weg für die Woke-Bewegung bereitete. Münster 2024. S. 117f.
255 Georg Lukács. Taktik und Ethik. Politische Aufsätze. Band 1, 1975, S. 73
256 Michel Esders: Sprachregime. Die Macht der politischen Wahrheitssysteme. Lüdinghausen 2020
257 Holger Schmitt: Das Framing der Linken. Von »Umverteilung«, »Diversität« und »Nazis«. Bad Schussenried 2021
258 Holger Schmitt: Von »Rechtsextremisten« und »Verschwörungsideologen«. Wie die Medien aus Andersdenkenden Feindbilder machen. Uhingen 2024
259 Susan Arndt: Rassistisches Erbe. Wie wir mit der kolonialen Vergangenheit unserer Sprache umgehen. Berlin 2022
260 Michael Klonovsky: Rote Linien. Lüdinghausen 2023, S. 43f
261 www.bild.de/politik/inland/politik/woke-alarm-in-berlin-polizei-nennt-tatverdaechtige-nicht-mehr-maenner-87149824.bild.html
262 www.welt.de/kultur/plus250519632/Gendersprache-So-unausgewogen-berichten-ARD-und-ZDF-uebers-Gendern.html
263 https://www.linguistik-vs-gendern.de
264 Wolfgang Herles: Die Gefallsüchtigen. Gegen Konformismus in den Medien und Populismus in der Politik. München 2015
265 www.andreas-unterberger.at/Andreas-Unterbergers-Tagebuch
266 Ronald Ingelhart: The Silent Revolution. Changing Values and Political Styles among western publics. Erstmals 1977

267 Helmut Klages: Wertewandel und gesellschaftlicher Wandel, Frankfurt a. M. 1979.

268 Alexander Grau: Politischer Kitsch. Eine deutsche Spezialität. München 2019. S. 95

269 Eric Voegelin: Die politischen Religionen, 1938, hier: München 2007

270 Eric Voegelin: Realitätsfinsternis. Berlin 2020. Es handelt sich um eine 158 Seiten umfassende, posthume Zusammenstellung von Essays und Briefen bis zum Jahr 1971. Berlin 2010 erstmals in deutscher Sprache. Übersetzt aus dem Englischen
Eric Voegelin (1901 bis 1985) emigrierte 1938 nach seiner Entlassung als Professor in Wien in die USA, im höheren Alter lebte er wieder in den USA. Von 1958 bis 1969 war er Professor am Geschwister-Scholl-Institut in München.

271 Alain Ehrenberg: Das erschöpfte Selbst – Depression und Gesellschaft in der Gegenwart. 1998 (französische Erstausgabe); deutsche Übersetzung Frankfurt/M. 2004

272 Bernd Ahrbeck: Jahrmarkt der Befindlichkeiten. Von der Zivilgesellschaft zur Opfergesellschaft. Springe 2022

273 Sandra Kostner (Hrsg.): Identitätslinke Läuterungsagenda. Eine Debatte zu ihren Folgen für Migrationsgesellschaften. Stuttgart 2019, hier S. 11ff.

274 https://de.euronews.com/gesundheit/

275 Hans-Joachim Maaz: Die narzisstische Gesellschaft: ein Psychogramm. München 2012

276 Christopher Lasch: The Culture of Narcissism. New York 1979. Deutsch: Kultur des Narzissmus – Amerikanisches Leben in einem Zeitalter schwindender Erwartungen. Siehe dazu auch »Spiegel« vom 05.08.1979

277 Raphael M. Bonelli: Die Weisheit des Herzens. Wie wir werden, was wir sein wollen. Wien 2023.

278 Siehe dazu Peter Köpf und Zana Ramadani: Woke. Wie eine moralisierende Minderheit unsere Demokratie bedroht. Köln 2023

279 Siehe Alexander Marguier und Ben Krischke (Hg.): Die Wokeness-Illusion. Wenn Political Correctness die Freiheit gefährdet. Freiburg 2023

280 www.nytimes.com/1962/05/20/archives/if-youre-woke-you-dig-it-no-mickey-mouse-can-be-expected-to-follow.html

281 Kevin Donnelly: The Dictionary of Woke. How Orwellian Language Control And Group Think Are Destroying Western Societies. Melbourne 2022

282 Siehe Oliver Errichiello: Werbung für den Zeitgeist. Wenn bunte Kampagnen in Wirtschaft und Politik die Wirklichkeit ignorieren. München 2023

283 Susanne Schröter: Der neue Kulturkampf. Wie eine woke Linke Wissenschaft, Kultur und Gesellschaft bedroht. Freiburg 2024
284 Abraham Maslow: Motivation und Persönlichkeit. Olten 1977
285 Siehe dazu Josef Kraus: 50 Jahre Umerziehung. Die 68er und ihre Hinterlassenschaften. Lüdinghausen 2018
286 Hughes, Robert: Nachrichten aus dem Jammertal. Wie sich die Amerikaner in political correctness verstrickt haben. München 1994
287 Siehe dazu Ben Shapiro, Der autoritäre Terror. Wie Cancel Culture und Gutmenschentum den Westen verändern. Original »The Authoritarian Moment« 2021, deutsch München 2022
288 Alain Finkielkraut: Ich schweige nicht. Philosophische Anmerkungen zur Zeit. München 2021. S. 17
289 Arthus M. Schlesinger: Die Spaltung Amerikas: Überlegungen zu einer multikulturellen Gesellschaft. Stuttgart 2020. Original »The Disuniting of America« (1998)
290 www.nzz.ch/international/usa-der-politische-kulturkampf-erreicht-die-buecher-ld.1665714
291 www.cbsnews.com/news/professor-erika-lopez-prater-sues-hamline-university-minnesota-prophet-muhammad/
292 https://www.achgut.com/artikel/warum_ich_die_uni_verlasse
293 https://www.faz.net/aktuell/karriere-hochschule/hoersaal/lage-der-geisteswissenschaften-orientierungslos-im-meer-der-ideologien-16872082.html
294 www.nytimes.com/2022/05/04/climate/john-doerr-stanford-climate.html
295 https://salatainstitute.harvard.edu/about/
296 www.lrb.co.uk/the-paper/v45/n20/judith-butler/the-compass-of-mourning
297 Siehe www.faz.net/aktuell/feuilleton/debatten/judith-butler-beschoenigt-hamas-massaker-kindermord-als-freiheitskampf-19568312/expertin-fuer-hassrede-in-19568309.html
298 www.nzz.ch/feuilleton/alain-finkielkraut-wokeismus-ist-todeskult-ld.1771643
299 Caroline Fourest: Generation Beleidigt. Von der Sprachpolizei zur Gedankenpolizei. Paris 2020. Original: Génération offensée, 2020
300 www.washingtonpost.com/politics/elizabeth-warren-apologizes-for-calling-herself-native-american/2019/02/05/1627df76-2962-11e9-984d-9b8fba003e81_story.html
301 René Pfister: Ein falsches Wort. Wie eine neue linke Ideologie aus Amerika unsere Meinungsfreiheit bedroht. München 2022
302 www.faz.net/aktuell/karriere-hochschule/hoersaal/jordan-peterson-gibt-seine-professur-wegen-gesinnungsdrucks-auf-17749509.html
303 www.telegraph.co.uk/politics/2024/02/22/islamism-suella-braverman-gaza-ceasefire-lindsay-hoyle/

304 www.timesofisrael.com/many-thousands-march-against-israel-in-london-on-armistice-day-demand-gaza-ceasefire/
305 www.novo-argumente.com/artikel/bedrohung_mit_i
306 www.thetimes.co.uk/article/dont-stare-at-muslims-says-advice-to-schools-dcwtbrxxjhb
307 www.forbes.com/sites/evangerstmann/2020/06/26/white-lives-dont-matter-academic-freedom-and-freedom-of-speech/?sh=2055630c3823
308 Douglas Murray: Krieg dem Westen. München 2022, S. 256
309 www.dailymail.co.uk/news/article-9410665/University-Oxford-considers-scrapping-sheet-music-colonial.html
310 Alain Finkielkraut: Vom Ende der Literatur. Die neue moralische Unordnung. München 2023, S. 104
311 www.telegraph.co.uk/news/2023/11/04/body-to-fight-cancel-culture-formed-by-100-top-academics/
312 https://westminsterdeclaration.org/deutsch
313 https://cspicenter.org/wp-content/uploads/2021/03/AcademicFreedom.pdf
314 Douglas Murray: Krieg dem Westen. München 2022, S. 157
315 www.tichyseinblick.de/kolumnen/aus-aller-welt/frankreich-gewalt-schulen/
316 https://www.nzz.ch/meinung/islamismus-schulen-blutiger-kulturkampf-in-frankreich-ist-warnung-fuer-schweiz-und-deutschland-ld.1824897?mktcid=smsh&mktcval=E-mail
317 www.thetimes.co.uk/article/armed-guards-at-french-schools-after-headscarf-row-terror-threats-5kx7krn7h
318 www.nzz.ch/meinung/islamismus-schulen-blutiger-kulturkampf-in-frankreich-ist-warnung-fuer-schweiz-und-deutschland-ld.1824897
319 www.cnews.fr/france/2024-04-02/neuf-francais-sur-dix-estiment-que-linsecurite-progresse-en-france-selon-un
320 Siehe Pascal Bruckner: Der eingebildete Rassismus. Islamophobie und Schuld. Berlin 2020
321 www.nzz.ch/feuilleton/alain-finkielkraut-wokeismus-ist-todeskult-ld.1771643
322 Alain Finkielkraut: Ich schweige nicht. Philosophische Anmerkungen zur Zeit. München 2021
323 www.nzz.ch/feuilleton/georges-bensoussan-hamas-israel-antisemitismus-vertreibung-der-juden-aus-arabischer-welt-ld.1775467
324 Caroline Fourest: Generation Beleidigt. Von der Sprachpolizei zur Gedankenpolizei. Paris 2020. Original »Génération offensée«. Berlin 2020
325 Siehe dazu die ausgezeichnete Zusammenstellung von Karlheinz Weißmann: Lexikon politischer Symbole. Berlin 2022. Das Buch enthält 1700 Abbildungen mit Erläuterungen dazu.

326 Roger Scruton: Von der Idee, konservativ zu sein. München 2019

327 Felix Dirsch und David Engels (Hg.): Gebrochene Identität? Christentum, Abendland und Europa im Wandel. Bad Schussenried 2022. S. 23

328 Siehe Romano Guardini: Der Heilbringer in Mythos, Offenbarung und Politik – Eine theologisch-politische Besinnung. München 1946

329 Alfred Müller-Armack: Das Jahrhundert ohne Gott. Regensburg 1948

330 Hans Maier: Welt ohne Christentum – was wäre anders? Freiburg/B. 1999

331 Rudolf Brandner: Muslimische Immigration und das Versagen der politischen Vernunft Europas. Lüdinghausen 2024

332 Peter J. Brenner: Fremde Götter. Religion in der Migrationsgesellschaft. Waltrop/Berlin 2017, S. 41.

333 Siehe im Detail: Josef Kraus, Richard Drexl: Nicht einmal bedingt abwehrbereit: Die Bundeswehr zwischen Elitetruppe und Reformruine. München 2019. Aktualisiert 2021

334 So zitiert in der Zeitschrift *Europäische Sicherheit & Technik* (ES&T), Heft 5/2024, S. 3

335 Richard Wagner: Es reicht. Gegen den Ausverkauf unserer Werte. Berlin 2008. S. 34

336 Heinz Theisen: Selbstbehauptung. Warum Europa und der Westen sich begrenzen müssen. Reinbek 2022

337 https://thetrueeurope.eu/

338 Mit diesem Satz endet das großartige Buch von Arnold Gehlen »Moral und Hypermoral« (1969) auf Seite 185.

Namensverzeichnis

T

U

V

W

Z